学前教育专业系列教材

幼儿教师国学素养
与教学指导

杨英霞　张永梅　编著

科学出版社

北　京

内 容 简 介

本书为学前教育专业系列教材中的一本，分别从理论和实践两方面系统介绍了学前儿童国学教育的相关内容，分上下编，共六章。上编为幼儿教师国学素养有关理论概述，内容包括：国学基本概念、幼儿教师国学素养基础知识、国学名篇解读、中国传统民俗及文化等。下编为幼儿园国学教育活动设计、实施与评价，内容包括：国学教育活动设计的原则、国学教学精品案例与分析、国学教育实施与评价的原则和方法等。

本书可作为高职高专、五年制高专、成人教育、应用型本科院校学前教育专业的教材，并可作为幼儿园及早教机构教师的业务参考书及培训用书，同时也可作为广大学前教育工作者和相关研究人员的参考用书。

图书在版编目（CIP）数据

幼儿教师国学素养与教学指导/杨英霞，张永梅编著． —北京：科学出版社，2017

（学前教育专业系列教材）

ISBN 978-7-03-051700-5

Ⅰ．①幼⋯ Ⅱ．①杨⋯ ②张⋯ Ⅲ．①学前教育-中华文化-幼儿师范学校-教材 Ⅳ．①G613.2

中国版本图书馆 CIP 数据核字（2017）第 022837 号

责任编辑：赵姗姗 / 责任校对：陶丽荣
责任印制：吕春珉 / 封面设计：东方人华

科 学 出 版 社 出版

北京东黄城根北街 16 号
邮政编码：100717
http://www.sciencep.com

北京虎彩文化传播有限公司 印刷

科学出版社发行 各地新华书店经销

＊

2017 年 3 月第 一 版 开本：787×1092 1/16
2018 年 8 月第二次印刷 印张：15 1/2
字数：366 000

定价：39.00 元

（如有印装质量问题，我社负责调换〈虎彩〉）

销售部电话 010-62136230 编辑部电话 010-62130750

版权所有，侵权必究

举报电话：010-64030229；010-64034315；13501151303

前　言

2013 年 8 月，习近平总书记在全国宣传工作会议上说："中华文化积淀着中华民族最深沉的精神追求，是中华民族生生不息、发展壮大的丰厚滋养。"国学是中华文化之魂，是以儒家四书五经乃至十三经为基本体系，兼及诸子百家的学术观念构建起来的治国方略与文化价值观。在这套理论体系与价值观念指导下，中华民族得以蓬勃发展，历劫不衰，越挫越勇，挺立时代潮头。

一个民族、一个国家的人们，必须知道自己是谁，从哪里来，到哪里去。现代发达国家的文明无一不是与传统共生共荣。没有民族文化的复兴便不会真正有民族的复兴，而民族文化的复兴要在返本于新、综合创新、推陈出新中实现。《周易》中说："一阖一辟谓之变，往来无穷谓之通。"当代中国发展既不能复古，更不能割裂传统，民族精神的培育离不开传统文化精华的滋养，现代化绝不能建立在全盘西化的空中楼阁上面。而国学则可以从学术层面与精神文明建设的维度上担负起这一神圣职责。加强国学教育正是为了重铸中华文化之魂。

人生百年，立于幼学。国学作为中华文化之精粹，自学前儿童始，以循序渐进、春风化雨、潜移默化的方式滋润孩子们的心田，对其文化认同、伦理共识、人格养成、文明修养及世界观、人生观、价值观的形成，具有极为重要的意义。

改革开放以来，中华优秀传统文化教育得到了大力发展与弘扬。1993 年中共中央印发《中国教育改革和发展纲要》，指出要重视对学生进行中国优秀文化传统教育。1995年《中华人民共和国教育法》规定，教育应当继承和弘扬中华民族优秀的历史和文化传统。1999 年《中共中央国务院关于深化教育改革，全面推进素质教育的决定》指出，要有针对性地开展爱国主义、集体主义和社会主义教育，中华民族优秀文化传统和革命传统教育，理想、伦理道德以及文明习惯养成教育。2006 年中央印发《国家"十一五"时期文化发展规划纲要》，对加强优秀传统文化教育作出具体部署。教育部也多次下发相关文件，特别是 2014 年下发《完善中华优秀传统文化教育指导纲要》，从爱国、处世、修身三个层次概括凝练中华优秀传统文化教育的主要内容。因学前教育不属于义务教育及幼儿身心发展的特殊性，必须"坚持以游戏为基本活动，保教结合……防止和纠正幼儿园'小学化'倾向"（国务院《关于当前发展学前教育的若干意见》），国家并未对学前阶段国学教育提出明确要求，但《幼儿园教育指导纲要（试行）》划定的幼儿学习活动的健康、社会、科学、语言、艺术等五个范畴，均可全面渗透国学教育，这一观点日益为幼儿园所认识和践行。随之一些国学幼儿园流行起来，但幼儿国学教育现状并不尽如人意，存在诸多混乱情况。重要原因之一就是学前教师的国学素养和教学指导知识的欠缺。因此，适应幼儿科学发展的要求，培养具备国学素养、掌握儿童国学教育指导技能的学前教师已经成为越来越重要和迫切的任务。于是，立足于培养具有国学素养新型幼教师资的需求，本书应运而生。

　　本书编写遵循《教育法》《幼儿园教育指导纲要（试行）》《幼儿园教师专业标准（试行）》及《3～6 岁儿童学习与发展指南》的精神，按照教育部颁布的《教师教育课程标准（试行）》以及高职高专学前教育专业教学标准的规定，充分体现时代要求，借鉴学前教育界前辈和同人研究成果，力求把幼儿园一线教师的问题和困惑作为实训内容，实现理论与实践的结合，体现时代性、系统性、操作性和实用性相统一。

　　本书共六章。主要对幼儿园教师国学素养进行概述、对国学素养名篇进行解读、对各年龄段儿童国学学习特点及教学进行指导、对幼儿园国学教育进行活动设计、对幼儿园国学教育实施进行评价等。本书以知识阐述为载体、以岗位实训为落脚点，力求实现理论理解、问题解决、岗位实践的有机统一，突出专业性、互动性和操作性。

　　本书的创新之处在于：一是开业内之先。首次针对幼儿教师国学素养进行系统性、全面性概括总结提炼。二是合实训之规。力求每章节先进行理论阐述，后进行实践设计、案例讨论等内容，引导学生把理念与实践中的实际问题相对照。三是固文化之本。不仅立足于促进幼儿及教师受到国学熏陶，更期寻得中华民族最原典、最精粹的民族文化之根，为弘扬中国优秀文化尽一份力。

　　本书具体编写分工如下。第一章第一节、第二节由杨英霞编写；第一章第三节由侯妍妍编写；第二章第一节由苌永倩编写；第二章第二节由侯妍妍编写；第二章第三节由杨英霞编写；第三章第一节由张永梅编写；第三章第二节由李静编写；第四章第一节由靳根会编写；第四章第二节由张永梅编写；第四章第三节由魏建红编写；第五章第一节由李云竹编写；第五章第二节由高丽、靳根会编写；第六章第一节由杨爱国编写；第六章第二节由李云竹编写。杨英霞、张永梅、侯妍妍负责全书的统稿工作。编写人员中高丽为石家庄市第三幼儿园教师，其余均为石家庄幼儿师范高等专科学校教师。

　　最后，本书的实用性及创新成果要通过各位老师、同学的实践检验，不足之处恳请斧正！

编　者

2016 年 9 月

目 录

上 编

下 编

上编

第 一 章
幼儿园教师国学素养概述

第一节 | 国学的发展现状及成因

目标导航

1. 理解国学的概念及内涵。
2. 掌握国学的基本知识架构。
3. 了解国学的学习现状。

一、国学的概念

《辞源》上说：国学，一国所固有之学术也。《现代汉语规范词典》上说：国学就是研究我国传统学术文化包括哲学、文学、考古学、中医学、语言文字学等方面的学问。国学分为小国学圈与大国学圈，小国学圈仅仅限于经部、史部、子部、集部，大国学圈则囊括五术、六艺、诸子百家之说。国学随着西学渐浸东学式微之际经波澜起伏而日渐风起云涌，走到今日实属不易，国学是伴随中国传统文化而生长的、伴随中国历史而发展的。

（一）国学概念的形成

"国学"作为汉字词汇，在历史上最早是指周代在国都建立的国家官学。周代设于王城及诸侯国的国学其实是贵族子弟学校，分小学和大学，后世成为京师官学的统称，又名太学、国子学，即国家高等学校。近代意义上的"国学"概念，源自明治时代的日本，明治维新时期日本要脱亚入欧，全盘西化，激起了日本国内民族主义的反弹，国学国粹这两个概念便成为日本明治维新时反对全盘西化派的产物。19世纪末，中国同样面临着国势衰微、变革图强的历史境况，梁启超、黄遵宪等人赴日本后将国学概念引入国内，作为参与政治斗争的理论武器。20世纪初中国学者提出"国学"概念，总体上是作为"西学"的对照概念，"国"指"本国"，"学"指学术文化。晚清国粹派的权威代表邓实 1906 年撰文说："国学者何？一国所有之学也。有地而人生其上，因以成国焉，有其国者有其学。学也者，学其一国之学以为国用，而自治其一国也。"其国学概念很广泛，但主要强调了国学的经世致用性。此后渐渐形成三种国学概念：

1. 特指中国固有的学术文化

即西方文化在近代输入以前中国文化在几千年的历史中所创造的学术体系。"国学是'一国固有之学'，包括中国古代哲学、文学等各种学术门类和儒、释、道、诸子百家的各种思想学说，是中国古代学术的总称。"

2. 泛指中国传统文化

其范围大于学术文化，还包含中国文化母体孕育出的学问，如风俗、民德等。"亦即关于我们自己民族在长期的历史发展中所形成的学问。其所涵盖的内容，实为中国特有的，或在中国的地理环境、语言环境，乃至在中国的政治、经济、社会等各种特定条件下形成的中国文化母体中孕育、产生、演变、发展的学问总体或总和。"

3. 中国古代文化的总称

中国人民大学国学院原副院长叶君远教授认为，国学包括四个层面内容："一是物质层面，如中国的饮食、中药、茶、酒、瓷器、服饰等；二是技术层面，如武术、中医等；三是制度层面，如历代律令典章制度；四是精神层面，如道德伦理标准、价值观等。"

关于国学的定义，严格意义上讲，目前学术界未有统一明确的界定。学者一般更倾向于第三种观点，即"国学"是我国古代文化的总称，既包含古代学术，也包含物质、技术、制度、精神层面的内容。

（二）对国学概念的分析

从理论和文化层面来分析，国学内涵包含三个层面：

1. 国学是一种知识体系

章太炎认为国学指中国的高雅文化，他曾说："国粹尽亡，不知百年以前事，人与犬马当何异哉？"他认为国学乃一国文化之精华，是民族文化自信与认同的一种象征。胡适认为国学的概念外延应更为宽泛，他认为："中国的一切过去的文化历史，都是我们的国故，研究这一切过去的历史文化的学问，都是'国故学'，省称'国学'。"近代学者提出的国学概念主要指中国古代的学术与文化，认为作为中国人，应对中国传统文化自然有亲近感与敬畏心，如对"四书"《五经》《史记》《汉书》《资治通鉴》及唐诗、宋词、元曲、明清小说等有基本了解，自觉成为中国文化的传承者。

2. 国学是一种思维智慧

国学是中国人的行为方式，不管中国人有没有正式地把国学当作学问来学习，都是在国学的氛围里成长的，受其熏陶的，正所谓"随风潜入夜，润物细无声"。因此，面对同样的事情，中国人、印度人、阿拉伯人等会用不同的方式来处理。这里就隐含着中国人特殊的行为方式和思维智慧。

3. 国学实质是核心价值观

国学倡导的价值观，比如"以人为本""刚健有为""和谐社会""天人合一"等，是国学最根本的内容。2014年2月24日习近平同志主持中共中央政治局第十三次集体学习时说："培育和弘扬社会主义核心价值观必须立足中华优秀传统文化。牢固的核心价值观，都有其固有的根本。抛弃传统、丢掉根本，就等于割断了自己的精神命脉。博大精深的中华优秀传统文化是我们在世界文化激荡中站稳脚跟的根基。中华文化源远流长，积淀着中华民族最深层的精神追求，代表着中华民族独特的精神标识，为中华民族生生不息、发展壮大提供了丰厚滋养。中华传统美德是中华文化精髓，蕴含着丰富的思想道德资源。不忘本来才能开辟未来，善于继承才能更好创新。对历史文化特别是先人传承下来的价值理念和道德规范，要坚持古为今用、推陈出新，有鉴别地加以对待，有扬弃地予以继承，努力用中华民族创造的一切精神财富来以文化人、以文育人。"

相关链接

灭人之国，必先去其史；隳人之枋，败人之纲纪，必先去其史；绝人之才，湮塞人之教，必先去其史。"（译文：要灭亡别人的国家，必定要先毁去他们的历史；破坏动摇别人的权柄，败坏别人的社会秩序和法纪，必定要先毁去他们的历史；埋灭别人的才能，废除别人的教化，必定要先毁去他们的历史。）

——龚自珍

一个国家，一个民族，亡国都不怕，最可怕的是一个国家和民族自己的根本文化亡掉了，这就会沦为万劫不复，永远不会翻身。

——南怀瑾

二、国学学习现状、问题及方向

继20世纪90年代"儒学热"之后，进入21世纪以来，我国再度掀起"国学热"，即学习中国传统文化的热潮。从全国各地"国学院"的设立到《甲申文化宣言》，从易中天品三国、于丹讲《论语》到各种私塾涌现；从大学生着汉服、行古礼到全国儿童读经潮；从"文学热"到"武术热""唐装热"及"建筑复古热"等；从国内热到我国在134个国家和地区开设500所孔子学院、1000个孔子课堂等。

（一）国学热现象是中华文化复兴之端倪

"国学热"席卷了各个行业、各个地区，甚至各类人群，既包括物质层面的"国学"热潮，如中国传统饮食、茶、酒、服饰以及建筑风格；也包括学术层面的"国学"热潮，主要包含大规模的学者倡导和参与，全国各地国学院、国学班的设立，媒体的助推作用，民间大兴读经热潮；还包括技术层面的"国学"热潮如武术热、中医热等。

1. "国学热"主要特征

"国学热"盛宴为重建符合时代特征的文化奠定了基础。当前"国学热"呈现以下特点：第一，研究团队和数量不断增长，参与人员不断增多，无论学者、民众都加入了这场盛宴。第二，研究机构大量涌现，各地都建立了国学研究院，许多地方都建立了孔子学院以及私塾。第三，研究范围和视野不断扩大，许多研究已不局限于学术史料范围之内，上升到重建文化体系的高度。这些特点是人们对重建中国文化的期望，反映了学者捍卫民族文化的努力，也是对新时期时代特征的回应，是对中国文化发展道路的探索。为我们重建新时期文化体系，促使国学热真正走向文化自觉提供了基础。

2. 国学教育现状

2001 年教育部启动了从幼儿园到普通高中的基础教育课程改革，开始推行"一纲多本"政策。在教育部大纲下，各个出版社开始编纂出版自己的教材。随着国学热劲风，围绕课程改革，多家出版社在新版的语文课本中为国学"加餐"。2014 年语文出版社新修订的语文教材，小学一二年级、初中一二年级 2015 年 9 月投入使用。以初中语文教材为例，以前教材有 7 个单元，国学内容占 2 个单元。为减轻学生负担，新版语文教材减少到 6 个单元，而国学内容仍占 2 个单元，同时还增加了 2 篇白话文小说。"国学"内容的比例占到了整个语文教材的 35%。2015 年 9 月起，北师大版小学一年级《语文》中古诗词增加到22 篇，整个小学阶段不少于 100 篇。除京版教材外，多省市教材增加了古诗词的篇目，苏教版语文教材国学比例在 30%以上，小学课本中还将首次增加小古文。由"十一五"教育部规划课题《教育信息资源有效应用对策研究》总结课题组、"十二五"中国教育学会《中国传统文化与当代教育》总课题组和中国国学文化艺术中心等单位编写的《中国传统文化教育全国中小学实验教材》也已经发行。不仅选取了《弟子规》《声律启蒙》《论语》《孙子兵法》《道德经》等国学经典，同时还加入了"中国传统历法与节日""中国茶文化""中国传统书法艺术欣赏""中国传统音乐欣赏"等中华优秀传统民俗文化与艺术的精粹。

（二）国学热现象是经济社会演进的历史必然

"国学热"产生的原因可从三个层面分析。

1. 时代背景层面

"国学热"产生的时代背景主要指我国社会的转型与现代化的变迁。一是多元文化并存与撞击。文化多元化已成为世界潮流，任何一个国家或社会都不能避免与其他文化的交流而孤立存在，中国亦是如此。在我国，多种文化并存，既有传统文化，也有外来文化和现代文化，这种状况必然要求有一个文化核心，没有文化核心就会丧失自身的文化，对文化的继承和发展不利。因而构建全新的现代文化体系就被提上日程，而重建文化需要从传统中寻求思想的火花。二是价值观念和社会思潮的多元化。当今社会，拜金主义、个人主义思潮抬头，各种后现代思潮涌现，部分人崇拜金钱、迷恋自我、追求消费，多种价值观念给人们带来了空前的压力与空虚，甚至危机。在这种环境中，人们为了得到内心的安宁与心灵上的慰藉，需要从传统文化中挖掘适合人生存与发展的内容。

2. 社会心理层面

"国学热"产生的社会心理原因主要指社会与社会民众追寻传统的心理。从 19 世纪中叶到 20 世纪中叶，中国处于封闭、落后、被动挨打的局面，几千年的文明古国受到侵犯，中华民族的尊严屡遭践踏。改革开放以来，我国经济迅速发展，国家整体实力迅速增强，国际地位和影响力大大提高。中国正逐渐展现着大国风采，努力实现中华民族的伟大复兴。然而"没有文化影响力支撑的经济影响力是质量不高的经济影响力，也是不完整的经济影响力"。因而经济实力增强必然促使国人产生对文化大国的追求，最主要表现就是扔掉西方文化枷锁，重塑中华文化。我国的传统文化为此提供了广阔的土壤，可以说，经济发达之后对文化大国追求的社会心理催生了"国学热"。

3. 人的需要层面

改革开放以来，随着经济的长足发展，人民生活水平逐步提高，我国人民已摆脱了吃不饱、穿不暖的状态，全面进入建成小康社会决胜阶段。与此同时，人的主体性需要也日益增强，这种主体性需要更多地倾向于精神需要。精神需要比物质需要更难以满足。因为人的精神需要是无限发展的，而且会不断提高层次。在我国，民众生活水平提高之后，就有了对习得文化的要求，尤其是对习得传统文化的要求，而这也促使了"国学热"的发生。

"国学热"是我们对一百多年来批判和否定民族文化的一种自我反思，是对人类社会面临的一系列自然危机、社会危机和道德危机后的积极回应。我们应该顺应这股潮流，认真研究和解决当前社会所面临的诸多理论和现实问题，真正承担起弘扬中华民族优秀文化的历史重任，实现中华民族的伟大复兴。

（三）国学热需正本清源、扬弃传承

国学的本质是经世致用之学、生命之学，是"为天地立心，为生民立命，为往圣继绝学，为万世开太平"之学。国学需要人们进行梳理、研习，并逐渐将其内化为一种信仰，进而指导与调节人们的行为。这是一个长期积累的过程，也是一种严肃的学术与人生的问题，不能有炒作和娱乐化的味道。当前"国学热"存在良莠不齐现象：一是商业化倾向。"国学经济热"远甚于"国学研究热"，如有的高校"国学班"短期速成、收费高昂；有些地方鼓吹文化搭台、经济唱戏等。二是庸俗化倾向。现有国学出版物泥沙俱下，有的甚至谈的是"权谋""风水"，使国学走向庸俗化。三是娱乐化倾向。一些传媒推出了一批"学术超男""学术超女"，注入了娱乐化因素；穿汉服、行古礼等更像是表演作秀，而不是对其中文化精神的体认。对这些现象，应正本清源、去伪存真。

检验国学是真热还是虚火，应有两个标志：一是国学教育是否真正走进从幼儿园、小学、中学到大学的课堂，并成为终身教育，从而使国学非热于一时一地，由热转为常态；二是国学是否具有核心价值和文化精神的社会实践，其中包括和谐社会和国家软实力建设，发展模式的创新和国际话语权的确立，全民素质的提高和政治文明的进步，个人道德品质的提升和社会规范的有序等。

2～6 岁是幼儿的学习黄金期，幼儿园开展国学教育，可以在孩子们幼小的心灵深处埋下热爱祖国悠久历史、灿烂文化的种子，打下中国人的文化烙印。通过学习国学，能够培养孩子自我思辨的能力、与人融洽相处的能力、科学的学习方法、从容的生活态度等，对幼儿人格、道德品质、情操、精神风貌的养成有非常重要的意义。

相关链接

国学经典著作之《四库全书》《十三经》

《四库全书》（见图1-1）堪称中华传统文化最丰富、最完备的集大成之作。中国文、史、哲、理、工、农、医，几乎所有的学科都能够从中找到它的源头和血脉，几乎所有关于中国的新兴学科都能从这里找到它生存发展的泥土和营养。《四库全书》作为国家正统、民族根基的象征，已成为中国乃至东方读书人安身立命、梦寐以求的圭臬。共收书3460多种，计79 000多卷、36 000多册，分为经、史、子、集四部。

图1-1　《四库全书》

"经"是指古代社会中的政教、纲常伦理、道德规范的教条，主要是儒家的典籍，有"儒学十三经"。

"史"是各种体裁历史著作，分为正史、编年、纪事本末、别史、杂传、诏令奏议、传记、史钞、载记、时令、地理、职官、政书、目录、史评十五类。

"子"是诸子百家及释道宗教著作，分为儒家、兵家、法家、农家、医家、天文算法、术数、艺术、诸录、杂家、类书、小说家、释家、道家十四类。

"集"是收历代作家一人或多人的散文、骈文、诗、词、散曲等的集子和文学评论、戏曲等著作，分为楚辞、别集、总集、诗文评、诗曲五类。

为了保存这批经典文献，当时的清政府曾从全国征集3800多文人学士，集中在京城，历时十余年，用工整的正楷抄书七部，连同底本，共八部，建阁深藏，世人难得一见。虽然由数千人抄写，但字体风格端庄规范，笔笔不苟，如出一人。所以，无论从内容上还是从形式上看，都具有十分难得的研究、收藏和欣赏价值。

图1-2　《十三经》

《十三经》（见图1-2）是儒家文化基

本著作，就传统观念而言，《易》《诗》《书》《礼》《春秋》谓之"经"，《左传》《公羊传》《穀梁传》属于《春秋经》之"传"，《礼记》《孝经》《论语》《孟子》均为"记"，《尔雅》则是汉代经师的训诂之作。十三种文献，以"经"的地位最高，"传""记"次之，《尔雅》又次之。十三种儒家文献取得"经"的地位，经过了相当长的时间。在汉代，以《易》《诗》《书》《礼》《春秋》为"五经"，官方颇为重视，立于学官。唐代有"九经"，也立于学官，并用以取士。所谓"九经"包括《易》《诗》《书》《周礼》《仪礼》《礼记》和《春秋》三传。唐文宗开成年间于国子学刻石，所镌内容除"九经"外，又益以《论语》《尔雅》《孝经》。五代时蜀主孟昶刻"十一经"，排除《孝经》《尔雅》，收入《孟子》，《孟子》首次跻入诸经之列。南宋朱熹以《礼记》中的《大学》《中庸》与《论语》《孟子》并列，形成了今天人们所熟知的"四书"，《孟子》正式成为"经"。至此，儒家的十三部文献确立了它的经典地位。

第二节　国学对幼儿发展的价值

目标导航

1. 了解多元智能理论及其在幼儿语言教学中的应用。
2. 了解我国传统蒙学的教育内容及教学方法。
3. 理解幼儿学习国学的意义。

一、多元智能理论中的语言教育

（一）多元智能理论

20 世纪初，法国心理学家比奈创造了智力测验，用来测量人的智力高低。

1916 年，德国心理学家施太伦提出了"智商"的概念：智商即智力商数，它是用数值来表示智力水平的重要概念。

1935 年，亚历山大第一次提出"非智力因素"这个概念。所谓"非智力因素"是指记忆力、注意力、观察力、想象力、思维力等智力因素之外的一切心理因素，主要包括动机、兴趣、情感、意志、性格等，这些非智力因素都是直接影响和制约智力发展的意向性因素。但是，这一理论提出后，并未受到人们的关注。

1967 年，美国在哈佛大学教育研究生院设立"零点项目"，由美国著名哲学家戈尔曼主持。"零点项目"主要任务是研究在学校中加强艺术教育、开发人脑的形象思维问题。此后 20 年间，美国对该项目的投入达上亿美元，参与研究的科学家、教育家超过百人，他们先后在 100 多所学校做实验，有的人从幼儿园开始连续进行 20 多年的跟踪对比研究，出版了几十本专著，发表了上千篇论文。多元智能理论就是这个项目在 20 世纪 80 年代的一个重要成果。

哈佛大学霍华德·加德纳[①]教授在参与此项研究中首先重新考察了大量的、迄今没有相对联系的资料，即关于神童的研究、关于脑损伤患者的研究、关于有特殊技能而心智不全者的研究、关于正常儿童的研究、关于正常成人的研究、关于不同领域的专家以及各种不同文化中个体的研究。通过对这些研究的分析整理，他提出了自己对智力的独特理论。基于多年来对人类潜能的大量实验研究，加德纳在 1983 年出版的《智能的结构》（*Frames of Mind*，Gardner）一书中，首次提出并着重论述了他的多元智能理论的基本结构，并认为支撑多元理论的是个体身上相对独立存在着的、与特定的认知领域或知识范畴相联系的八种智力，这些为多元智能理论奠定了理论基础。

加德纳认为过去对智力的定义过于狭窄，未能准确反映一个人的真实能力。他认为，人的智力应该是一个量度他的解题能力（ability to solve problems）的指标。根据这个定义，他在《智能的结构》这本书里提出，人类的智能至少可以分成七个范畴（后来增加至八个）：①语言（verbal/linguistic）；②逻辑数学（logical/mathematical）；③空间（visual/spatial）；④肢体运动（bodily/kinesthetic）；⑤音乐（musical/rhythmic）；⑥人际（inter-personal/social）；⑦内省（intra-personal/introspective）；⑧自然探索（naturalist）。

这八个范畴的内容如下：

（1）语言智能

这种智能主要是指有效地运用口头语言及文字的能力，即听说读写能力，表现为个人能够顺利而高效地利用语言描述事件、表达思想并与人交流的能力。这种智能在作家、演说家、记者、编辑、节目主持人、播音员、律师等职业上有更加突出的表现。

（2）逻辑数学智能

从事与数字有关工作的人特别需要这种有效运用数字和推理的智能。他们学习时靠推理来进行思考，喜欢提出问题并执行实验以寻求答案，寻找事物的规律及逻辑顺序，对科学的新发展有兴趣。即使他人的言谈及行为也成了他们寻找逻辑缺陷的好地方，对可被测量、归类、分析的事物比较容易接受。

（3）空间智能

空间智能强的人对色彩、线条、形状、形式、空间及它们之间关系的敏感性很高，感受、辨别、记忆、改变物体的空间关系并借此表达思想和情感的能力比较强，表现为对线条、形状、结构、色彩和空间关系的敏感以及通过平面图形和立体造型将他们表现出来的能力。能准确地感觉视觉空间，并把所知觉到的表现出来。这类人在学习时是用意象及图像来思考的。

[①] 霍华德·加德纳是世界著名教育心理学家，最为人知的成就是"多元智能理论"，被誉为"多元智能理论"之父。现任美国哈佛大学教育研究生院心理学、教育学教授，波士顿大学医学院精神病学教授。

空间智能可以划分为形象的空间智能和抽象的空间智能两种能力。形象的空间智能为画家的特长。抽象的空间智能为几何学家特长。建筑学家形象和抽象的空间智能都擅长。

（4）肢体运动智能

这是一种善于运用整个身体来表达想法和感觉，以及运用双手灵巧地生产或改造事物的能力。这类人很难长时间坐着不动，喜欢动手建造东西，喜欢户外活动，与人谈话时常用手势或其他肢体语言。他们学习时是透过身体感觉来思考。这种智能主要是指人调节身体运动及用巧妙的双手改变物体的技能。表现为能够较好地控制自己的身体，对事件能够作出恰当的身体反应以及善于利用身体语言来表达自己的思想。运动员、舞蹈家、外科医生、手艺人都有这种智能优势。

（5）音乐智能

音乐智能主要是指人敏感地感知音调、旋律、节奏和音色等能力，表现为个人对音乐节奏、音调、音色和旋律的敏感以及通过作曲、演奏和歌唱等表达音乐的能力。这种智能在作曲家、指挥家、歌唱家、乐师、乐器制作者、音乐评论家等人员那里都有出色的表现。

（6）人际智能

人际关系智能，是指能够有效地理解别人及其关系、与人交往的能力，包括四大要素。①组织能力，包括群体动员与协调能力。②协商能力，指仲裁与排解纷争能力。③分析能力，指能够敏锐察知他人的情感动向与想法，易与他人建立密切关系的能力。④人际联系，指对他人表现出关心，善体人意，适于团体合作的能力。

（7）内省智能

这种智能主要是指认识到自己的能力，正确把握自己的长处和短处，把握自己的情绪、意向、动机、欲望，对自己的生活有规划，能自尊、自律，会吸收他人的长处，会从各种回馈中了解自己的优劣，常静思以规划自己的人生目标，爱独处，以深入自我的方式来思考。喜欢独立工作，有自我选择的空间。这种智能在优秀的政治家、哲学家、心理学家、教师等人员那里都有出色的表现。

内省智能可以划分为两个层次：事件层次和价值层次。事件层次的内省指向对于事件成败的总结；价值层次的内省将事件的成败和价值观联系起来自审。

（8）自然探索智能

这是一种能认识植物、动物和其他自然环境（如云和石头）的能力。自然探索智能强的人，在打猎、耕作、生物科学上的表现较为突出。

自然探索智能应当进一步归结为探索智能，包括对于社会的探索和对于自然的探索两个方面。

（二）多元智能理论中的幼儿语言教育

语言是人类进行思维活动和交往活动的最重要的工具，它在人类的认识和思维过程中发挥着重要作用，加德纳曾说："在任何社会里，语言多被排在重要的位置，得到高度重视。而在每个学习领域，语言都有其独特的重要性。"幼儿期又是人类综合语言产生、发展的最重要时期。因此，语言教育对儿童成长来说至关重要。

多元智能理论认为，每一个幼儿天生都具有语言潜能，但是这种潜能正处在一种"整蓄待发"的萌芽状态，必须提供适宜的教育环境和教育条件，经过科学、系统的教育和训练，幼儿的语言才有可能得到健康的发展。如果在幼儿成长的一定时期得不到适宜的语言教育和训练，那么幼儿的这种"潜能"就会逐渐丧失。因此，对幼儿进行语言教育，需注意对语言智能的开发。

在进行语言教育时，应当注重尊重幼儿独特的个性，促进幼儿全面发展。多元智能理论认为，每一个人的语言智能发展水平各不相同，有的人的语言智能是强项，有的人语言智能相对来说却是弱项。应根据学生的个性差异，实施多样化的教学目标、教学内容、教学方法和教学评价，让每个学习者都可以从自己的智能强项着手思考或者解决问题，最后达到学习语言的目的。

多元智能理论指导下的语言教学，改变了"封闭式"教学的低效状态，采用开放式、情境式教学，幼儿根据自己的兴趣选择学习方式，由被动变主动，达到教师和幼儿的"双赢"。多元智能理论认为，每个幼儿都拥有相对于自己或是相对于他人的智能强项，幼儿在语言学习中应以智能强项为切入点，以强项带动弱项的学习，构建自己的优势智能组合，为成功学习语言打下基础。因此，观察和发现幼儿的智能强项是采用多元教学的首要任务。

当幼儿发现了自己的强项领域，乐于在其中探索并自我感觉良好，这种成功的体验会使幼儿进入一个较困难的领域产生信心。由于每一个幼儿的智能强项各不相同，这就要求教师根据前期的评估结果，使用多样化的教学手段，使每一个幼儿都能得到适合其智能特点的教育，使幼儿语言学习获得全面成功。教师在教学过程中，引导幼儿根据自己的兴趣点选择活动区，自由组合。通过音乐区、观察区、身体运动区、人际关系区等分区划分教学，使幼儿在各自的智能强项领域学习语言，从而达到良好学习效果。

1. 音乐区的幼儿借助音乐理解语言

音乐智能比较突出的幼儿在学习语言时，可以利用儿歌或儿童诗歌的读和唱激发其对语言的兴趣，由于音乐与情感体验有紧密的联系，因此，通过音乐创造出一个有益于幼儿学习的轻松环境，也可用来突出故事的情节和人物的喜怒哀乐，为幼儿营造一个易于理解和接纳的语言学习环境，帮助幼儿专注于语言的学习。在教学过程中，教师播放音乐，幼儿边唱边随音乐节奏学习语言。引导他们去听、认识、感受，使幼儿在不同情感色彩的音乐中集中注意力、充满兴趣地参加到教学活动中。

2. 观察区的幼儿通过观察认知语言

在语言教学活动中，教师可根据课程的需要以及幼儿的认知水平，利用各种实物和图片，还可以制作成可视性较强的多媒体课件，引导幼儿进行有目的的观察。幼儿在教师的引导下，通过视、听、触、嗅、多种感官参与观察，能积累丰富的表象和情感体验，并借助这些经验进行口头报告，从而在观察过程中培养观察意识、观察能力，最终有效地发展自己运用语言的能力。

3. 身体运动区的幼儿借助肢体动作强化语言

在语言学习中，幼儿需要实际操作和亲身经历，通过多重感官经历学习的过程，才能使所学的知识在头脑中留下一定的印象。幼儿在动作中能较迅速地感受到词汇的意思，有效地提高语言能力。

4. 人际关系区的幼儿利用交注发展语言

在实际教学中，语言教学理立承担起培养幼儿沟通、交往能力的任务。在语言教学中，教师应根据语言活动及幼儿的特点，安排幼儿分小组进行合作学习，通过各种活动，帮助他们在学习中逐步了解与人交往的社交语言，促进发表见解、提出疑问等谈话能力的发展，同时教育幼儿以包容的态度接纳不同意见，培养幼儿的人际交往能力。

当代科学理论认为语言的学习对于幼儿的成长和智力开发至关重要，从人类诞生以来，对于儿童语言智能的开发教育从未间断。在长期的实践与研究中，每个民族都形成了自己的特色。我国拥有五千年文明史，在儿童早期教育方面也形成了自己的科学体系，积累了许多宝贵的经验。

二、中国传统蒙学教育概述

中国素有重视"蒙养之学"的传统。"蒙养之学"是古代对蒙童进行基础文化知识教学和初步道德教育养成的统称，指"对于那些处于幼稚、蒙昧状态的蒙童进行的教育"，通俗说法就是古代的启蒙教育，教育对象主要为8～15岁的儿童。教学内容以"读、写、算、道德启蒙"为主，语文教育则是其中最为重要的内容之一，涵盖了"识字教育、读写训练、作文训练"。经过长期的发展与完善，蒙学以其"齐整押韵的语句、丰富多彩的内容"达到教育孩童的目的，其思想内容则是通过日常生活中的各项规定养成蒙童的习惯并贯彻始终，最终达到积善成德而神明自得的目的。我国蒙学发展经历了如下几个阶段。

第一阶段，周秦至汉唐。这一时期的蒙学教材多为综合性读物，以识字为主，同时进行品德教育，并包含各方面知识。第二阶段，宋至清中叶。这一时期，蒙学教材由综合性读物向分类专写的方向发展，在以识字为主的基础上，注意伦理道德教育。蒙学教材中出现了大量的生活习用常识知识，识字教材更加适合汉字的特点，多数蒙学教材采用韵语体裁和对偶句式，内容上更加注意适应儿童的特点和兴趣。第三阶段，清中叶至民国初年。随着新式学堂的建立，原有蒙学教材已不能满足需要，因此才有扩充蒙学教材的出现，除了改编和续编的《三字经》《百家姓》《千字文》之外，还有《三千字文》《万字文》《千家姓》等。另外，面对新式学堂所编教科书未能吸收和继承传统蒙学教材的优秀遗产的弊端，当时政府和许多文人都在尝试改革传统蒙学教材，使其在内容上、编排上更具有科学性。经过长期不懈的努力，1903年终于由商务印书馆编印了我国第一套小学最新教科书，这套书在教育界占势长达十年之久，其影响十分深远。

　　传统教育的核心是道德教育，蒙学阶段尤其如此，《周易·蒙卦》中就有"蒙以养正，圣功也"的论述。蒙学教育的核心内容被确定为"明人伦"的道德教育。明代沈鲤认为："蒙养极大事，亦最难事。盖终身事业此为根本，而混沌初开，非可以旦夕取效者。"（沈鲤《义学约》）为了让蒙童能切实理解深奥抽象的道德伦理并有效地内化为自身修养，传统蒙学采取了"就近取譬"和"日生日成"的教育方法。

　　传统蒙学遵循儿童的生理和心理特点，强调从生活细微之处培养儿童的道德习惯，将儒家伦理道德落实到实际生活中，在实际教育过程中，把经书的精言微义，化作儿童生活中的言行举止，便于蒙童接受和履行。对于教材中所讲的封建伦理道德，如"三纲者，君臣义，父子亲，夫妇顺"，"曰仁义，礼智信，此五常，不容紊"，传统蒙学不究义理，只是从浅近处入手，就近取譬。

　　朱熹在《童蒙须知》中开宗明义："夫童蒙之学，始于衣服冠履，次及言语步趋，次及洒扫涓洁，次及读书写文字，及有杂细事宜，皆所当知。"先教之以小学规矩，使儿童于洒扫应对进退之间习之，及至智慧渐开，性情已就，才可教习明德新民，以止于至善。在道德教育中，不急于求成，而是采取由浅及深、由近及远的原则，循序渐进，日生日成。清代张伯行在《养正类编·小学》中如是说："古之人自能食能言而教之，是故小学之法，以豫为先。盖人之幼也，智愚未有所主，则当以格言至论，日陈于前，盈耳充腹，久自安习，若固有之者，日复一日，虽有谗说摇惑，不能入也。若不为之豫，及乎稍长，意虑偏好生于内，众言辩口铄于外，欲其纯全，不可得也。"（张伯行《养正类编·小学》）如此，每日坚持不懈，久则体貌习熟，德性坚定，从而达到"少成若天性，习惯如自然"的境界。这样，蒙学把深奥的道德理论、抽象的道德说教转化为具体行为要求，这不仅看得见、摸得着，容易被儿童所理解，而且极易操作，便于监督和考核。

　　传统蒙学的知识教学内容，以语文教育为主，如识字教学、读书教学、写字教学、诗歌教学及作文教学，教师在进行这些内容的教学时，非常注重儿童的"勤学多练"和"熟读成诵"教育方法的运用。

　　我国古代蒙学教学，实行的是集中识字，然后再读书。儿童一入学，先集中识字，指标是两千常用字，教师将"三、百、千"中的生字用楷书写在一寸二分见方的纸张上，一纸一字，一一教学生认读，先教独体字，进而教合体字，一天教十字或几十字不等，不加解说或略为解释，令儿童回到自己座位上反复练习，繁难字在纸背注"同音字"，一日学完，将字片用线穿起，第二天先温习旧字，然后学新字，周而复始。识字到一定数量后，才开始读书。王筠在《教童子法》中说："蒙养之时，识字为先，不必遽读书……能识千字，可读书。"而对于读书，基本是古代教育家"熟读精思"读书法的具体运用，根据儿童"乐记善记不善思"的年龄特征，更多强调"熟读成诵"，待成年后再逐渐理解、运用。蒙学读书教学分三个步骤：读书、背书和理书，学生一般是从蒙养教材（《三字经》《百家姓》或朱熹《小学》）读起，教学方法是唤学童一人立于案旁，先是教师念一句，学生跟着念一句，然后是教师大声念，学生同时小声念，再串成一段合诵，读数十遍后，令学生回座位朗读。《训蒙诀歌》要求教师范读须做到"声声字眼念清真，不论遍数教会住"，学童自己朗读上百遍后，"书读百遍，其义自见"，然后回塾师案前背诵，背得一段，再教下一段生书；如是，上、下午各须教授五段，放学前则将本日所教各段书一总朗读，再至塾师前背过。次日上午先温旧书，再依上法教读生书。读书的过程中，注意读书习惯的培养，强调"心到、眼到、口到"和正确的姿势。理书即温书，是复习过去学过的知识，蒙学有读新书温旧书的交叉进行制度，每天上新课之前，必须经过"温书"再过渡到新课。规定每十日、每一月、每一年都要理书一遍。这样就能做到随读随理，旋转不穷，则书无不熟，为蒙童进一步的学习打下了坚实的基础，也为其日后参加科举考试做了准备。

儿童天性好动，喜欢嬉戏玩耍，单纯的道德说教、礼仪规范难于被儿童所接受，特别是刻板、僵化的儒家纲常礼教，要使它为儿童所接受，就必须采取灵活多样的形式。传统蒙学采取了兴趣盎然的讽诵诗歌等形式，使学生乐学，在游戏般轻松氛围中潜移默化，将儒家伦理纲常内化为自己的习惯。王守仁《训蒙教约》指出："故凡诱之歌诗者，非但发其志意而已，亦所以泄其跳号于咏歌，宣其幽抑结滞于音节也。导之以习礼者，非但肃其威仪而已，亦所以周旋揖让而动荡其血脉，拜起屈伸而固束其筋骸也。讽之以读书者，非但开其知觉而已，亦所以沈潜反复以存其心，抑扬讽诵以宣其志也。"

正因如此，许多大教育家都很重视蒙学教材的编撰。传统蒙学课本大多采取偶句、韵语、诗歌、故事、警句等形式，潜移默化，熏渍陶染。如《三字经》《弟子规》以三字为一句，音谐句短，平仄押韵，便于诵记，并且内容含量大、凝练、概括性强。如《论语》中的"弟子入则孝，出则弟，谨而信，泛爱众，亲而仁。行有余力，则以学文"这一段话被概括为"首孝弟，次谨信，泛爱众，而亲仁，有余力，则学文"，既朗朗上口，又易背易记。《幼学琼林》《增广贤文》采取对偶句形式，广泛采录先贤的格言语录，辑集名人典故逸事，内容丰富，知识性、趣味性、感染性强。如《幼学琼林》中的"刎颈交，相如与廉颇；总角好，孙策与周瑜"，"蔡邕倒屣以迎宾，周公握发而待士"，一个对偶句中就包含了两个历史典故，蒙童在听故事的同时，于趣味盎然中掌握了知识。

三、幼儿学习国学的意义

近年来，我国逐渐重视中国传统文化的普及教育。其中，对儿童进行国学教育也是非常有必要的。

（一）有助于奠定儿童良好的人格基础

行为科学研究表明，人类性格的主要特征是在0～3岁时形成的，后来虽然有变化，但整体特点没有质的改变。心理学研究证明，0～3岁是人生中可塑性最强、施教最容易的阶段，正是教育的黄金时期。如何在纯净的白纸上绘出最优美的底案，建构孩子一生发展的基石，是教育者应该关心的重要课题。心理学认为，良好的习惯一旦养成则终身受益不尽，反之将受害无穷。幼儿阶段儿童几乎没有自主学习能力，其纯净的心灵对外界信息靠高度的直觉而全面吸收，此时的教育都依赖父母、教师主动给予正确的引导。

（二）有助于养成儿童良好的行为习惯

中华传统美德的 18 个德目中，有三分之一是关于行为习惯的，如孝敬父母、尊敬师长、勤劳节俭、诚实守信、谦虚礼貌等，这些良好习惯的养成，既要靠家长和老师的正面引导，也要靠国学知识的熏陶。

现在的孩子往往以自我为中心，极易养成自私、任性、骄傲、脆弱等不良习惯，生活中此类事例比比皆是。开展国学教育，可以让孩子在诵读经典的过程中得到熏陶，如读了《弟子规》中"亲有疾，药先尝，昼夜侍，不离床"，孩子就会产生感恩父母的初始心态，为以后孝敬父母打下基础。读了"惟德学，惟才艺，不如人，当自励。若衣服，若饮食，不如人，勿生戚"，就会引导孩子关注修德育才，少些与别人攀比吃穿的想法。诵读《诫子书》中"静以修身，俭以养德"，就会引导孩子形成节俭的习惯。诵读《易传》中的"积善之家必有余庆，积不善之家必有余殃"就会引导孩子心灵向善。

（三）有助于开发儿童记忆力

记忆力是人生学习和发展过程中最为重要的智力因素，记忆力好的人无论是学习还是工作都更易取得好的成绩，即使是在交际场合，想要谈吐文雅、引经据典也需要有较强的记忆能力。

心理学研究表明，人的记忆能力在 2 周岁前就已经开发了 65%，到 6 岁时开发至80%，入学后的开发已经很有限了。因此，有效利用学前时间，通过诵读国学经典来开发儿童的记忆力是很必要的。

实践证明，儿童的记忆力是惊人的，千字有余的《弟子规》，整整千字的《千字文》，经过几天时间的诵读，孩子们能从头到尾全篇背诵，真是令人惊叹。老师和家长与孩子同读同背，都只能零散地记得部分句子。记忆力强的孩子读《千字文》六七遍之后，基本上能背下来。

幼儿时期熟记的知识是最牢固的，在以后的学习中很有用处。有人做过研究，幼儿时期诵读过国学经典的儿童，到了初高中学习古文比没诵读的儿童接受得更快，理解更深刻。同时，对写作文有极大的帮助。很多孩子上初中后不会对联，如果将《笠翁对韵》《声律启蒙》或者《训蒙骈句》作为孩子幼儿时期诵读内容，到了初中对联问题就迎刃而解了。

（四）有助于培养儿童识记和理解文字的能力

识字是学习的基础，关于幼儿识字教学争议较多，什么时候开始识字？幼儿阶段识多少字？识字到什么程度？都是需要探讨的问题。关于幼儿究竟何时开始识字，学界存在争议，此处我们不做深入探讨。

儿童识字理论历来有两大派别：一派是传统识字派，讲究的是音、形、义统一，例如，识记"休息"的"休"字；另一派是现代识字派，讲究的是整体认读，快速识字，不求质而求量。如果将两派综合起来，幼儿阶段识字的量就会增加，许多孩子在背诵过经典之后能自己阅读图文并茂的儿童文学作品。

（五）有助于培养儿童语言表达能力

语言表达能力是人生最重要的能力之一，能说一口流利的普通话，做到声音动听，发音标准，是每个人在人际交往过程中的追求。儿童在诵读国学经典的过程中，能够一边踱步一边背诵，把握读经"一心二用"的特点。通过背诵，也锻炼了幼儿的记忆能力，并随着年龄增长和对经典的进一步理解，大大提升分析判断能力。诵读国学经典的同时，也可以积累大量的优美语句。

（六）有助于培养儿童的思维能力

思维能力是儿童智力发展的核心因素，注意力、观察力、想象力、记忆力都是为思维能力服务的。没有思维能力的统合，其他的智力因素都是分散的不成体系的能力。只有思维能力发展得好，孩子才会在初中，特别是高中的学习中显示出优势。

瑞文智力测试、韦克斯勒智力测试，都是对孩子智力水平的测量。不同孩子的智力水平是不一样的，但对同样智力水平的孩子，学习能力却有不同，这就是思维能力的不同。国学经典中许多语句都是有着严密的逻辑关系的，对于训练孩子的形象思维和抽象思维有着很好的作用。

（七）有助于培养儿童的独立能力

培养孩子的独立能力，是家长和幼儿园的基本责任，孩子独立能力培养得如何，直接关系到孩子一生的发展。国学经典中有许多教育孩子独立自主的内容，学习国学，对形成孩子的独立能力有重要的作用。

（八）有助于培养儿童的阅读兴趣

接触难懂的古文词汇，是儿童产生阅读兴趣的重要渠道。一般说，古文超出了儿童的理解能力，他们的兴趣不会很大，但是集体诵读这种形式，激发了孩子对古文的热爱。对于孩子来说，只要是读书，故事类也好、科普类也好、文史类也好，文章中即使有一些超出理解能力的词语，孩子都喜欢也能坚持听下来。一些孩子还可以延伸背诵其他的文化经典，如《三字经》《笠翁对韵》《论语》《图解〈山海经〉》等。接近一本新书，就是为孩子打开一个新世界，尽管陌生词汇很多，但孩子喜欢听新鲜事物的愿望却得到了较大的满足，在此基础上，会激发孩子的阅读愿望和养成阅读习惯，并且能够让孩子的阅读速度得到快速提升。

相关链接

古代少年儿童年龄称谓

赤子：初生的婴儿。

襁褓：本意指包裹婴儿的被子和带子，后借指未满周岁的婴儿。

孩提：指两三岁的幼儿。

龆龀：儿童换牙，指七八岁的儿童。

垂髫：指三四岁到八九岁的儿童。古时童子未冠者头发下垂，因此，以"垂髫"指童年和儿童。

幼学：十岁左右。《礼记·曲礼上》："人生十年曰幼学。"郑玄注："名曰幼，时始可学也。"后称十岁为"幼学之年"。

总角：指八九岁至十三岁的少年儿童。《礼记·内则》："拂髦，总角。"郑玄注："总角，收发结之。"后称童年时代为总角。

黄口：本指雏鸟的嘴，后指儿童。

金钗之年：指女孩子十二岁。南朝梁武帝《河中之水歌》："头上金钗十二行，足下丝履五文章。"

豆蔻：指十三四岁的少女。杜牧《赠别》诗："娉娉袅袅十三余，豆蔻梢头二月初。"后称少女十三四岁为"豆蔻年华"。

舞勺之年：指男孩子十三至十五岁期间。古代一种乐舞称为勺，古未成童者习之。

束发：少年十五岁。古代男孩成童时束发为髻，因此为成童代称。

及笄：少女十五岁。古代女孩满十五岁结发，用笄贯之。

弱冠：男子二十岁行加冠礼，以示成年。弱冠即二十岁的青年。

第三节　幼儿教师加强国学素养的意义

目标导航

1. 了解当代大学生国学素养缺失现状。
2. 理解幼儿教师学习国学的重要意义。

一、当代大学生国学素养的缺失

一份针对当代大学生国学素养的调查报告显示，对于"国学"这一概念，仅有 5.5% 的大学生非常清楚国学的内容，而且大部分是文科学生；50.6% 的大学生表示大致了解；对于国学内容不清楚和没听说过的分别占到 41.7% 和 2.2%。这说明，当代大学生对于国学的概念是十分模糊的，有的大学生甚至没有国学概念。在国学经典的阅读方面，仅有 3.1% 的大学生完整地阅读过一部国学经典；84.3% 的大学生表示没有完整地阅读过，只是泛泛了解；还有 12.6% 的大学生表示从来不读国学经典。由此可见当代大学生阅读国学经典的意识淡薄，国学方面的知识极其匮乏，仅有的相关知识也较为零散，缺乏要点，没有形成完整的国学知识体系。当代大学生国学素养的缺失，主要由以下几方面原因所致。

（一）内部断层："文化运动"导致传统文化的断裂

改革开放以来，人民生活水平不断提高，经济的发展和国力的强盛本该带动文化的繁荣，文化在东西方、传统和现代相互交流和碰撞中获得新生和繁荣。如果被继承发扬下来，完全能弥补与抵御目前因为社会变化带给人们的精神迷惘。但遗憾的是，中国人引以为豪的传统文化却面临困境。它们常常被忽略或者抛弃了，这些古籍古训离人们越来越远，它们不再是家庭的案头书，也不再是学校的必修课。当今各种不文明现象反映出的，是一些中国人内心世界的浮躁和虚空，这份空洞源于传统文化的缺失。究其原因，一是20世纪初新文化运动为了反封建文化，把很多优秀传统文化一起否定了。二是五四运动后至1949年，中国长期处在战争环境中，对文化的关注度也随之下降。三是"文革"中，中国传统文化遭到了破坏，造成了传统文化的"断层"现象。当代年轻人对中国传统文化的了解与熟悉程度较之以前大大降低。因此，我国亟待加强对年轻人的传统国学教育。

（二）外来冲击：大量西方文化涌入导致传统文化的式微

当今时代，多元文化共同沟通和交流，然而，现代社会的话语霸权、文化霸权同样存在。当代大学生在接受"西化"教育的同时，如果放弃自身固有的中国传统文化就意味着全盘西化。改革开放以来，伴随着经济全球化的深入发展，大量的西方文化涌入我国，社会多元文化并存。一方面大相径庭的东西方文化使大学生具有不同的文化价值观、思想体系以及个性的行为方式，从而极易扭曲大学生的价值观，形成西方文化中"个人本位""拜金主义""享乐主义"的思想意识，以及较强的功利心和追求物质的强烈欲望。另一方面因为大学生本身的传统文化底蕴不够深厚，被西方文化炫目的光环所吸引，对自己的文化了解越来越少，多数学生崇尚留洋、高抬"海归"。能够背诵历史名篇名著的人，熟知历史、了解历史名人的大学生已经凤毛麟角。这种现象与日韩等国保护自己的传统文化形成了鲜明的对比，也反映出目前我国高校传统文化教育的欠缺。

（三）新兴挑战：网络的兴起与普及导致传统文化的迷失

科学技术日益进步，让具有新时代气息的年轻人有了新的娱乐消遣方式，大家都在积极地享用着科学技术所带来的社会文明与进步。尤其是网络的普及给我们的生活带来了很大的便利。网络的普及，让自制力较差的年轻人沉溺于网络这个虚拟世界当中。当代年轻人缺少基本的人文素养，常常从文化底蕴不够丰厚、挑战意识不强、缺乏积极乐观的心态等方面表现出来。当前，就业形势严峻，学业压力大，同学间的竞争又很激烈，年轻人愿意读一些调侃、幽默、搞笑的书来调节自己，一些网络作品迎合了这一点，凭借调侃、浅显、甚至有些颓废、文字游戏式的语言影响着学生。导致当代青年对那些饱含民族感情、民族气韵，凝聚着历史感和使命感的经典名著不屑一顾。年轻人长期热衷于网络文学的阅读，极易导致语言感悟能力和运用能力的直线下降，这对于个人语言基础的进一步提高极为不利。在由图文构成的网络虚拟世界里，少数大学生沉迷于虚拟的精神世界里，不断通过与陌生人聊天寻求虚拟的刺激。与现实的真情和亲情渐行渐远，感情沟通日益缺乏，代之以虚幻的"父母""朋友"等光怪陆离的词汇和情景充斥于脑海，加剧了网瘾较深者道德情感的冷漠和人文精神的丧失。大型网络游戏的兴起，使得相当一部分学生沉迷其中荒废了学业。在学校周边的网吧中经常可见结伴打游戏的大学生的身影。迷恋网络游戏不仅使他们无心学习，还使他们充满了暴力思想，有些甚至有严重的暴力倾向。这在一定程度上阻碍了大学生人文素质和国学素养的提升。

（四）社会风气：过度功利化导致传统文化的贬值

"不学礼，无以立。"这句话出自《论语》，意思是说，一个人不学"礼"，就没办法在社会中立身。而"学"的前提是教育，是老师。"师者，所以传道授业解惑也。"现实的情况是，我国从孩子的教育开始，就出现了问题。家庭是第一所学校，家长是首位老师，但国人目前普遍存在的道德问题，同很多家庭忽视道德教育有密切的关系。整个社会的道德底线屡屡被突破，社会风气必然会影响到家庭，影响到每个人。全社会的重利轻德让孩子们的道德培养从小就被忽视，他们进入学校或社会后，反过来进一步恶化整个社会风气，形成恶性循环。学校是培养青少年正确道德观的重要阵地，但学校、家庭强调的是升学率，而忽视了人文教育传统。大学校园内急功近利、浮躁不安的风气日盛，而教育和教学却难以成为真正的兴奋点，致使本就脆弱的人文气息逐渐被功利思想所遮蔽。很多大学生在校期间，主要为毕业后的"高薪就业"奔波，如考取四六级证书、计算机证书、会计证书等，目的是为日后工作加重砝码。在这样急功近利的氛围之下培养出来的学生，有的缺乏自身人格的塑造，常常郁闷消沉，无法正视挫折和失败，竞争力较弱；也有的专业知识很牢固，但是人际交往方面往往处理不好，无法适应工作环境和社会环境。

未来的国际竞争，实质上是国民素质的竞争，要求国民具有与现代生产力和现代市场制度相适应的科学文化素质、思想道德素质、社会心理素质和职业技能素质。丧失自我文化的民族，终将为其他民族所轻视。一个国家，如果没有国民素质的提高和道德的力量，绝不可能成为一个真正强大的国家、一个受人尊敬的国家。如果一个民族没有诚实、正直、果断、善良和勇敢的品格，那么它将无法得到其他民族的尊重，也无法屹立于世界民族之林。

因此，对于学前教育专业的大学生而言，亟须熟悉和了解我国传统文化，将传统文化传承发扬和保护起来。

二、幼儿教师具备国学素养的意义

苏联教育家苏霍姆林斯基指出："教师的教育劳动的独到之处是，为了未来而工作。"他常说：教师是最人道的职业，因为教师是同生活中最复杂、最珍贵的无价之宝——人打交道的。每个人从儿童时期开始，知识领域的开拓，文明习惯的养成，以至个性、人生观、道德观的形成，教师都起着重要作用。幼儿教师作为孩子人生中最初阶段的陪伴者和指导者，对于人未来一生的发展，乃至国家民族的前途更是发挥着至关重要的作用。

（一）国学有助于幼儿教师提高德行师范

传统文化国学本身不是为某种功利目而设置的学问，而是抒情言志、修身养性的门径，具有化导人心的强大力量，无疑是提升德行师范的上佳途径。

《论语》中关于修德的言论最具概括性，如"君子以文会友，以友辅仁""君子有三戒：少之时，血气未定，戒之在色；及其壮也，血气方刚，戒之在斗；及其老也，血气既衰，戒之在得"。又如，"子曰：'弟子入则孝，出则弟，谨而信，泛爱众，而亲仁。'"这些对于教师涵养人格、塑造德范，都有积极的作用。

（二）国学有助于幼儿教师认识自己、修正自己

曾子曰："吾日三省吾身"，就是强调在生活和工作中，时刻注意自己的言行，加强对自己的监督。对自己的言、行、思有了足够的了解，才能"从善如登，从恶如崩"。而"以铜为鉴，可以正衣冠；以人为鉴，可以明得失"，则强调认识自己，修正自己的作用，便于不断完善自己。"三人行，必有我师焉：择其善而从之，其不善者而改之"，"其身正，不令而行；其身不正，虽令不从"等，此类示例国学中还有很多，我们不能一一详释，这需要我们每一个人自己去学习，从而发现一个真实的我，提高一个真实的我。

（三）国学有助于幼儿教师社会关系的和谐

国学，教给人们更多的宽容和理解。有人说，中国的传统文化教育，其目的大致有四个层次，即个人道德素质的全面养成、人与人的关系、人与社会的关系、人与自然的关系，其核心是崇尚"和谐"。这既是一种哲学原则，也是一种社会秩序和理想，是和当代社会追求个人身心健康、全面发展、家庭幸福、国家安定、世界和平相一致的。国学提倡理想人格的追求，这与西方功利主义、拜金主义是截然相反的。

（四）国学有助于幼儿教师塑造爱国爱家情怀

中华民族的发展史就是一部爱国爱家的历史，在这历史长河中，爱国英雄人物如宇宙繁星，数不胜数，有文人亦有武将，有富贵亦有黎民。了解这些人物，能使我们继承其爱国精神。了解这些人物的著作，更能使我们滋生爱国情怀。如屈原之《国殇》，岳飞之《满江红》等。这些爱国诗篇，使得我们心生了"居庙堂之高则忧其民，处江湖之远则忧其君"的忧患意识，"先天下之忧而忧，后天下之乐而乐"的济世情怀，"天下兴亡，匹夫有责"的社会责任，"修身齐家治国平天下"的人生目标。这些国字经典篇章中的励志言语和爱国精神都是需要我们继承和发扬的。

（五）国学有助于幼儿教师树立公正、求知、真善美的人生追求

教师的公正，集中表现为教师对待每一个孩子的公正，不偏心、不偏袒。如"公生明、廉生威"，又如"知之者不如好之者，好之者不如乐之者""精于勤，荒于嬉""博学之，审问之，慎思之，明辨之"，这些讲求知。求知，当是人生不懈的追求；又如"富贵不能淫，贫贱不能移，威武不能屈""路漫漫其修远兮，吾将上下而求索"，这些都传

达了古代先贤的思行哲理，给幼儿教师道德心灵产生极其有益的影响，激励人们追求真善美。

（六）国学有助于幼儿教师将"热爱儿童"的要求真正内化为自己的行动

苏霍姆林斯基说："一个好教师意味着什么？首先意味着他热爱孩子，感到跟孩子交往是一种乐趣，相信每个孩子都能成为一个好人，善于跟他们交朋友，关心孩子的快乐和悲伤，了解孩子的心灵，时刻都不忘记自己也曾是个孩子。"

"爱孩子"是对每一位教师的基本要求，这一点对于幼儿教师尤为重要。幼儿处在人生的最初阶段，身心尚未发育成熟，需要教师给予他们更多的爱。国学经典中有许多论述"仁爱"的内容，孔子关于"仁"的论述都能够潜移默化地影响幼儿教师，将无私的爱给予每一个孩子。

（七）学习国学有助于幼儿教师更加扎实、全面科学地对幼儿进行国学教育

教师为了完成好所承担的教育教学任务，必须精通该学科领域的专业知识。所谓精，就是要对所教专业的知识深钻吃透，准确把握，具有扎扎实实的基本功；所谓深，就是要比学生高出几筹，深入几分，做到教一知十或教一知百。教师只有对所教学科在知识体系上融会贯通，才能在教育教学活动中做到重点突出，生动有趣。因此，幼儿教师要通过不断学习，掌握学前教育专业的基本知识和基本技能，以及基本理论和学科体系，了解学前教育最新的研究成果和研究发展动向，尽量使自己具有前沿的学前教育专业知识，形成合理的知识结构，坚实的知识基础和扎实的教学基本功。目前，许多幼儿园都开设了国学课程，为了更科学有效地指导幼儿学习国学，幼儿教师有必要系统全面地了解掌握与国学和幼儿国学教育相关的各种知识和技能，从而全面科学地实施国学教育。

三、提高学前教育专业学生国学素养的方法和途径

（一）学校和媒体应采取的方法和措施

1. 在幼儿师范院校或学前教育专业普遍开设传统文化教育课程

当前，在高等教育中，经济、法律等应用学科备受青睐，而文史哲等基础学科尚未受到足够重视。为使传统文化代代传承和更新发展，师范类院校应普遍重视中华优秀传统文化的通识教育，根据情况可将传统文化教育作为学生的必修或选修课程，并列入教学大纲，纳入学校课程体系，在学前教育专业的基础课中增加有关中国传统文化的通识类课程，从而为学前教育专业大学生较系统地学习传统文化知识提供必要的课程平台，使学生了解中国传统文化的发展历史，学习传统文化知识，领悟传统文化精华，进而弘扬传统美德，发扬民族精神。

2. 多方位开掘学科课程的人文内涵

对学科课程，尤其是对文科课程，幼儿师范院校教师在讲授其专业知识的同时，也要注重开掘其中蕴含的优秀传统文化资源，并结合学科特点融入中华优秀传统文化的内容。譬如在讲授大学语文课程时，基于课程本身浓厚的人文特质，可以充分挖掘优秀文

学作品的精神资源，从哲学、政治、历史、人文精神、文化品格、民俗风尚、审美意趣、语言文字等层面进行多维度的意义建构，将中华文化的精髓贯穿其中，其他文史哲课程亦如此。对自然科学课程则可以通过介绍学科发展历史等方法，强化专业的历史教育，使学生对中国科技历史和优秀文化遗产有所了解。

3. 转变传统的授课方式

现在，尽管不少高校都开设了关于传统文化的通识教育课，但许多专家对它们的评价却是"效果平平"。虽然原因是多方面的，但授课方式的古板和陈旧却是屡屡受人诟病。然而，同样是传统文化的传授，央视"百家讲坛"栏目推出的传统文化系列讲座却十分受欢迎。"于丹现象""易中天现象"为我们更有效地传播传统文化提供了很好的借鉴。首先，要注重对传统经典中的现代因子进行挖掘，从现代视角出发，在新时期语境下，进行阐释和调整，做到古为今用。其次，在注重对历史深度和文化深度的设计与把握的同时，兼顾学生的文化基础和兴趣需要，不能居高临下，故作高深，过于强调学术性，要采取"平民立场"和普及的态度，从学术研究的高阁中走出来，运用深入浅出的方法，甚至可以"用非学术的语言，来讲学术性的内容"，努力实现从"曲高和寡"向"和之者众"的转化，从而激发起大学生对祖国历史和传统文化的浓厚兴趣。

4. 努力提高教师的传统文化素养

教育的质量在很大程度上取决于教师的水平。由于历史原因，多年来中国传统文化没有得到很好的传承，目前教师的传统文化素养不容乐观，难以很好地承担传统文化教学的任务，因此，必须从培训教师入手，加强师资队伍建设。通过派出学习、资助课题、与文化单位交流研讨等形式，建设一支熟悉中国传统文化的、高水平的专家型的大学教师队伍，并造就一批国学功底扎实、勇于开拓创新的学术带头人，培养一批年富力强、政治和业务素质良好、锐意进取的青年学术骨干。

5. 努力营造校园文化氛围

采用耳濡目染的方式，在校园中营造一种传统文化的氛围，是提高学生传统文化素养的一条重要途径。大学校园里可以经常播放古曲、古乐，张贴古代先贤的语录，通过各种文化社团组织古诗词朗诵、古诗词写作活动，邀请有关专家教授开设讲座和论坛，传习传统技艺等，还可在传统节日组织各种民俗活动，紧紧围绕节日主题，体现民族风俗和民族心理，挖掘传统文化节日的文化内涵。在这些优秀传统文化的普及活动中，学生会自然而然、潜移默化地受到传统文化的熏陶。

6. 有效利用丰富多彩的社会资源

传统文化教育的范围不能仅仅局限于校园内部，还可借用全国各地青少年教育基地的建设经验，利用博物馆、展览馆、公园、文化遗址、名胜古迹和现有各类教育基地等场所，进一步拓宽大学生教育渠道，使这些过去被忽视的教育资源进入高等教育的主流渠道，使其成为大学生丰富多彩、直观生动的校外课堂，促进学生们的文化认同与认识深化。在运用上述途径对大学生加强传统文化教育时，还应注意以下两个问题：第一，在传统文化教育中，重视基础文科的同时，还要转变观念，不能用狭隘的功利主义的观点看待基础文科教育。传统文化教育的核心是用先进文化观念进行教育，落脚点是通过教育提高学生的素质。传统文化教育不能单纯追求课程化和知识化，因为其目的不仅仅是让学生增长文化知识和文学功底，更重要的是感悟优秀传统文化的精神，提升文化品位，丰厚文化底蕴，锻铸自己的文化品格。第二，在人文素质教育中，不能只讲文化的继承，也应该重视文化的批判和创新。要在继承和发扬中华民族优秀传统文化的同时，积极学习和吸收一切外国的优秀文化成果，既不能故步自封，也不要妄自菲薄，要做到古为今用、西为中用。还要努力把传统文化的研究与时代精神结合起来，努力寻找传统文化与时代精神的内在联系。中国传统文化是中华民族在五千年的漫长岁月中绵延不绝、长盛不衰、和谐发展的根本原因，学习、了解中华民族特定的价值系统、思维方式、社会心理以及审美情趣等，是培养一个人民族情感、国家观念、社会意识的重要手段。"当历史的尘埃落定，有许多东西都化为乌有的时候，唯有文化以物质的或非物质的形态存在着，它是我们和遥远的祖先沟通的唯一的渠道，是我们这个民族悠久历史的物证，也是我们这个民族满怀自信地走向未来的文化的根基。"中国传统文化的教育旨在通过多种渠道，给大学生搭建一个了解祖国悠久、丰富的文化遗产的平台，以增强大学生的民族自信心和自豪感，培养民族精神，淳化风气，提高审美情趣，增强创新思维能力，促进和谐发展，帮助他们修养身心并达到较高的人格境界，形成较高的文化素养。

7. 充分发挥学界和媒体的正确引导作用

当今，学界和媒体应当对大学生进行正确的引导。国学毕竟是"学"，是一门需要潜心研究的学问，学界应加强学术规范的建设，扭转目前学术浮躁的现象，保持严谨理性的作风。同时要防止媒体制造的国学文化过度娱乐化、商业化的倾向，以免大学生的国学热情被过浓的娱乐商业气息消磨耗尽，陷入新的困境。对于"国学快餐化"既不能盲目乐观，也不能将国学与媒体教化的功能对立，而是应该在理论和实践操作层面对其探索、求解。事实上，国学如果和传媒有序结合，有一个度的把握，通过健康的积极向上的形式表现出来，使大学生在轻松愉快的过程中得到教化感染也是可行的。媒体应该运用其渗透力和影响力，致力于建设国学精品栏目。

（二）大学生自身加强国学素养的方法和途径

1. 注重养成自觉阅读国学经典的习惯

目前大学生国学知识匮乏，因此，必须确保自己认真重温国学经典。目前，市面上"解读"国学经典的书籍受到追捧，但是，国学经典书籍本身并没有受到关注。认真重温，不是简单地听讲座，看几本解读国学的畅销书，而是在踏实的国学书籍阅读中回归经典，在重温中添加创新意识和时代精神。只有真正回归经典阅读，才能感受国学的魅力。

2. 注重与西方文化的交流比较与吸收

当代大学生在学习国学时，应当持有开放的心态，开阔的视野。在学习过程中，一方面努力了解真正的传统文化，另一方面要注意与西方文化的比较交流。在全球语境的重要层面进行中西对话，在比较中沟通，找出相异、相通之处，让国学在新时代焕发新的活力。

3. 注重对所学内容的甄别与去粗取精，取精去糟

国学文化具有两面性，有其人文、儒雅、智慧、超脱的一面，同时又有残忍、虚伪、庸俗、封闭的一面。国学的主体内容与现代文明一致，如孔子的仁爱精神、儒家的积极进取精神等。但对于国学中需要摒弃的部分也要加以正视，比如君臣的纲常，"授受不亲"的礼教，"父为子隐"的回护，"刑不上大夫、礼不下庶人"的爱有等差等，都是缺乏平等意识和自由理念的。凡比种种，精华与糟粕并存。这就需要当代大学生细加辨析、严加取舍。要用正确的心态和理性的态度对待国学典籍中的内容。

相关链接

国学大师陈寅恪

陈寅恪祖籍是江西修水县。修水古称义宁，所以陈家被称为"义宁陈氏"。他是客家人，1890年7月3日生于湖南长沙，1969年10月7日逝于广州。他是中国现代最负盛名的历史学家、古典文学研究家、语言学家。在清华的百年历史上，他与叶企孙、潘光旦、梅贻琦一起并称为"清华四大哲人"；又与梁启超、王国维、赵元任一起并称为清华国学研究院"四大导师"。

1911年2月，清政府在北京城内设立的游美学务处和筹建中的游美肄业馆迁入西北郊外的清华园办公，并将校名定为清华学堂。这一年的4月29日，清华学堂正式开学。1925年2月，在校长曹云祥主持下，清华学校国学研究院筹备处正式挂牌成立。

次年，陈寅恪的身影出现在清华园里。他很幽默，因为"四大导师"中的梁启超是"南海圣人"康有为的弟子，王国维是末代皇帝的读书顾问，于是陈寅恪就给学生们送了一副对联："南海圣人再传弟子，大清皇帝同学少年。"

陈寅恪在1929年所作的王国维纪念碑铭中，首先提出以"独立之精神，自由之思想"为追求的学术精神与价值取向。他当时在国学院指导研究生，并在北京大学兼课，同时对佛教典籍和边疆史进行研究、著述，在清华大学开设语文和历史、佛教研究等课程。陈寅恪的耿介与独立人格精神，在日常的生活中更是异常鲜明。1927年6月，王国维自沉昆明湖。在遗体告别仪式上，其他人都是行三鞠躬礼，而陈寅恪却行三跪九叩大礼，他用这种传统的国粹最高礼仪表达自己对这位同人的尊敬与哀悼。

他曾言："前人讲过的，我不讲；近人讲过的，我不讲；外国人讲过的，我不讲；我自己过去讲过的，也不讲。现在只讲未曾有人讲过的。"因此，陈寅恪讲课时，研究院主任吴宓教授是风雨无阻、堂堂必到的听课者；其他如朱自清等水准很高、已经名满天下的教授，也常到教室旁听。哲学家冯友兰，当时任清华大学秘书长、文学院长，早已经是著名的学界泰斗一级的人物了，可每当陈寅恪上

"中国哲学史"课时，冯先生总是恭敬地陪着陈寅恪从教员休息室走出来，静静地坐在教室里听他讲课。

在讲授历史研究的心得时，他常常说："最重要的就是要根据史籍或其他资料以证明史实，认识史实，对该史实有新的理解，或新的看法，这就是史学与史识的表现。"他的学生曾经回忆道："陈师在讲历史研究时，常说：凡前人对历史发展所留传下来的记载或追述，我们如果要证明它为有，则比较容易，因为只要能够发现一二种别的记录，以作旁证，就可以证明它为有了；如果要证明它为无，则委实不易，千万要小心从事。因为如你只查了一二种有关的文籍而不见其有，那是还不能说定了，因为资料是很难齐全的，现有的文籍虽全查过了，安知尚有地下未发现或将发现的资料仍可证明其非无呢？"陈寅恪对学术研究的严谨态度由此可见一斑。难怪傅斯年对他进行这样的评价："陈先生的学问，近三百年来一人而已！"

他通晓英、法、俄、日、德等 11 国 14 种文字，对史学、文学、宗教学、语言学、人类学、校勘学都有精深的研究。一生涉猎多个学术领域，而且在每一个领域都有卓越的建树，著作等身，桃李满天下。他尤其对史学造诣更深，对梵文、突厥文、西夏文、满文的佛教经典，也都很熟悉。旧体诗词功底深厚，史学界称其为"一代文史大师"，名副其实。

（本文节选自：鲁先圣《三百年一遇的国学大师陈寅恪》）

思考与练习

1．推荐一篇对你产生了重要影响的国学著作，并说明推荐理由。

2．你认为对幼儿进行国学教育会对其一生产生哪些有益的影响？

3．有人说，中国传统文化中有"重诗文而轻科技"的错误倾向，你对此说法认同吗？说说你的理由。

4．章太炎是近代国学的宗师，他对于当代的国学思潮影响至大至深。在晚清学界新旧交替之际，章太炎呼吁："夫国学者，国家所以成立之源泉也。吾闻处竞争之世，徒恃国学固不足以立国矣。而吾未闻国学不兴而能自立者也。吾闻有国亡而国学不亡者矣，而吾未闻国学先亡而国仍立者也。"章太炎告诫人们，当此国运日危、文化转型之时，光靠国学固然不足以立国，还要充分学习西学，但是国学不振而要复兴中华却是绝无可能的。请你结合本章内容，谈谈弘扬国学的意义。

第 二 章
幼儿教师国学素养名篇解读（一）

第一节 | 德行立世篇

◎ 目标导航

1. 了解我国古代国学经典中关于为人处世的名篇。
2. 理解并背诵《诫子书》《弟子规》《朱子家训》等经典篇章。

一、经典导读

　　家训，是中国传统文化的重要组成部分，也是一个家族的重要文化传承，它在中国历史上对个人的修身立世、持家治业发挥着重要的作用。古代家训，大都浓缩了作者毕生的生活经历、人生体验和学术思想等方面内容，不仅其个人的子孙从中获益颇多，就是今人读来也大有可借鉴之处。在本节中，我们选取了《诫子书》《朱子家训》等经典供同学们学习阅读。

　　三国时期诸葛亮的《诫子书》也是一篇充满智慧之语的家训，是古代家训中的名作。《诫子书》阐述修身养性、治学做人的深刻道理，读来发人深省。它也可以看作是诸葛亮对其一生的总结，后来更成为修身立志的名篇。本文写于蜀汉建兴十二年（公元234年），是诸葛亮写给儿子诸葛瞻的一封家书。

　　《诫子书》的主旨是劝勉儿子勤学立志、修身养性，宜淡泊明志，忌怠惰险躁。文章概括了做人治学的经验，着重围绕一个"静"字加以论述，同时把失败归结为一个"躁"字，对比鲜明。

　　在《诫子书》中，诸葛亮教育儿子，要"淡泊"自守，"宁静"自处，鼓励儿子勤学励志，从淡泊和宁静的自身修养上狠下功夫。他说，"夫学须静也，才须学也，非学无以广才，非志无以成学。"意思是说，不安定清静就不能为实现远大理想而长期刻苦学习，要学得真知必须使身心在宁静中研究探讨，人们的才能是从不断的学习中积累起来的；不下苦功学习就不能增长与发扬自己的才干；没有坚定不移的意志就不能使学业成功。诸葛亮教育儿子切忌心浮气躁，举止荒唐。在书信的后半部分，他则以慈父的口吻谆谆教导儿子：少壮不努力，老大徒伤悲。这话看起来不过是老生常谈罢了，但它是慈父教诲儿子的，字字句句是心中真话，是他人生的总结，因而格外令人珍惜。

《颜氏家训》成书于隋文帝灭陈国以后，隋炀帝即位之前（约公元6世纪末），是汉民族历史上第一部内容丰富、体系完整的家训，是颜之推记述个人经历、思想、学识以告诫子孙的著作。共有7卷，20篇。自成书以来，在中国漫长的封建社会里，一直被作为家教范本，广为流布，经久不衰。究其原因，主要是书中内容基本适应了封建社会中儒士们教育子孙立身、处世的需要，提出了一些切实可行的教育方法和主张，以及培养人才力主"治国有方、营家有道"之实用型新观念等，继承和发展了儒家以"明人伦"为宗旨的"诚意、正心、修身、齐家、治国、平天下"的传统教育思想。被后世广为征引，反复刊刻，虽历经千余年而不佚。

《朱子家训》，又称《朱子治家格言》，文字通俗易懂，内容简明详尽，对仗工整、朗朗上口，问世以来，不胫而走，成为有清一代家喻户晓、脍炙人口的教子治家的经典家训。其中一些警句，如"一粥一饭，当思来处不易；半丝半缕，恒念物力维艰""宜未雨而绸缪，毋临渴而掘井"等，在今天仍然具有教育意义。

《孝经》成书于秦汉之际，是中国古代儒家的伦理学著作，全经以"孝"为中心，比较集中地阐述了儒家的伦理思想。它肯定"孝"是上天所定的规范，"夫孝，天之经也，地之义也，人之行也"。书中指出，孝是诸德之本，"人之行，莫大于孝"，国君可以用孝治理国家，臣民能够用孝立身理家，保持爵禄。《孝经》在中国伦理思想中，首次将孝亲与忠君联系起来，认为"忠"是"孝"的发展和扩大，并把"孝"的社会作用推而广之，认为"孝悌之至"就能够"通于神明，光于四海，无所不通"。

《增广贤文》又名《昔时贤文》《古今贤文》，是中国明代时期编写的道家儿童启蒙书目。书名最早见于明万历年间的戏曲《牡丹亭》，据此可推知此书最迟写成于万历年间。《增广贤文》集结中国从古到今的各种格言、谚语。后来，经过明、清两代文人的不断增补，才改成现在这个模样，通称《增广贤文》。其中绝大多数句子都来自经史子集、诗词曲赋、戏剧小说以及文人杂记，其思想观念都直接或间接地来自儒道经典，从广义上来说，它是雅俗共赏的"经"的普及本。不需讲解就能读懂，通过读《增广贤文》同样能领会到经文的思想观念和人生智慧。

二、原文阅读

（一）《诫子书①》

夫君子之行②，静以修身③，俭以养德④。非澹泊无以明志⑤，非宁静无以致远⑥。夫学须静也，才须学也⑦，非学无以广才⑧，非志无以成学⑨。淫慢则不能励精⑩，险躁则不能治性⑪。年与时驰⑫，意与日去⑬，遂成枯落⑭，多不接世⑮，悲守穷庐⑯，将复何及⑰！

【注释】

① 诫：警告，劝人警惕，主要指对人的一种劝告。

② 夫（fú）：段首或句首发语词，引出下文的议论，无实际意义。君子：品德高尚的人。

③ 修身：个人的品德修养。

④ 养德：培养品德。

⑤ 澹（dàn）泊：也写作"淡泊"，清静而不贪图功名利禄。内心恬淡，清心寡欲，不慕名利。明志：表明自己崇高的志向。

⑥ 宁静：这里指安静，集中精神，不分散精力。致远：实现远大目标。

⑦ 才：才干。

⑧ 广才：增长才干。

⑨ 成：达成，成就。

⑩ 淫慢：过度的享乐，懈怠。淫：过度。励精：尽心，专心，奋勉，振奋。

⑪ 险躁：冒险急躁，狭隘浮躁，与上文"宁静"相对而言。治性：陶冶性情。

⑫ 与：跟随。驰：疾行，这里是增长的意思。

⑬ 日：时间。去：消逝，逝去。

⑭ 遂：于是，就。枯落：枯枝和落叶，本义指草木的凋零、衰残，此指像枯叶一样飘零，形容人韶华逝去。

⑮ 多不接世：意思是对社会没有任何贡献。接世，接触社会，承担事务，对社会有益。有"用世"的意思。

⑯ 穷庐：破房子。

⑰ 将复何及：又怎么来得及。

（二）《朱子家训》

黎明即起，洒扫庭除①，要内外整洁。既昏便息②，关锁门户，必亲自检点。一粥一饭，当思来处不易。半丝半缕，恒念物力维艰③。宜未雨而绸缪④，毋临渴而掘井。自奉必须俭约⑤，宴客切勿留连⑥。器具质而洁⑦，瓦缶胜金玉⑧。饮食约而精⑨，园蔬胜珍馐⑩。勿营华屋，勿谋良田。

三姑六婆⑪，实淫盗之媒。婢美妾娇，非闺房之福。奴仆勿用俊美，妻妾切忌艳妆。祖宗虽远，祭祀不可不诚。子孙虽愚，经书不可不读⑫。居身务期质朴，教子要有义方⑬。勿贪意外之财，勿饮过量之酒。

与肩挑贸易，勿占便宜。见贫苦亲邻，须多温恤。刻薄成家，理无久享。伦常乖舛⑭，立见消亡。兄弟叔侄，须分多润寡⑮。长幼内外，宜法肃辞严。听妇言，乖骨肉，岂是丈夫。重资财，薄父母，不成人子。嫁女择佳婿，毋索重聘。娶媳求淑女，毋计厚奁⑯。

见富贵而生谗容者，最可耻。遇贫穷而作骄态者，贱莫甚⑰。居家戒争讼，讼则终凶。处世戒多言，言多必失。毋恃势力而凌逼孤寡，勿贪口腹而恣杀生禽。乖僻自是⑱，悔误必多。颓惰自甘⑲，家道难成。狎昵恶少⑳，久必受其累。屈志老成㉑，急则可相依。轻听发言，安知非人之谮诉㉒，当忍耐三思。因事相争，安知非我之不是，须平心再暗想。

施惠勿念[23]，受恩莫忘。凡事当留余地，得意不宜再往。人有喜庆，不可生妒忌心。人有祸患，不可生喜幸心。善欲人见，不是真善。恶恐人知，便是大恶。见色而起淫心，报在妻女。匿怨而用暗箭[24]，祸延子孙。

家门和顺，虽饔飧不继[25]，亦有余欢。国课早完[26]，即囊橐无余[27]，自得至乐。读书志在圣贤，非徒科第，为官心存君国，岂计身家。守分安命，顺时听天。为人若此，庶乎近焉[28]。

【注释】

① 庭除：庭，堂阶前的院子；除，台阶。庭除指庭前阶下，院子。

② 昏：天刚黑时。

③ 物力：可供使用的物资。

④ 未雨而绸缪（móu）：语出《诗经·豳风·鸱鸮》："迨天之未雨，彻彼桑土，绸缪牖户"，后比喻事先做好准备工作。

⑤ 自奉：自己日常生活的供给或消费。

⑥ 宴客：宴请宾客。留连：乐而忘返或依恋不舍。

⑦ 质：质朴、朴素。

⑧ 瓦缶：泥制的盆罐，指粗劣的餐具。

⑨ 约：少，简约。

⑩ 珍馐：贵重珍奇的食品。

⑪ 三姑：尼姑、道姑、卦姑。六婆：牙婆、媒婆、师婆、虔婆、药婆、稳婆。泛指穿堂入室、搬弄是非的妇女。

⑫ 经书：儒家经典著作。

⑬ 义方：做人的正道。多指家教。

⑭ 乖舛：违背，差错。

⑮ 分多润寡：富有的周济贫穷的。

⑯ 厚奁：丰厚的嫁妆。

⑰ 莫甚：指没有比此更严重的了。

⑱ 乖僻自是：执拗孤僻，自以为是。

⑲ 颓惰自甘：颓废怠惰，心甘情愿。

⑳ 狎昵恶少：亲昵品行恶劣的浪荡青年。

㉑ 屈志老成：曲意迁就年高有德者。

㉒ 谮（zèn）诉：进诉谗言，说人坏话。

㉓ 施惠：给人以恩惠。

㉔ 匿怨：对人怀恨在心，面上却无表露。

㉕ 饔飧：早餐和晚餐。

㉖ 国课：公家的钱粮课赋。

㉗ 囊橐（tuó）：口袋。

㉘ 庶乎近焉：差不多近于是个好人了。

《弟子规》

总叙

弟子规　圣人训　首孝弟　次谨信　泛爱众　而亲仁　有余力　则学文

入则孝

父母呼　应勿缓　父母命　行勿懒　父母教　须敬听　父母责　须顺承
冬则温　夏则清　晨则省　昏则定　出必告　反必面　居有常　业无变
事虽小　勿擅为　苟擅为　子道亏　物虽小　勿私藏　苟私藏　亲心伤
亲所好　力为具　亲所恶　谨为去　身有伤　贻亲忧　德有伤　贻亲羞
亲爱我　孝何难　亲憎我　孝方贤　亲有过　谏使更　怡吾色　柔吾声
谏不入　悦复谏　号泣随　挞无怨　亲有疾　药先尝　昼夜侍　不离床
丧三年　常悲咽　居处变　酒肉绝　丧尽礼　祭尽诚　事死者　如事生

出则弟

兄道友　弟道恭　兄弟睦　孝在中　财物轻　怨何生　言语忍　忿自泯
或饮食　或坐走　长者先　幼者后　长呼人　即代叫　人不在　己即到
称尊长　勿呼名　对尊长　勿见能　路遇长　疾趋揖　长无言　退恭立
骑下马　乘下车　过犹待　百步余　长者立　幼勿坐　长者坐　命乃坐
尊长前　声要低　低不闻　却非宜　近必趋　退必迟　问起对　视勿移
事诸父　如事父　事诸兄　如事兄

谨

朝起早　夜眠迟　老易至　惜此时　晨必盥　兼漱口　便溺回　辄净手
冠必正　纽必结　袜与履　俱紧切　置冠服　有定位　勿乱顿　致污秽
衣贵洁　不贵华　上循分　下称家　对饮食　勿拣择　食适可　勿过则
年方少　勿饮酒　饮酒醉　最为丑　步从容　立端正　揖深圆　拜恭敬
勿践阈　勿跛倚　勿箕踞　勿摇髀　缓揭帘　勿有声　宽转弯　勿触棱
执虚器　如执盈　入虚室　如有人　事勿忙　忙多错　勿畏难　勿轻略
斗闹场　绝勿近　邪僻事　绝勿问　将入门　问孰存　将上堂　声必扬
人问谁　对以名　吾与我　不分明　用人物　须明求　倘不问　即为偷
借人物　及时还　人借物　勿有悭

信

凡出言　信为先　诈与妄　奚可焉　话说多　不如少　惟其是　勿佞巧
刻薄语　秽污词　市井气　切戒之　见未真　勿轻言　知未的　勿轻传
事非宜　勿轻诺　苟轻诺　进退错　凡道字　重且舒　勿急疾　勿模糊

彼说长　此说短　不关己　莫闲管　见人善　即思齐　纵去远　以渐跻
见人恶　即内省　有则改　无加警　唯德学　唯才艺　不如人　当自砺
若衣服　若饮食　不如人　勿生戚　闻过怒　闻誉乐　损友来　益友却
闻誉恐　闻过欣　直谅士　渐相亲　无心非　名为错　有心非　名为恶
过能改　归于无　倘掩饰　增一辜

泛爱众

凡是人　皆须爱　天同覆　地同载　行高者　名自高　人所重　非貌高
才大者　望自大　人所服　非言大　己有能　勿自私　人所能　勿轻訾
勿谄富　勿骄贫　勿厌故　勿喜新　人不闲　勿事搅　人不安　勿话扰
人有短　切莫揭　人有私　切莫说　道人善　即是善　人知之　愈思勉
扬人恶　既是恶　疾之甚　祸且作　善相劝　德皆建　过不规　道两亏
凡取与　贵分晓　与宜多　取宜少　将加人　先问己　己不欲　即速已
恩欲报　怨欲忘　报怨短　报恩长　待婢仆　身贵端　虽贵端　慈而宽
势服人　心不然　理服人　方无言

亲仁

同是人　类不齐　流俗众　仁者希　果仁者　人多畏　言不讳　色不媚
能亲仁　无限好　德日进　过日少　不亲仁　无限害　小人进　百事坏

余力学文

不力行　但学文　长浮华　成何人　但力行　不学文　任己见　昧理真
读书法　有三到　心眼口　信皆要　方读此　勿慕彼　此未终　彼勿起
宽为限　紧用功　工夫到　滞塞通　心有疑　随札记　就人问　求确义
房室清　墙壁净　几案洁　笔砚正　墨磨偏　心不端　字不敬　心先病
列典籍　有定处　读看毕　还原处　虽有急　卷束齐　有缺坏　就补之
非圣书　屏勿视　蔽聪明　坏心志　勿自暴　勿自弃　圣与贤　可驯致

第二节　通览古今篇

目标导航

1. 了解《三字经》《百家姓》《千字文》及《幼学琼林》的主要内容。
2. 理解并背诵《三字经》《百家姓》全文及《幼学琼林》的部分章节。
3. 掌握指导幼儿学习国学的一般方法。

一、经典导读

在中国古代蒙学经典中，除了教导儿童做人做事的原则方法，培养熏陶儿童的基本道德情操外，另一个很重要的内容就是让儿童了解自己身边的世界，知晓华夏民族的历史与现实。而人也只有通览古今后，才能塑造宏阔的格局。传统蒙学经典中诸如《三字经》《百家姓》《千字文》《幼学琼林》等都可划入到这一范畴中。

南宋学者王应麟是《三字经》的作者。王应麟，字伯厚，号深宁居士，又号厚斋。他是理宗淳祐元年进士，为人正直敢言，因屡次冒犯权臣贾似道、丁大全而遭罢黜，后辞官归乡。他一生著述颇丰。

《三字经》共一千余字，行文流畅，三字一句，易于记诵，内容丰富而又言简意赅。作者认为儿童首先需学会做人，其次才是知识的学习。《三字经》既是一部儿童启蒙课本，又是一部论述启蒙教育的著作，这在学习阅读时需加以注意。

《千字文》是成书时间最早的蒙学作品。是南朝梁武帝在位时期（502～549 年）编成的，其编者是梁朝散骑侍郎、给事中周兴嗣。《千字文》每四字一句，共 250 句，一千个字。其中有一重复的字，即"洁"字，此字在文中出现两次："女慕贞洁""纨扇圆洁"。《千字文》通篇用韵，其用韵数字是七个。

《千字文》行文流畅，辞藻华丽，内容丰富。但由于年代久远，内容已不易于理解。清人汪啸尹纂辑、孙谦益参注的《千字文释义》将《千字文》分为四个部分，称之为四章。从第一句"天地玄黄"开始，至第 36 句"赖及万方"为第一部分；从第 37 句"盖此身发"开始，至第 102 句"好爵自縻"为第二部分；自第 103 句"都邑华夏"起，至第 162 句"严岫杳冥"为第三部分；自第 163 句"治本于农"起，至第 248 句"愚蒙等诮"为第四部分。最后还有两句"谓语助者，焉哉乎也"，没有特别含义，将其单列出来。

《千字文》第一部分从天地开辟讲起。有了天地，就有了日月、星辰、云雨、霜雾和四时寒暑的变化；也就有了孕生于大地的金玉、铁器（剑）、珍宝、果品、菜蔬，以及江河湖海，飞鸟游鱼；天地之间也就出现了人和时代的变迁。在此，《千字文》讲述了人类的早期历史和商汤、周武王时盛世的表现，即"坐朝问道，垂拱平章。爱育黎首，臣伏戎羌。遐迩一体，率宾归王。鸣凤在竹，白驹食场。化被草木，赖及万方"。

第二部分重在讲述人的修养标准和原则，也就是修身。指出人要孝亲，珍惜父母所给的身体，"恭惟鞠养，岂敢毁伤"，做人要"知过必改"，讲信用，保持纯真本色，树立良好的形象和信誉，"信使可覆，器欲难量。墨悲丝染，诗赞羔羊"及以下四句讲的就是这个意思。接着对忠、孝和人的言谈举止、交友、保真等方面进行了阐述。

第三部分讲述与统治有关的问题。此章首言京城形胜，极力描绘都邑的壮丽，"宫殿盘郁，楼观飞惊"。京城之中汇集了丰富的典籍和大批的英才，"既集坟典，亦聚群英"，这是第三部分的第二层意思，重在叙述上层社会的豪华生活和他们的文治武功。这部分最后描述了国家疆域的广阔和风景的秀美："九州禹迹，百郡秦并……旷远绵邈，岩岫杳冥。"

第四部分主要描述恬淡的田园生活，赞美了那些甘于寂寞、不为名利羁绊的人们，对民间温馨的生活向往之至。

《百家姓》是一篇关于中文姓氏的文章。按文献记载，成文于北宋初年。原收集姓氏 411 个，后增补到 568 个，其中单姓 444 个，复姓 124 个。《百家姓》采用四言体例，对姓氏进行了排列，且句句押韵，虽然它的内容没有文理，但对于中国姓氏文化的传承、中国文字的认识等方面都起了巨大作用。

《幼学琼林》最初名为《幼学须知》，又称《成语考》《故事寻源》。一般认为，最初的编著者是明末的西昌人程登吉（字允升），在清朝的嘉庆年间由邹圣脉作了一些补充，并且更名为《幼学故事琼林》。民国时，费有容、叶浦荪和蔡东藩等又进行了增补。

《幼学琼林》采用骈体文，全书全部用对偶句写成，容易诵读，便于记忆。全书内容广博、包罗万象，堪称中国古代的百科全书。"读了《增广》会说话，读了《幼学》会读书。"其中对许多成语的出处作了介绍，读者可掌握不少成语典故，此外还可以了解中国古代的著名人物、天文地理、典章制度、朝廷文武、风俗礼仪、生老病死、婚丧嫁娶、饮食器用、宫室珍宝、文事科第、释道鬼神、鸟兽花木等诸多方面的内容。书中还有许多警句、格言，传诵至今。

在这一节中，我们选编了《三字经》全文及《幼学琼林》中的部分章节供同学们阅读学习。

二、原文阅读

（一）《三字经》

人之初，性本善①。性相近，习相远②。苟不教，性乃迁③。教之道，贵以专④。昔孟母，择邻处⑤。子不学，断机杼⑥。窦燕山，有义方。教五子，名俱扬⑦。养不教，父之过⑧。教不严，师之惰⑨。子不学，非所宜。幼不学，老何为。玉不琢，不成器⑩。人不学，不知义。

【注释】

① 人：泛指众人。初：初生，刚出生的时候。性：性情，本性。本：根本，原来。

② 相近：相去不远。习：习染，指后天的环境影响和教育熏陶。远：相差太远。"性相近也，习相远也"是孔子的话。

③ 苟：如果、假如。乃：于是。迁：变化。

④ 道：方法、道理。贵：注重、重视。以：在于。专：专心致志。

⑤ 昔：从前。孟母：孟子的母亲。孟子姓孟名轲，字子舆，战国时代邹国人。相传孟子早年丧父，其母为引导儿子学习，曾三次迁徙居处，最后在一所学校旁定居下来。择：选择。邻：邻居。处：相处、居处。

⑥ 子：即孟子。机：指织布机。

⑦ 窦燕山：五代后晋人，名禹钧。传说他教子有方，使五个儿子齐登科甲，有侍郎冯道赠诗云"燕山窦十郎，教子以义方"。

⑧ 不教：不加以教导。过：过错。

⑨ 师：老师。惰：怠惰，这里指失职。

⑩ 玉：美玉。琢：雕琢。器：指器物。

为人子，方少时①。亲师友，习礼仪②。香九龄，能温席③。孝于亲，所当执④。融四岁，能让梨⑤。弟于长，宜先知⑥。首孝弟，次见闻⑦。

【注释】

① 子：做人的孩子或儿女。方：正当，刚，正值。少时：小时候。

② 亲：亲近。师：良师。友：益友。习：学习。礼仪：礼节仪态。

③ 香：黄香，东汉时代的江夏（今湖北）人。传说他 9 岁时就懂得孝顺父母。冬天用自己的身体暖和父母的被窝，夏天为父母扇凉枕席。他是"二十四孝"中的一个孝子。龄：岁。温：暖，暖和。

④ 亲：指父母。执：遵循，应该做的事。

⑤ 融：孔融，东汉时鲁国（今山东）人，孔丘的后代，三国时代儒家学派的人物。他四岁时同兄弟一起吃梨，他先拿小的，把大的让给哥哥。后为北海太守，但他因反曹操被杀害。

⑥ 弟：通悌，指尊重兄长。长：兄长。

⑦ 首：为首，首要。孝：孝敬父母。次：其次。见闻：学习看到或听到的知识。

知某数，识某文①。一而十，十而百②。百而千，千而万。三才者，天地人。三光者，日月星③。三纲者，君臣义。父子亲，夫妇顺④。曰春夏，曰秋冬。此四时，运不穷。曰南北，曰西东⑤。此四方，应乎中⑥。

【注释】

① 知：知道、了解。某：指代人或事物。数：数目。文：文理。

② 一：数之始。十：数之终。而：到。三才：指天才、地才、人才，出自《易经》。

③ 三光：指日光、月光、星光。

④ 三纲：纲，指纲领，法则。"三纲"一词出自班固著《白虎通义》，指君为臣纲，父为子纲，夫为妻纲。义：法度。亲：父子之间慈孝相亲。顺：和顺，和睦。曰：称为，叫做的意思。

⑤ 时：指季节。运：运行、运转。不穷：没有尽头。指春去夏来，秋去东来，无穷无尽。

⑥ 方：方向、方位。中：指南北西东四个方向的聚合点。

曰水火，木金土。此五行，本乎数①。曰仁义，礼智信。此五常，不容紊②。稻粱菽，麦黍稷，此六谷，人所食。马牛羊，鸡犬豕。此六畜，人所饲③。曰喜怒，曰哀惧。爱恶欲，七情具④。匏土革，木石金，与丝竹，乃八音⑤。九族者，序宗亲。高曾祖，父而身。身而子，子而孙。自子孙，至曾玄⑥。父子恩，夫妇从；兄则友，弟则恭；长幼序，友则朋；君则敬，臣则忠。此十义，人所同。

【注释】

① 水火木金土：古人所说的五行。五行学说的核心就是"相生""相胜"。相生，

指五行相互促进。相胜，指五行相互排斥。本：根本，本源。数：运数，天理。本乎数，古人认为五行相生相胜，来源于运数。这一观点具有自发辩证法因素，对中国古代天文、历数、医学等的发展起了一定的作用。

②　常：天道之常。五常：指仁、义、礼、智、信五种基本德性。紊：纷乱。

③　稻：稻子。粱：谷子，小米。菽：豆类的总称。麦：麦子。黍：谷子的一种，性黏，可酿酒。稷：谷子的一种，不黏，可做饭。谷：谷物的统称，俗称粮食。食：吃的粮食。马牛羊，属上珍三品。鸡犬豕，属下珍三品。豕即猪。畜：即牲畜，人类饲养的禽兽总称。饲：饲养。

④　喜：高兴。怒：生气。哀：忧伤。惧：害怕。爱：倾慕，喜欢。恶（wù）：憎恶，讨厌。欲：欲念、嗜好。七情：人的七种感情。具：具备。

⑤　匏（páo）：一种植物，类似葫芦，称为匏瓜，古代常用它做乐器。土：陶土、瓦器。革：皮革，指鼓。木：指木制乐器。石：指玉石之类做的乐器。金：指铜锣、铜鼓等金属做的乐器。丝：指丝弦乐器。竹：指管乐器。

⑥　九族：由自己往上推四代，为父亲、祖父、曾祖父、高祖父；再由自己往下推四代，是儿子、孙子、曾孙、玄孙，连同自己共为九代。序：排列的先后顺序。宗亲：同一宗族的亲属。身：自身，自己。曾：曾（音增，不读层）孙，孙子的儿子。玄：玄孙，孙子的孙子。《礼记•礼运》篇载，十义是："父慈、子孝、兄良、弟悌、夫义、妇听、长惠、幼顺、君仁、臣忠。"

　　凡训蒙，须讲究①。详训诂，明句读②。为学者，必有初③。论语者，二十篇④，群弟子，记善言⑤。孟子者，七篇止⑥。讲道德，说仁义⑦。作《中庸》，子思笔⑧。中不偏，庸不易⑨。作《大学》，乃曾子。自修齐，至平治⑩。

【注释】

①　蒙：即启蒙，对儿童进行启蒙教育。讲：讲解。究：考究。

②　训诂：用当代话解释古书中词句的意义。句读：古代称文词停顿的地方为句或读。

③　学者：学习的人。初：开始，开端。

④　《论语》：论是议论，语是答语。此书是孔子在鲁国与弟子论学、论治、论礼、论乐的书，分为 20 篇。

⑤　群弟子：指孔子的学生们。善言：有教育意义的言论。

⑥　孟子：孟轲。作《孟子》七篇。

⑦　讲：讲述。说：宣传，谈论。

⑧　《中庸》：书名，相传为子思著。子思：孔子之孙，孔鲤之子。学于曾子，作《中庸》一书，授予孟子。该书共 33 篇，总计 3568 个字。笔：书写、创作。

⑨　中：不偏不倚。偏：偏差。庸：平常，指中和常行之道。易：改变。

⑩　曾子：姓曾，名参，字子舆。曾子曾受业于孔子，作《大学》一书，俱述孔子之言，共分十章，三纲领、八条目，共计 1753 个字。三纲领是：在明明德，在亲民，在止于至善。八条目是：格物、致知、诚意、正心、修身、齐家、治国、平天下。

孝经通，四书熟①。如六经，始可读②。诗书易，礼春秋③，号六经，当讲求④。有连山，有归藏⑤。有周易，三易祥⑥。有典谟，有训诰⑦。有誓命，书之奥⑧。

【注释】

① 《孝经》：儒家十三经之一，为孔门后学的著作，是孔子给弟子讲孝道的言论。

② 六经，即：《诗经》《尚书》《周易》《礼记》《春秋》和《乐经》六部经书的总称。

③ 诗、书、易、礼、春秋：指上句说的六经。其中《礼记》分为《周礼》和《戴礼》。

④ 号：号称。六经：这里只列出五经，因为《乐》已经亡佚，故仍称六经。

⑤ 连山：书名，又叫《连山易》，相传是伏羲氏作。归藏：书名，又叫《归藏易》，相传是黄帝作。

⑥ 周易：书名，又称《易经》，相传是文王、周公、孔子作。三易：以上三部书的合称。

⑦ 典：记载帝三立国的原则，叫做典。诰：帝王向臣民训话的言辞。

⑧ 誓：出师告诫将士的言辞。命：君主对大臣发布的命令。书：指《尚书》。奥：深奥。

有国风，有雅颂①。号四诗，当讽诵②。周礼者，箸六官③。仪礼者，十七篇④。大小戴，注礼记⑤。述圣言，礼乐备⑥。诗既亡，春秋作⑦。寓褒贬，别善恶⑧。三传者，有公羊⑨。有左氏，有穀梁⑩。

【注释】

① 国：诸侯所封之国。风：民间歌谣。雅：正乐之歌。其中"雅"又分为"大雅"和"小雅"。颂：宗庙祭祖之乐歌。

② 四诗：《国风》《大雅》《小雅》《颂》合称为四诗。当：应当。讽诵：背诵熟读。

③ 周礼：书名，周公著。箸：同著，制定的意思。六官：《周礼》以《天官冢宰》《地官司徒》《春官宗伯》《夏官司马》《秋官司寇》《冬官司空》六部分管理国家政务，相当于后来的吏、户、礼、兵、刑、工六部。这六部分构成周代中央的政治制度。

④ 仪礼：书名，周公著。

⑤ 大戴是指戴德，小戴是指戴圣，戴圣是戴德的侄子，他们都是汉代大儒。注：注释。礼记：书名，西汉时在孔丘故居的墙壁中发现古文《礼记》204篇。戴德删为85篇，称《大戴礼》，他的侄子戴圣又删为49篇，称《小戴礼》，即《礼记》。

⑥ 述：记述。圣言：圣人的言论。备：齐全，完备。

⑦ 诗：《诗经》。既：已经。亡：衰败，冷落。春秋：书名。相传是孔子根据鲁国史书编订而成。

⑧ 寓：寓含。褒：表扬。贬：批评。别：辨别，区分。

⑨ 传：给经典书籍作注释的著作叫传。公羊：即公羊高，鲁国（今山东）人，作《春秋传》一册，称为《公羊传》。

⑩ 左氏：即左丘明，作《春秋传》一册，称为《左传》。穀梁：即穀梁赤，作《春秋传》一册，称为《穀梁传》。

经既明，方读子①。撮其要，记其事②。五子者，有荀扬③。文中子，及老庄④。

【注释】

① 经：圣人的著作称经，这里指儒家经典。方：才。子：指子书，我国古代图书按经、史、子、集分为四类，凡能自成一家的著作叫子书。

② 撮：选取挑选。要：要点。记：记住、牢记。

③ 荀：即荀子。荀子名卿，楚兰陵人，作《荀子》上下篇。扬：即扬雄，汉代成都人，作《太玄经》《法言》等书。

④ 文中子：姓王名通，隋朝龙门人，作《元经》《中说》二书。老子：姓李名耳，周初亳邑人，作《道德经》。庄子：名周，楚蒙城人，作《南华经》。

经子通，读诸史①。考世系，知终始②。自羲农，至黄帝③。号三皇，居上世④。唐有虞，号二帝⑤。相揖逊，称盛世⑥。夏有禹，商有汤⑦。周文武，称三王⑧。夏传子，家天下⑨。四百载，迁夏社⑩。

【注释】

① 经：儒家经典。子：诸子百家的著作。诸史：各种史书。

② 世系：帝王、贵族世代相承的系统。终始：王朝兴亡的始末。

③ 羲：伏羲，也作伏牺，风姓，号太昊。相传是他始画八卦，造琴瑟，教嫁娶，作书契代结绳，造网罟教佃渔。农：神农，姜姓，号炎帝，其兴货利，制耒耜，尝百草，作医书，制五谷。黄帝：姓姬名轩辕，其作甲子，造律吕、货币、舟车、宫室等。

④ 居：居住，生活。上世：上古时代。伏羲、神农时代，传说为公元前 26 世纪以前的时代，故称上古时代。

⑤ 唐：即唐尧，又称"帝尧"。虞：即虞舜，又称"帝舜"。二帝：指尧舜二帝。

⑥ 揖逊：即禅让。

⑦ 夏：国号。禹：姓姒（sì），受虞舜禅位当了君王，国号为夏，历史上称为夏禹王。商：国号。汤：姓子，推翻夏朝当了君王，历史上称商汤王。

⑧ 周武王：文王姓姬名昌，武王是文王的儿子，名发，推翻商朝当了君王，追尊其父为周文王。

⑨ 家天下：尧舜二帝不传子而传贤，实行帝位禅让制，天下为公。夏禹王不传贤而传子，实行世袭制，以天下为自家。从夏禹王到夏朝灭亡，经历 17 主，共 400余年。

⑩ 载：年。迁：迁移。社：社稷，即国家政权。

汤伐夏，国号商①。六百载，至纣亡②。周武王，始诛纣③。八百载，最长久④。周共和，始纪年。历宣幽，始东迁。周辙东，王纲坠⑤。称干戈，尚游说⑥。始春秋，终战国⑦。五霸强，七雄出⑧。

【注释】

① 汤：成汤王，商朝的开国君主。夏：夏桀王，夏朝末代君主。

② 纣：殷纣王，商朝的最后一位君主。商朝分前后两个时期，共经历了 30 君（前 1600～前 1300 年为前期，历 19 君；前 1300～前 1046 年为后期，历 11 君），共 640 余年。

③ 周武王：姓姬名发，文王之子。诛：诛杀。

④ 八百载：周朝自前 1046～前 256 年，共约八百年。

⑤ 辙：车轮碾后的痕迹。周辙东：周平王向东迁都到洛阳。王纲：朝廷的纲纪、法度。坠：衰落。王纲坠，指奴隶制度的崩溃。

⑥ 尚：崇尚。游说：劝说各国诸侯推行自己的主张。

⑦ 春秋：指前 770～前 475 年。战国：指前 475～前 221 年秦始皇统一六国为止。

⑧ 五霸：指春秋时的齐桓公、晋文公、秦穆公、宋襄公、楚庄王。七雄：指战国时的秦、楚、齐、燕、韩、赵、魏。

赢秦氏，始兼并①。传二世，楚汉争②。高祖兴，汉业建③。至孝平，王莽篡④。光武兴，为东汉⑤。四百年，终于献⑥。

【注释】

① 赢秦氏：姓嬴，名政。嬴政兼并六国，自称秦始皇。

② 传：传承。二世：名胡亥，秦始皇的儿子。楚：楚霸王，姓项，字羽，自号西楚霸王。汉：汉高祖，名邦。争：争夺（天下）。

③ 高祖：即汉高祖刘邦。因起兵响应陈胜、吴广农民起义，后与项羽领导的农民军同为反秦主力。公元前 206 年推翻秦朝统治。经过楚汉相争，战胜项羽，于公元前 202 年建立西汉王朝。兴：兴起。业：基业。

④ 孝平：孝平帝刘衎。王莽：汉元帝王姓皇后之侄，官至大司马，于公元 8 年杀害了汉平帝，自立为皇帝，取代汉朝，改国号为"新"，建都长安（"新"政权于公元 23 年被绿林农民起义军所灭）。篡，篡夺。

⑤ 光武：光武帝，姓刘，名秀，字文叔，刘邦的第九世孙。东汉：亦称后汉，这以前（包括"新"）史称西汉，亦称前汉。

⑥ 献：汉献帝，名协，汉朝最后一位皇帝。献帝时，曹操入朝，自擅汉权。杀死了皇后及皇子，公元 220 年曹操的儿子曹丕废帝为山阳公，至此东汉灭亡。

蜀魏吴，争汉鼎①。号三国，迄两晋②。宋齐继，梁陈承③。为南朝，都金陵④。北元魏，分东西⑤。宇文周，与高齐⑥。

【注释】

① 魏：魏主曹丕，曹操的儿子，其篡夺汉献帝帝位，国号为魏。蜀：刘备称帝，

国号汉，史称蜀或蜀汉。吴：孙权的国号。鼎：古代大型三足铜器。相传夏禹收聚天下之金，铸成九鼎，后称之为传国重器，象征着皇位。

② 迄：完结，终止。两晋：东晋和西晋。

③ 南朝：公元 420 年东晋灭亡到公元 589 年隋朝统一，我国历史上形成南北对峙局面，史称南北朝。南朝即指这一时期相继在建康（今南京）建都的宋（420～479）、齐（479～502）、梁（502～557）、陈（557～589）四个朝代。

④ 金陵：即建康，今南京。

⑤ 北：北朝。元魏：北魏道武帝，姓拓跋，名珪。至孝文帝时，因为仰慕中国文化，改姓元，因此称元魏。分东西：公元 534 年，北魏分裂为东魏、西魏两个政权。东魏建都洛阳，西魏建都长安。

⑥ 宇文周：北周闵帝宇文觉。高齐：北齐文宣帝高洋。

迨至隋，一土宇①。不再传，失统绪②。唐高祖，起义师③。除隋乱，创国基④。二十传，三百载⑤。梁灭之，国乃改⑥。梁唐晋，及汉周。称五代，皆有由⑦。

【注释】

① 迨：及，到了。隋：隋文帝，姓杨名坚。一：统一。土宇：天下。

② 再传：指第三代。统绪：世系，皇位的传承。

③ 唐高祖：李渊，字叔德。西凉公李暠之子。李渊曾在隋朝做官，立大功，进爵唐王。起：起兵。义师：伸张正义的军队。

④ 创：开创。国基：建立国家的基业。

⑤ 二十传：唐朝共传了 20 代。三百载：唐朝自 618～907 年，历时近 300 年。

⑥ 梁：后梁太祖，姓朱，名温，曾在唐昭宗时做官，封梁王。他废除昭宗而篡夺天下，改国号为梁。

⑦ 五代：唐朝以后，在中国北方大部地区先后建立政权的有梁（907～923）、唐（923～936）、晋（936～946）、汉（947～950）、周（951～960）五个朝代，称为五代。（在这同一时期，在南方和山西地区先后建立了吴、南唐、吴越、楚、闽、南汉、前蜀、后蜀、南平、北汉等政权，史称十国）

炎宋兴，受周禅①。十八传，南北混②。辽与金，帝号纷③。元灭金，绝宋世④。莅中国，兼戎狄⑤。九十年，国祚废⑥。

【注释】

① 炎宋：宋朝。据儒家五行学说，宋太祖赵匡胤是以火德而称王的，故称宋朝为火宋，又称炎宋。禅：禅让。

② 十八传：两宋从太祖赵匡胤到赵昺，共传了十八代帝王。南北：北宋（960～1127）和南宋（1127～1279）。混：合计，指南宋和北宋合计十八世。

③ 辽：907 年，契丹族首领耶律阿保机建国，国号契丹。916 年，耶律阿保机称帝，

始建年号。947 年，耶律德光改国号为辽。金：公元 1115 年，辽东女真族首领完颜阿骨打称帝，国号金。

④ 元：元朝，蒙古族政权。辽被金灭，金被蒙古灭亡，1271 年，忽必烈定国号为元，定都大都（今北京）。绝：断绝。

⑤ 莅：临，到。中国：中原地区。戎狄：古时称西方民族为戎，称北方民族为狄。

⑥ 九十年：元朝自 1271～1368 年共九十八年。祚：皇位，帝位。废：废掉。

太祖兴，国大明。号洪武，都金陵①。迨成祖，迁燕京，十七世，至崇祯②。权阉肆，寇如林③。至闯王，神器焚④。清太祖，膺景命⑤。靖四方，克大定⑥。

【注释】

① 太祖：明太祖朱元璋。1368 年朱元璋灭元朝建立大明帝国，他自己当了皇帝，年号洪武，国都在金陵（今南京）。

② 迨：待到。成祖：明成祖朱棣（dì），朱元璋第四子。燕京：今北京。明成祖朱棣于永乐十九年（1421 年），由南京迁都北京。十七世：明朝自太祖朱元璋到思宗朱由检，共历十七帝。崇祯：明朝末代皇帝朱由检的年号。

③ 阉：太监。权阉：指掌了大权的宦官。肆：为所欲为。寇：统治者对农民起义军的污称。

④ 闯王：即明末农民起义领袖李自成，号称李闯王，他领导的规模最大的一支起义军，于 1644 年攻克北京，逼死崇祯，明朝灭亡，但李自成的政权只不过是昙花一现。神器：这里比喻明朝政权。焚：焚烧，毁坏。

⑤ 清太祖：爱新觉罗·努尔哈赤，清朝第一个皇帝。1616 年建立后金。膺：承受，接受。景命：即天命。

⑥ 靖：平定。

廿二史，全在兹①。载治乱，知兴替②。读史者，考实录③。通古今，若亲目④。

【注释】

① 廿：二十。廿二史：指从《史记》到《明史》的二十二部正史。

② 载：记载。治：安定，太平。乱：战乱，混乱。

③ 实录：编年体的一种体裁，古代继位之君命史官为死去的君所编写的编年体大事记。

④ 通：通晓，了解。若：好像。亲目：亲眼看见。

口而诵，心而惟①。朝于斯，夕于斯②。昔仲尼，师项橐③。古圣贤，尚勤学。

【注释】

① 诵：背诵，熟读成诵。惟：思考。

② 斯：此，如此。朝、夕：早晨、晚上。

③ 仲尼：孔子，姓孔，名丘，字仲尼。他 68 岁时，删《诗》《书》，赞《周易》，定《礼》《乐》，修《春秋》，被尊为"至圣先师"。项橐（tuó）：传说是春秋时的神童，七岁时回答过孔子的问话，十一岁就死了，被称"小儿神"。

赵中令，读鲁论①。彼既仕，学且勤②。披蒲编，削竹简③。彼无书，且知勉④。头悬梁，锥刺股⑤。彼不教，自勤苦。如囊萤，如映雪⑥。家虽贫，学不辍。如负薪⑦，如挂角⑧。身虽劳，犹苦卓⑨。苏老泉，二十七⑩。始发愤，读书籍。

【注释】

① 中令：姓赵名普，字则平，宋初的大官，官衔为中书令，相当于丞相。鲁论：《论语》中的一部分。相传，赵普曾说他以半部《论语》辅佐宋太祖赵匡胤定天下，半部《论语》辅佐宋太宗赵光义达到太平。

② 彼：他。仕：做官。

③ 蒲：草，又叫菖蒲，蒲编是用草蒲编织的席子。竹简：竹子削成的薄片，用来写字。

④ 彼：他们，此处指汉时的路温舒和公孙弘，因家贫无钱买纸，就将蒲草编成席片，来抄读《尚书》和抄读《春秋》的故事。

⑤ 头悬梁：传说汉朝人孙敬，读书至深夜，用绳子把头发系在屋梁上，以防止打瞌睡。锥刺股：战国时苏秦，勤读兵法之书，每当夜深昏昏欲睡时，就用锥子刺大腿，使自己清醒后再读。此二人后来都官到卿相。

⑥ 囊萤：《晋书·车胤传》记，车胤喜欢读书，家贫没钱买油点灯，他就用纱囊（袋）装着萤火虫，来取光读书。映雪：指晋代孙康家贫，晚上在屋外借雪光读书的故事。

⑦ 负薪：背柴。西汉朱买臣家贫，好读书，在挑柴回家途中，一边走，一边读书。此处连同以上列举的几个人，后来都做了大官。

⑧ 挂角：指隋朝李密，替人牧牛，把书挂在牛角上，一边放牛，一边读书。

⑨ 卓：卓绝，超然。

⑩ 苏老泉：即苏洵（苏轼之父），四川眉州人。年幼不曾苦读，到了二十七岁才发愤读书，后来成了著名的文学家。他有两个儿子，次子苏辙，字子由；长子苏轼，字子瞻，号东坡，后来为翰林学士，世称"三苏"。

彼既老，犹悔迟①。尔小生，宜早思②。若梁灏，八十二③。对大廷，魁多士④。彼既成，众称异⑤。尔小生，宜立志⑥。莹八岁，能咏诗⑦。泌七岁，能赋棋⑧。彼颖悟，人称奇⑨。尔幼学，当效之⑩。

【注释】

① 彼：他，代指苏洵。既：已经。犹：还。悔：后悔。

② 小生：小孩子，年轻人。宜：应该。早思：早一些考虑。

③ 若：如，像。梁灏：北宋人，屡次参加科举考试都不能录取，苦读至八十二岁（这里有误。据《辞海》称，梁灏实际上四十二岁就死了），才考中状元。

④ 廷：朝廷。魁：为首的，第一。士：士子，指参加科举考试的人。

⑤ 彼：他，代指梁灏。既：已经。成：学业上有成就。称：称赞。异：奇异，与众不同。

⑥ 尔：你们。宜：应该。

⑦ 莹：北齐祖莹，字元珍。年幼好读书，日夜勤读，时人称为"小圣童"，8岁就能咏诗成章，后任秘书监著作郎。

⑧ 泌：唐朝李泌，七岁能作棋赋，后历任四朝宰相，为社稷重臣。赋棋：以下棋为题作诗。

⑨ 彼：他们，代指祖莹和李泌。颖：聪颖。悟：领会，领悟。

⑩ 效：效仿。

蔡文姬，能辨琴①。谢道韫，能咏吟②。彼女子，且聪敏③。尔男子，当自警④。唐刘晏，方七岁⑤。举神童，作正字⑥。彼虽幼，身已仕⑦。尔幼学，勉而致⑧。

【注释】

① 文姬：名琰，是后汉著名学者蔡邕的女儿，通音律。传说蔡邕因犯罪被判处死刑，死前在家弹琴，蔡文姬就从他的琴声中知道他将死难临头。她还以琴音作《胡笳十八拍》。

② 谢道韫：晋朝宰相谢安的侄女。心灵聪慧，极好读书，少时就能吟诗作对，曾吟出描绘大雪犹如"柳絮因风起"的诗句。

③ 彼：她们，代指蔡、谢。敏：有智慧，反应迅速。

④ 警：警觉，警醒。

⑤ 刘晏：唐朝人，传说自幼熟读经书，七岁时唐明皇举他为神童，授翰林院正字。

⑥ 正字：官职名，负责刊正文字。

⑦ 彼：他，代指刘晏。仕：做官。

⑧ 勉：勉力。致：到达，得到。

犬守夜，鸡司晨①，苟不学，曷为人②？蚕吐丝，蜂酿蜜。人不学，不如物。幼而学，壮而行③。上致君，下泽民④。扬名声，显父母⑤。光于前，裕于后⑥。人遗子，金满籯⑦。我教子，惟一经⑧。

【注释】

① 守夜：在晚上守卫门户。司晨：早上鸣叫报晓。

② 苟：假如。曷（hé）：何，怎么。

③ 壮：指壮年，习惯上指三四十岁的时期。

④ 致：报效。泽：恩泽，泽被。民：百姓。泽民：对老百姓施恩泽。

⑤ 扬：显扬，传播。显：显耀。

⑥ 光：发扬光大。前：前辈祖先。裕：造福。

⑦ 遗：遗留，留给。籯（yíng）：竹笼，竹子编的箱子。

⑧ 经：经书的总称。汉代儒家韦贤，官至丞相。他竭力教子读经，结果四个儿子中，有三个做了大官。当时就流传有"遗子黄金满籯，不如教子一经"的说法。

勤有功①，**戏无益**②。**戒之哉**③，**宜勉力**④。

【注释】

① 勤：勤奋，刻苦。功：成就。

② 戏：游戏玩乐。益：好处。"勤有功，戏无益"，意思是做人、做事应当勤劳。所谓"天道酬勤"，就是说只要勤勤恳恳地工作，就能产生功效，收到好的效果。"业精于勤，荒于嬉"，嬉戏游玩没有任何益处。少年贪玩是天性，但正是因为贪玩的欲望不能控制，才致使一生碌碌无为，但凡有作为的人，都是一生勤勉之人。

③ 戒：防备，警惕。哉：语气助词，表示感叹。

④ 宜：应当。"戒之哉，宜勉力"，意思是对嬉戏之事要懂得节制。"勉力"的意思是努力、尽力。这里是劝告幼儿、少年要戒除贪玩弃学、游戏过度的错误做法，并且要勤勉努力地去学习和工作，不懈怠才会学有所成。

（二）《幼学琼林》

地　　舆

黄帝画野，始分都邑；夏禹治水，初奠山川①。宇宙之江山不改，古今之称谓各殊②。北京原属幽燕，金台是其异号；南京原为建业，金陵又是别名。浙江是武林之区，原为越国；江西是豫章之地，又曰吴皋。福建省属闽中，湖广地名三楚③。东鲁西鲁，即山东山西之分；东粤西粤，乃广东广西之域。河南在华夏之中，故曰中州；陕西即长安之地，原为秦境。四川为西蜀，云南为古滇。贵州省近蛮方，自古名为黔地。

【注释】

① 黄帝画野：黄帝是中华民族的始祖，相传他最早将中国划分为若干区域，才有了都邑的界限。

② 宇宙：上下四方为宇，往古来今为宙。意思是说宇宙之江山虽然不改移，但古今之称谓各不相同。

③ 三楚：即东楚、西楚、南楚，湖广地区别号三楚。

东岳泰山，西岳华山，南岳衡山，北岳恒山，中岳嵩山，此为天下之五岳；饶州之鄱阳，岳州之青草，润州之丹阳，鄂州之洞庭，苏州之太湖，此为天下之五湖①。金城汤池，谓城池之巩固；砺山带河，乃封建之誓盟②。帝都曰京师，故乡曰梓里③。

【注释】

① 五湖：这里所说的五湖，鄱阳湖、洞庭湖、太湖仍存在。青草湖已与洞庭湖连在一起。丹阳湖逐渐淤塞。

② 金城汤池：城坚如金，池热如开水。砺山带河：汉高祖刘邦封功臣，盟誓说："黄河如带，泰山如砺，国以永宁，爰及苗裔。"砺，磨刀石；带，衣带。

③ 梓里：古人在房前屋后种植桑树或梓树，后来就用桑梓或梓里代指家乡。

　　蓬莱弱水，惟飞仙可渡；方壶员峤，乃仙子所居①。沧海桑田，谓世事之多变；河清海晏，兆天下之升平②。水神曰冯夷，又曰阳侯；火神曰祝融，又曰回禄③。海神曰海若，海眼曰尾闾④。望人包容，曰海涵；谢人恩泽，曰河润⑤。

【注释】

① 蓬莱、方壶、员峤：传说东海中的仙山。

② 河清海晏：黄河变清，大海平静，比喻天下太平。河：古代特指黄河；晏：安宁。

③ 冯夷：传说是轩辕之子，死后为水神。又天帝署其为河伯，故称阳侯。祝融：伏羲时有祝融氏，以火为纪，名赤帝。

④ 海眼：《十洲记》记载海中叫尾闾的地方，有一块石头方圆四万里，海水全部从下面流走。

⑤ 河润：黄河水可以滋润周围广大的地区，所以受人恩泽称为河润。

　　无系累者，曰江湖散人；负豪气者，曰湖海之士①。问舍求田，原无大志；掀天揭地，方是奇士②。凭空起事，谓之平地风波；独立不移，谓之中流砥柱③。黑子弹丸，漫言至小之邑；咽喉右臂，皆言要害之区④。独立难持，曰一木焉能支大厦；英雄自恃，曰丸泥亦可封函关。事先败而后成，曰失之东隅，收之桑榆；事将成而终止，曰为山九仞，功亏一篑⑤。以蠡测海，喻人之见小；精卫衔石，比人之徒劳⑥。

【注释】

① 江湖散人：唐代陆龟蒙常乘小船，载着书、茶灶、笔、床、钓具，往来烟波之上，号曰"江湖散人"。湖海之士：汉代陈登，狂傲有豪气，被许汜称为"湖海之士。"

② 问舍求田：问安居之宅，求腴美之田，故胸无大志。

③ 砥柱：黄河三门峡中的一座石山，立在黄河激流之中。以此比喻坚定不移，挽救危局的人。

④ 黑子：黑痣。弹丸：弹弓用的泥丸。

⑤ 东隅：东方，太阳升起的地方。桑榆：太阳落山后余光照在树上，因此用桑树和榆树表日落的地方。为山九仞，功亏一篑：造一座九仞高的山，因为差一筐土而没有完成。仞，古代七尺为一仞，九仞形容其高。篑，盛土的筐。

⑥ 蠡：贝壳。《汉书·东方朔传》有"以管窥天，以蠡测海"。精卫衔石：《山海经》记载，传说炎帝的女儿，在东海游泳溺死，化为精卫鸟，经常衔西山的木石，想填平东海。

跋涉谓行路艰难，康庄谓道路平坦①。硗地曰不毛之地，美田曰膏腴之田②。得物无所用，曰如获石田；为学已大成，曰诞登道岸③。淄渑之滋味可辨，泾渭之清浊当分④。泌水乐饥，隐居不仕；东山高卧，谢职求安⑤。圣人出则黄河清，太守廉则越石见⑥。美俗曰仁里，恶俗曰互乡⑦。

【注释】

① 跋涉：登山为跋，过河为涉。康庄：《尔雅》云"五达谓之康，六达谓之庄"。

② 硗：长不出庄稼的贫瘠土地。膏腴：膏是油脂，腴是肥肉，比喻田地肥沃。

③ 诞：助词，无意。岸：指学业、真理的彼岸。

④ 淄渑：指淄水、渑水，都流经山东。传说齐国易牙善烹调，能够分辨出淄水和渑水的滋味。泾渭：指泾水、渭水，都流经陕西。泾水清澈，渭水混浊，合流三百余里，水之清浊不杂。

⑤ 泌水：涌出的泉水。《诗经》有"泌之洋洋，可以乐饥"，后来就用"泌水乐饥"比喻隐居。东山高卧：东晋谢安年轻时很有名，朝廷征召不至，在会稽之东山筑屋居住，人称他高卧东山。

⑥ 黄河清：古代传说黄河 500 年变清一次，是因为有圣人出现。越石见：传说福州城东有越王石，平常隐没在云雾中，贪婪的太守都见不到它，只有五代时晋安太守虞愿公正廉明，越王石才出现。见，同"现"。

⑦ 仁里：有仁厚风俗的乡里。互乡：交相为恶的地方。

里名胜母，曾子不入；邑号朝歌，墨翟回车①。击壤而歌，尧帝黎民之自得；让畔而耕，文王百姓之相推②。费长房有缩地之方，秦始皇有鞭石之法③。尧有九年之水患，汤有七年之旱灾。商鞅不仁而阡陌开，夏桀无道而伊洛竭④。道不拾遗，由在上有善政；海不扬波，知中国有圣人⑤。

【注释】

① 曾子：曾参，古代孝子。曾参到了胜母里，认为里名不孝，就没有进去。墨翟：古代哲学家，他来到朝歌城，认为名字不好，就驾车返回。

② 让畔而耕：传说文王治理的地区，风俗仁义，耕田的人互相推让田界。畔：田界。

③ 缩地之方：《神仙传》中说，费长房向壶公学习道术，壶公问他想学什么，费长房说，要把全世界都看遍，壶公就给了他一根缩地鞭，想到哪里，就可用缩地鞭缩到眼前。鞭石之法：《三齐略》中说，秦始皇欲渡东海观日出，有神人鞭石作桥，石头行动不迅速，神人用鞭子抽得石头流血。

④ 阡陌开：商鞅废井田，开阡陌，秦国因此强大起来。"不仁"是后世儒家对商鞅的偏见。阡陌，田地之间的地界。伊洛竭：指伊水、洛水。传说夏朝最后一个君主夏桀无道，上天让伊水和洛水干枯来警告他。

⑤ 海不扬波：周成王时，交趾国的使者称赞周国说："天无烈风淫雨，海不扬波三年矣。意者中国其有圣人乎。"

兄　弟

　　天下无不是底父母，世间最难得者兄弟①。须贻同气之光，无伤手足之雅②。玉昆金友，美兄弟之俱贤；伯埙仲篪，谓声气之相应③。兄弟既翕，谓之花萼相辉；兄弟联芳，谓之棠棣竞秀④。患难相顾，似鹡鸰之在原；手足分离，如雁行之折翼⑤。

【注释】

　　① 底：的。
　　② 贻：给，借助。同气：指兄弟同属父母血气所生。
　　③ 伯埙仲篪：比喻兄弟和睦。《诗经》中有"伯氏吹埙，仲氏吹篪"的诗句。埙、篪：都是乐器。
　　④ 花萼：花蒂。花萼和棠棣都比喻兄弟。
　　⑤ 鹡鸰：一种鸟。《诗经》中有"鹡鸰在原，兄弟急难"。后来用鹡鸰代指兄弟。

　　元芳、季方俱盛德，祖太丘称为难弟难兄；宋郊、宋祁俱中元，当时人号为大宋小宋①。荀氏兄弟，得八龙之佳誉；河东伯仲，有三凤之美名②。东征破斧，周公大义灭亲；遇贼争死，赵孝以身代弟③。

【注释】

　　① 祖太丘称为难弟难兄：汉代人陈定担任太丘令，大儿子叫元芳，小儿子叫季方。元芳的儿子和季方的儿子争论谁的父亲更优秀一些，去请陈定裁决，陈定说："元芳难为兄，季方难为弟。"意思是他们两人难以分出谁是兄谁是弟。大宋小宋：宋代人宋郊、宋祁兄弟二人同时中状元，人称大宋小宋。
　　② 荀氏兄弟：汉代人荀淑的八个儿子都很有才能，被称为荀氏八龙。河东伯仲：唐朝河东人薛收和堂兄薛元敬、族兄薛德音都很有名，被称为"河东三凤"。
　　③ 东征破斧：《诗经》中有"既破我斧，又缺我斨"的诗句，赞颂周公东征砍坏了斧，砍坏了刀，大义灭亲，杀掉叛乱的弟弟管叔和蔡叔。遇贼争死：西汉末年赵礼被强盗抓住，要杀死他吃掉，他的哥哥赵孝争着代替弟弟去死，强盗为他们兄弟的义行所感动，把他们放了。

　　煮豆燃萁，谓其相害；斗粟尺布，讥其不容①。兄弟阋墙，谓兄弟之斗狠；天生羽翼，谓兄弟之相亲②。姜家大被以同眠，宋君灼艾而分痛③。田氏分财，忽瘁庭前之荆树；夷齐让国，共采首阳之蕨薇④。虽曰安宁之日，不如友生；其实凡今之人，莫如兄弟⑤。

【注释】

　　① 煮豆燃萁：魏文帝曹丕想害弟弟曹植，命令他七步之内作诗一首，否则就杀死他。曹植立即吟道："煮豆燃豆萁，豆在釜中泣。本是同根生，相煎何太急！"曹丕听后

很受感动，就放过了他。斗粟尺布：汉文帝的弟弟谋反，被流放到蜀郡，绝食而死。老百姓唱道："一尺布，尚可缝，一斗粟，尚可春。兄弟二人不相容。"

② 阋（xì）：争吵、争斗。

③ 姜家大被：汉代姜肱兄弟三人友爱，虽然各自娶妻，仍作大被睡在一起。宋君灼艾：宋太祖赵匡胤的弟弟病了，用艾叶烧灼皮肤治病，太祖也用艾叶烧灼自己的皮肤，为弟弟分担痛苦。

④ 田氏分财：《隋史》记载，田真、田广、田庆三兄弟商议分家，第二天发现院中荆树枯萎，于是决定不分家，荆树又重新发芽。夷齐让国，共采首阳之蕨薇：伯夷、叔齐，是孤竹君的儿子。孤竹君死后，伯夷、叔齐互相推让对方继承国君位，都逃走了。后来周朝灭掉商朝，他们发誓不吃周朝的粮食，隐居在首阳山中，采野菜吃，结果都饿死了。

⑤ 友生：《诗经》中有："丧乱既平，既安且宁。虽有兄弟，不如友生。"

师　生

马融设绛帐，前授生徒，后列女乐；孔子居杏坛，贤人七十，弟子三千①。称教馆曰设帐，又曰振铎；谦教馆曰糊口，又曰舌耕②。师曰西宾，师席曰函丈；学曰家塾，学俸曰束脩③。桃李在公门，称人弟子之多；苜蓿长阑干，奉师饮食之薄④。冰生于水而寒于水，比学生过于先生；青出于蓝而胜于蓝，谓弟子优于师傅⑤。未得及门，曰宫墙外望；称得秘授，曰衣钵真传⑥。人称杨震为关西夫子，世称贺循为当世儒宗⑦。负笈千里，苏章从师之殷；立雪程门，游杨敬师之至⑧。弟子称师之善教，曰如坐春风之中；学业感师之造成，曰仰沾时雨之化⑨。

【注释】

① 马融：汉代人。曾经设立帷帐，前面讲课，后面设立女乐。

② 振铎：摇动铃铛。《尚书》中记载，古代帝王每年春天派人摇动铃铛一路上进行教化，故用振铎指教育。

③ 西宾：古代主人坐在东面，老师坐在西面，故称西宾。

④ 苜蓿：植物名。

⑤ 青出于蓝：《荀子》中有："青出于蓝而胜于蓝，冰生于水而寒于水。"

⑥ 未得及门：找不到入门的途径。《论语》："夫子之墙数仞，不得其门而入。"

⑦ 杨震：汉代人，通晓经书。贺循：晋代人，很有学问。

⑧ 苏章：汉代人，曾不远千里求学。游杨：指宋代人游酢、杨时。

⑨ 时雨：指适合时令的雨水。

朋　友　宾　主

取善辅仁，皆资朋友；往来交际，迭为主宾①。尔我同心，曰金兰；朋友相资，曰丽泽②。东家曰东主，师傅曰西宾③。父所交游，尊为父执；己所共事，谓之同袍④。

【注释】

① 取善辅仁，皆资朋友：吸取长处辅助仁义，都依靠朋友。往来交际，迭为主宾：往来交际，轮流做主人和宾客。

② 金兰：指知心朋友。《易经》中有："二人同心，其利断金；同心之言，其臭如兰。"

③ 东主、西宾：古代主人一般坐在东面，宾客一般坐在西面，故称东主、西宾。

④ 执：至交、好友。同袍：同穿一件战袍。

心志相孚为莫逆，老幼相交曰忘年①。刎颈交，相如与廉颇；总角好，孙策与周瑜②。胶漆相投，陈重之与雷义；鸡黍之约，元伯之与巨卿③。与善人交，如入芝兰之室，久而不闻其香；与恶人交，如入鲍鱼之肆，久而不闻其臭④。肝胆相照，斯为腹心之友；意气不孚，谓之口头之交⑤。彼此不合，谓之参商；尔我相仇，如同冰炭⑥。

【注释】

① 莫逆：指心意相通。忘年：忘记了年龄。

② 总角：古代儿童将头发梳成一个向上的小辫，这里指童年时代。

③ 陈重、雷义：汉代人。人们称他们的关系就像胶漆一样坚固。鸡黍之约：汉代人范巨卿在太学与张元伯分手时约定两年后探望张元伯的母亲。两年后张元伯让母亲准备好鸡与黍招待，他母亲说：分别两年，千里之外，难以认真。张元伯说：范巨卿是守信的人，一定不会违约。结果范巨卿果然如期来到。

④ 鲍鱼：腌鱼。

⑤ 孚：信任。

⑥ 参商：指参商二个星宿。

民之失德，干糇以愆①。他山之石，可以攻玉②。落月屋梁，相思颜色；暮云春树，想望丰仪③。王阳在位，贡禹弹冠以待荐；杜伯非罪，左儒宁死不徇君④。分首判袂，叙别之辞；拥彗扫门，迎迓之敬⑤。陆凯折梅逢驿使，聊寄江南一枝春；王维折柳赠行人，遂唱阳关三叠曲⑥。频来无忌，乃云入幕之宾；不请自来，谓之不速之客⑦。

【注释】

① 干糇以愆：一块干粮也会引起纠纷。糇，干粮；愆，过失、失误。

② 攻：琢磨。

③ 落月屋梁，相思颜色：落月照在屋梁，就思念朋友的面容。颜色：指面容。暮云春树，想望丰仪：看到暮云、春树，就想起朋友的仪表。

④ 王阳、贡禹：汉代人，二人是好朋友。王阳担任益州刺史，贡禹就弹冠相应，等待他推荐自己。杜伯、左儒：周宣王时人。杜伯没有罪，周宣王要杀他，左儒力争，最后杜伯被杀，左儒也跟着死了。徇：顺从。

⑤ 分首判袂：表示离别。分首，分头：判袂，握在一起的袖子分开。拥彗扫门：魏文侯拿着扫帚打扫门前，迎接朋友。

⑥ 陆凯：晋朝人，曾折梅一枝，并赋诗一首寄给他的好朋友范晔："折梅逢驿使，寄与陇头人，江南无所有，聊寄一枝春。"王维：唐朝诗人，曾写下"劝君更尽一杯酒，西出阳关无故人"的诗句，后据此谱曲《阳关三叠》。

⑦ 幕：指帷帐。速：邀请。

醴酒不设，楚王戊待士之意怠；投辖于井，汉陈遵留客之心诚①。蔡邕倒屣以迎宾，周公握发而待士②。陈蕃器重徐稚，下榻相延；孔子道遇程生，倾盖而语③。伯牙绝弦失子期，更无知音之辈；管宁割席拒华歆，谓非同志之人④。分金多与，鲍叔独知管仲之贫；绨袍垂爱，须贾深怜范叔之窘⑤。要知主宾联以情，须尽东南之美；朋友合以义，当展切偲之诚⑥。

【注释】

① 醴酒不设：楚元王与穆生交情很好，穆生不喜欢喝酒，楚元王每次设宴就为他准备甜酒，后来楚王戊继位，忘记准备甜酒，穆生说：可以离去了。不设甜酒，是楚王对穆生的态度已经冷淡了。投辖于井：汉代陈遵每次宴请宾客，总是把客人的车辖投入井中，不让客人走。

② 蔡邕：汉代人。因来不及，曾倒穿着鞋出来迎接客人。周公：即周公旦，他正在洗头，听说客人来了，就握着头发跑出来迎接。

③ 陈蕃：汉代豫章太守，不喜欢见客人，但很器重隐士徐稚，专门准备一个坐榻接待他。倾盖：倾斜车盖。

④ 伯牙、子期：古代伯牙善于操琴，钟子期善于理解他的琴声，钟子期死后，伯牙因为没有知音，就把琴弦拉断了。管宁、华歆：三国时人，两人是好朋友。一次他们同席学习，有乘轩车的人经过，华歆起来跑去看，管宁说：富贵应当自己努力达到，看他人干什么，于是割断席子和华歆绝交了。

⑤ 鲍叔：齐国人鲍叔牙曾经和管仲一起经商，因管仲家贫，总是多分钱给管仲。绨袍垂爱：战国时范雎曾受到须贾陷害，后逃到秦国担任相国。一次须贾代表魏国出使秦国，范雎就化装穿着破衣服去见须贾，须贾说：我以为你死了，怎么落到这个地步呢？就送他一件绨袍。第二天，须贾才发现范雎已担任秦国相国。

⑥ 尽东南之美：王勃《滕王阁序》中说："宾主尽东南之美。"意思是说宾主都是东南地区优秀的人士。切：切磋。偲：劝勉。

相关链接

国学大师钱穆

国学大师钱穆学识广博，著作等身。按传统学科分类，他兼及经史子集四部，为传统国学中的"通儒之学"；按现代学科来看，其治学范围涉及史学与史学史、哲学及思想史、文化学及文化史等，可谓百科全书式的学者。钱穆一生勤勉，著述不倦，毕生著作 70 余种，如《国史大纲》《国学概论》《中国思想史》等，总共 1400 万字。

钱穆是一位民族意识强烈、文化情结深厚的史学家。1930 年，他在燕京大学教国文时，看见"M"楼、"S"楼、"贝公楼"时，极为不快，质问学校当局："此何文？所谓中国文化者又何在？"事后，学校采纳了钱穆的建议，将"M"楼改为"穆"楼，将"S"楼改为"适"楼，"贝公楼"改为"办公楼"，其他建筑也一律冠以中国名称。

钱穆大半生在中华民族危亡和西学东渐、中国文化衰落的年代中度过，他时时刻刻都在思索，如何才能使中国既达到富强而又不失本民族的文化与精神。他在《中国文化史导论》一书中指出，西学东渐后，中国人面临两大问题：第一，如何赶快学到欧美西方文化的富强力量，好把自己国家和民族的地位支撑住；第二，如何学到了欧美西方文化的富强力量，而不把"自己传统文化精神丧失掉"。若第一问题不解决，中国的国家民族根本不存在；若第二问题不解决，则中国的国家民族虽存在，而中国传统文化则失。钱穆认为，中国文化的发展，不能自外生成，它必须要体认和凭借中国文化自身的机制，只能从以往的旧有中孕育生成，决不能凭空翻新，绝无依傍。

钱穆不仅是一位令人尊敬的史学家，也是一位成功的教育家。1933 年秋，钱穆在北大一人讲授"中国通史"课。经过一年的讲授，形成了具有钱氏风格的"中国通史"课，钱穆的"中国通史"课，事实性强，不尚空谈，有考有识，简要精到，上课时满腔热情，激荡全室又能深入浅出、就近取譬，如他比较中西文化，说秦汉文化犹如此室的四周遍悬万盏明灯，打碎一盏，其余犹亮；罗马文化像一盏巨灯，熄灭了就一片黑暗。当时钱穆讲课的教室设在北大梯形礼堂，是普通教室的三倍，每一堂课听者近三百人，坐立皆满。钱穆是当时北大最叫座的教授之一，据说只有胡适一人可与之媲美。

钱穆学识广博，在长期的教学生涯中，积累了丰富的教学经验，他利用各种机会把自己积累的治学经验、读书方法毫无保留地传授给学生。1942 年 9 月 8 日，钱穆带学生徒步到新都赏桂，途中告诉严耕望等人："一个人无论读书做事，一开始规模就要宏大高远，否则绝无大的成就……中国学术界实在差劲，学者无大野心，也无大成就，总是几年便换一批，学问老是过时！这难道是必然的吗？是自己功夫不深，写的东西价值不高！求学不可太急，太急，不求利则求名，宜当缓缓为之；但太缓又易懈怠，所以意志坚强最为重要。"至于读书方法，钱穆谈道："读书或采直阅式，不必管校勘、训诂等枝节问题；或采跳跃式，不懂无趣的地方，尽可跳过，不要因为不懂而废读；或采闲逛式，如逛街游山，随兴之所之，久了自然可尽奥旨。"钱穆是自学成才的名家，这些治学和读书的经验是他多年积累而得，对后来的治学者多有启迪。钱穆自 1912 年登上讲台，先后在中国内地、香港、台湾等地的小学、中学、大学任教 75 年，培养出

钱　穆

众多著名的文史专家。1990 年钱穆在台湾辞世，有人称他的离去"代表着一个时代的结束，此后国学大师四字成为绝响"。

（本文节选自：《钱穆：中国文化的守护者》）

第三节 | 诸子百家篇

目标导航

1. 了解我国国学的重要组成部分——先秦诸子及其代表著作。
2. 理解儒家及道家的主要思想。
3. 理解并背诵《大学》《中庸》全篇及《论语》《老子》的部分章节。

一、经典导读

　　春秋时期，中国的奴隶社会制度走向瓦解，这一时期，各诸侯国之间互相兼并攻伐，整个社会处于群雄纷争的大动荡之中。然而，这一时期的思想领域却开出了五彩缤纷的绚丽花朵，儒家、道家、法家、墨家、名家、兵家等各家学说风起云涌，出现了蔚为壮观的"百家争鸣"。让中国人接受了第一次思想的洗礼。同时也为璀璨的华夏文明的进一步发展奠定了思想基础，成为中华文化的先声。

　　作为儒家学派的经典，"四书"不仅保存了儒家先哲的思想和智慧，也体现出早期儒学形成的嬗递轨迹。"四书"并不是一本书，而是由《论语》《孟子》这两部书和《大学》《中庸》两篇文章合辑在一起的统称，由南宋大儒朱熹汇辑刊刻，从此广为流传。它蕴含了儒家思想的核心内容，也是儒学认识论和方法论的集中体现，在中国思想史上产生过深远的影响。

　　《大学》和《中庸》原本都是《礼记》中的文章，在南宋前从未单独刊印。到南宋，朱熹继承二程思想，便把《大学》和《中庸》从《礼记》中抽出来，与《论语》《孟子》并列。《大学》是儒学的入门读物，朱熹把它列为"四书"之首。儒家把"中庸"看成一个最高的道德标准，也是解决一切问题的最高智慧。所谓中不偏，庸不易，指人生不偏离，不变换自己的目标和主张。这就是一个持之以恒的成功之道。中庸也指中正、平和，人需要保持中正平和，如果失去中正、平和一定是喜、怒、哀、乐太过，治怒唯有乐，治过喜莫过礼，守礼的方法在于敬。所以只要保持一颗敬重或者敬畏的心，中正、平和就得以长存，人的健康就得以保障。

　　《论语》是记载孔子及其弟子言行的一部书。孔子（前 551～前 479），名丘，字仲尼，春秋时鲁国陬邑（今山东曲阜）人。儒家学派创始人，中国古代最著名的思想家、政治家、教育家，对中国思想文化的发展有极其深远的影响。《论语》成书于春秋战国之际，是孔子的弟子及其再传弟子所记录整理。《论语》涉及哲学、政治、经济、教育、文艺等诸多方面，内容丰富，是儒学最主要的经典。在表达上，《论语》语言精练而形象生动，是语录体散文的典范。

　　《孟子》一书 7 篇，是战国时期孟子的言论汇编，记录了孟子与其他各家思想的争辩，对弟子的言传身教，游说诸侯等内容，由孟子及其弟子共同编撰而成。

　　《孟子》记录了孟子的治匡思想、政治观点（仁政、王霸之辩、民本、格君心之非）和政治行动，成书大约在战国中期，属儒家经典著作。其学说出发点为性善论，主张德治。《孟子》行文气势磅礴，感情充沛，雄辩滔滔，极富感染力，流传后世，影响深远。

　　《老子》，又称《道德经》，是我国道家学派和道教最著名的一部经典。它综罗百代，广博精微，短短的五千文，以"道"为核心，建构了上至帝王驭世，下至隐士修身，蕴含无比丰富的哲理体系。《老子》凡五千言，文约意赅，博大精深，是中国哲学的基础之作。

　　《道德经》的语言非常讲究艺术性，运用了多种修辞方法，使词句准确、鲜明、生动，富有说理性和感染力。有些语言极为精辟，是至理名言，至今已成为成语、格言。

二、原文阅读

（一）《大学》

　　大学之道①，在明明德②，在亲民③，在止于至善。

　　知止而后有定④，定而后能静，静而后能安，安而后能虑，虑而后能得⑤。物有本末，事有终始。知所先后，则近道矣。

　　古之欲明明德于天下者，先治其国；欲治其国者，先齐其家⑥；欲齐其家者，先修其身⑦；欲修其身者，先正其心；欲正其心者，先诚其意；欲诚其意者，先致其知⑧。致知在格物⑨。

　　物格而后知至，知至而后意诚，意诚而后心正，心正而后身修，身修而后家齐，家齐而后国治，国治而后天下平。

　　自天子以至于庶人⑩，壹是皆以修身为本⑪。其本乱，而末治者否矣⑫。其所厚者薄，而其所薄者厚，未之有也⑬。此谓知本，此谓知之至也。

【注释】

　　① 大学之道：大学的宗旨。"大学"一词在古代有两种含义：一是"博学"的意思；二是相对于小学而言的"六人之学"。古人八岁入小学，学习"洒扫应对进退、礼乐射御书数"等文化基础知识和礼节；十五岁入大学，学习伦理、政治、哲学等"穷理正心，修己治人"的学问。所以，后一种含义其实也和前一种含义有相通的地方，同样有"博学"的意思。"道"的本义是道路，引申为规律、原则等，在中国古代哲学、政治学里，也指宇宙万物的本原、个体，一定的政治观或思想体系等，在不同的上下文环境里有不同的意思。

　　② 明明德：前一个"明"作动词，有使动的意味，即"使彰明"，也就是发扬、弘扬的意思。后一个"明"作形容词，明德也就是光明正大的品德。

　　③ 亲民：根据后面的"传"文，"亲"应为"新"，即革新、弃旧图新。亲民，也就是新民，使人弃旧图新、去恶从善。

　　④ 知止：知道目标所在。

⑤ 得：收获。

⑥ 齐其家：处理好家族的内部事务，使家族和和美美、蒸蒸日上、兴旺发达。家，原指诸侯的封地，此指诸侯的宗族、家族。

⑦ 修其身：修养自身的品性。

⑧ 致其知：使自己获得知识。

⑨ 格物：认识、研究万事万物。

⑩ 庶人：指平民百姓。

⑪ 壹是：都是。本：根本。

⑫ 末：相对于本而言，指枝末、枝节。

⑬ 厚者薄：该重视的不重视。薄者厚：不该重视的却加以重视。未之有也：即未有之也。没有这样的道理（事情、做法等）。

所谓诚其意者①，毋自欺也②。如恶恶臭③，如好好色④，此之谓自谦⑤。故君子必慎其独也⑥！

小人闲居为不善⑦，无所不至，见君子而后厌然⑧，掩其不善⑨，而著其善⑩。人之视己，如见其肺肝然，则何益矣。此谓诚于中，形于外⑪。故君子必慎其独也。

曾子曰："十目所视，十手所指，其严乎！"富润屋⑫，德润身⑬，心广体胖⑭。故君子必诚其意。

【注释】

① 诚其意：使意念真诚。

② 毋：不要。

③ 恶（wù）恶（è）臭（xiù）：厌恶腐臭的气味。臭，气味，较现代单指臭（chòu）味的含义宽泛。

④ 好（hào）好（hǎo）色：喜爱美丽的女子。好（hǎo）色，美女。

⑤ 谦（qiè）：通"慊"，心安理得的样子。

⑥ 慎其独：独自一人时也谨慎不苟。

⑦ 闲居：即独处。

⑧ 厌然：躲躲闪闪的样子。

⑨ 掩：遮掩，掩盖。

⑩ 著：显示。

⑪ 中：指内心。外：指外表。

⑫ 润屋：装饰房屋。

⑬ 润身，修养自身。

⑭ 心广体胖（pán）：心胸宽广，身体舒泰安康。胖，大，舒坦。

《诗》云："瞻彼淇澳，绿竹猗猗。有斐君子，如切如磋，如琢如磨。瑟兮僩兮，赫兮喧兮。有斐君子，终不可諠兮①！"如切如磋者，道学也②；如琢如磨者，自修也；瑟兮僩兮者，恂栗也[3]；赫兮喧兮者，威仪也。有斐君子，终不可谖兮者，道盛德至善，民之不能忘也。《诗》云："於戏！前王不忘[4]。"君子贤其贤而亲其亲，小人乐其乐而利其利，此以没世不忘也[5]。

【注释】

　①《诗》云：这几句诗引自《诗经·卫风·淇澳》。淇，指淇水，在今河南北部。澳（yù），水边。斐，文采。瑟兮僩（xiàn）兮，庄重而胸襟开阔的样子。赫兮喧兮，显耀盛大的样子。谖，《诗经》原文作"谖"，遗忘。

　② 道：说、言的意思。

　③ 恂栗：恐惧，戒惧。

　④ 於戏！前王不忘：引自《诗经·周颂·烈文》。於戏（wūhū）：叹词。前王：指周文王、周武王。

　⑤ 此以：因此。没世：去世。

　　《康诰》[1]曰："克明德[2]。"《大甲》[3]曰："顾谖天之明命[4]。"《帝典》[5]曰："克明峻德[6]。"皆自明也[7]。

【注释】

　① 康诰：《尚书·周书》中的一篇。《尚书》是上古历史文献和追述古代事迹的一些文章的汇编，是"五经"之一，称为"书经"。全书分为《虞书》《夏书》《商书》《周书》四部分。

　② 克：能够。

　③ 大甲：即《太甲》，《尚书·商书》中的一篇。

　④ 顾：思念。谖：此。明命：光明的禀性。

　⑤ 帝典：即《尧典》，《尚书·虞书》中的一篇。

　⑥ 克明峻德：《尧典》原句为"克明俊德"。俊：与"峻"相通，意为大、崇高等。

　⑦ 皆：都，指前面所引的几句话。

　　汤之《盘铭》曰[1]："苟日新，日日新，又日新[2]。"《康诰》曰："作新民[3]。"《诗》曰："周虽旧邦，其命惟新[4]。"是故，君子无所不用其极[5]。

【注释】

　① 汤：即成汤，商朝的开国君主。盘铭：刻在器皿上用来警戒自己的箴言。这里的器皿是指商汤的洗澡盆。

　② 苟：如果。新：这里的本义是指洗澡除去身体上的污垢，使身体焕然一新，引申义则是指精神上的弃旧图新。

　③ 作：振作，激励。新民：即"经"里面说的"亲民"，实应为"新民"。意思是使民新，也就是使人弃旧图新，去恶从善。

④"《诗》曰"句：这里的《诗》指《诗经·大雅·文王》。周，周朝。旧邦，旧国。其命，指周朝所禀受的天命。惟：语助词，无意义。

⑤ 是故君子无所不用其极：所以品德高尚的人无处不追求完善。是故，所以。君子，有时候指贵族，有时指品德高尚的人，根据上下文不同的语言环境而有不同的意思。

　　《诗》云："邦畿千里，惟民所止①。"《诗》云："缗蛮黄鸟，止于丘隅②。"子曰："于止，知其所止，可以人而不如鸟乎！"《诗》云："穆穆文王，於缉熙敬止③！"为人君，止于仁；为人臣，止于敬；为人子，止于孝；为人父，止于慈；与国人交，止于信。

【注释】

　　① 邦畿千里，惟民所止：引自《诗经·商颂·玄鸟》。邦畿（jī），都城及其周围的地区。止，有至、到、停止、居住、栖息等多种含义，随上下文而有所区别。在这句里是居住的意思。

　　② 缗（mín）蛮黄鸟，止于丘隅：引自《诗经·小雅·绵蛮》。缗蛮，即绵蛮，鸟叫声。隅，角落。止，栖息。

　　③ "穆穆"句：引自《诗经·大雅·文王》。穆穆，仪表美好端庄的样子。於，叹词。缉，继续。熙，光明。止，语助词，无意义。

　　子曰："听讼，吾犹人也，必也使无讼乎！"①无情者不得尽其辞②。大畏民志③，此谓知本，此谓知之至也。

【注释】

　　①"子曰"句：引自《论语·颜渊》。听讼，听诉讼，即审案子。犹人，与别人一样。
　　② 无情者不得尽其辞：使隐瞒真实情况的人不能够花言巧语。
　　③ 民志：民心，人心。

　　所谓修身在正其心者，身有所忿懥①，则不得其正；有所恐惧，则不得其正；有所好乐，则不得其正；有所忧患，则不得其正。
　　心不在焉，视而不见，听而不闻，食而不知其味。此谓修身在正其心。

【注释】

　　① 身：程颐认为应为"心"。忿懥（zhì）：愤怒。

　　所谓齐其家在修其身者，人之其所亲爱而辟焉①，之其所贱恶而辟焉，之其所畏敬而辟焉，之其所哀矜而辟焉②，之其所敖惰而辟焉③。故好而知其恶，恶而知其美者，天下鲜矣！故谚有之曰："人莫知其子之恶，莫知其苗之硕④。"此谓身不修，不可以齐其家。

【注释】

① 之：即"于"，对于。辟：偏颇，偏向。

② 哀矜：同情，怜悯。

③ 敖，骄傲。惰：怠慢。

④ 硕：大，肥壮。

所谓治国必先齐其家者：其家不可教，而能教人者，无之。故君子不出家而成教于国。孝者，所以事君也；悌者①，所以事长也；慈者②，所以使众也。

《康诰》曰："如保赤子③。"心诚求之，虽不中④，不远矣。未有学养子而后嫁者也！

一家仁，一国兴仁；一家让，一国兴让；一人贪戾，一国作乱。其机如此⑤。此谓一言偾事⑥，一人定国。

尧、舜帅天下以仁⑦，而民从之；桀、纣帅天下以暴⑧，而民从之；其所令反其所好，而民不从。是故君子有诸己而后求诸人⑨，无诸己而后非诸人。所藏乎身不恕⑩，而能喻诸人者⑪，未之有也。故治国在齐其家。

《诗》云："桃之夭夭，其叶蓁蓁。之子于归，宜其家人⑫。"宜其家人，而后可以教国人。《诗》云："宜兄宜弟⑬。"宜兄宜弟，而后可以教国人。《诗》云："其仪不忒，正是四国⑭。"其为父子兄弟足法，而后民法之也。此谓治国在齐其家。

【注释】

① 悌（tì）：指尊重兄长。

② 慈：指父母爱子女。

③ 如保赤子：《尚书·周书·康诰》原文作"若保赤子"。这是周成王告诫康叔的话，意思是保护平民百姓如母亲养护婴孩一样。赤子，婴孩。

④ 中（zhòng）：达到目标。

⑤ 机：本指弩箭上的发动机关，引申指关键。

⑥ 偾（fèn）：败坏。

⑦ 尧、舜：传说中父系氏族社会后期部落联盟的两位领袖，即尧帝和舜帝，历来被认为是圣君的代表。帅：同"率"，率领，统帅。

⑧ 桀（jié）：夏代最后一位君主。纣：即殷纣王，商代最后一位君主。二人历来被认为是暴君的代表。

⑨ 诸："之于"的合音。

⑩ 恕：即恕道。孔子说："己所不欲，勿施于人。"意思是说，自己不想做的，也不要让别人去做，这种推己及人、将心比心的品德就是儒学所倡导的恕道。

⑪ 喻：使别人明白。

⑫ "桃之夭夭……"：引自《诗经·周南·桃夭》。夭夭（yāo），鲜嫩，美丽。蓁蓁（zhēn），茂盛的样子。之子，这个（之）女子（子）。于归，指女子出嫁。

⑬ "宜兄宜弟"：引自《诗经·小雅·蓼萧》。

⑭ "其仪不忒……"：引自《诗经·曹风·鸤鸠》。仪，仪表，仪容。忒（tè），差错。

所谓平天下在治其国者，上老老而民兴孝^①；上长长而民兴弟^②；上恤孤而民不倍^③。是以君子有絜矩之道也^④。

所恶于上，毋以使下；所恶于下，毋以事上；所恶于前，毋以先后；所恶于后，毋以从前；所恶于右，毋以交于左；所恶于左，毋以交于右；此之谓絜矩之道。

《诗》云："乐只君子，民之父母^⑤。"民之所好好之；民之所恶恶之，此之谓民之父母。《诗》云："节彼南山，维石岩岩。赫赫师尹，民具尔瞻^⑥。"有国者不可以不慎。辟，则为天下僇矣^⑦。《诗》云："殷之未丧师，克配上帝。仪监于殷，峻命不易^⑧。"道得众则得国，失众则失国。是故君子先慎乎德。

有德此^⑨有人，有人此有土，有土此有财，有财此有用，德者，本也；财者，末也。外本内末，争民施夺^⑩。是故财聚则民散，财散则民聚。是故言悖而出者^⑪，亦悖而入。货悖而入者，亦悖而出。

《康诰》曰："惟命不于常。"道善则得之，不善则失之矣。

《楚书》曰："楚国无以为宝，惟善以为宝^⑫。"舅犯曰，"亡人无以为宝，仁亲以为宝^⑬。"

《秦誓》曰^⑭："若有一介臣，断断兮^⑮，无他技，其心休休焉^⑯，其如有容焉^⑰。人之有技，若己有之。人之彦圣^⑱，其心好之，不啻若自其口出^⑲，实能容之。以能保我子孙黎民，尚亦有利哉！人之有技，媢疾以恶之^⑳。人之彦圣，而违之俾不通^㉑，实不能容。以不能保我子孙黎民，亦曰殆哉！"唯仁人放流之^㉒，迸诸四夷^㉓，不与同中国^㉔。此谓唯仁人为能爱人，能恶人。见贤而不能举，举而不能先，命也^㉕。见不善而不能退，退而不能远，过也。好人之所恶，恶人之所好，是谓拂人之性^㉖，菑必逮夫身^㉗。是故君子有大道：必忠信以得之，骄泰以失之^㉘。

生财有大道：生之者众，食之者寡，为之者疾，用之者舒，则财恒足矣。仁者以财发身^㉙，不仁者以身发财。未有上好仁而下不好义者也，未有好义其事不终者也，未有府库财非其财者也^㉚。

孟献子曰^㉛："畜马乘，不察于鸡豚^㉜；伐冰之家，不畜牛羊^㉝；百乘之家，不畜聚敛之臣^㉞，与其有聚敛之臣，宁有盗臣。"此谓国不以利为利，以义为利也。

长国家而务财用者^㉟，必自小人矣。彼为善之，小人之使为国家，灾害并至。虽有善者，亦无如之何矣^㊱！此谓国不以利为利，以义为利也。

【注释】

① 老老：尊敬老人。前一个"老"作动词，意思是把老人当作老人看待。

② 长长：尊重长辈。前一个"长"作动词，意思是把长辈当作长辈看待。

③ 恤：体恤，周济。孤，孤儿，古时候专指幼年丧失父亲的人。倍：通"背"，背弃。

④ 絜（xié）矩之道：儒家伦理思想之一，指一言一行要有示范作用。絜，量度。矩，画直角或方形用的尺子，引申为法度、规则。

⑤ "乐只君子，民之父母"：引自《诗经·小雅·南山有台》。乐（lè），快乐，喜悦。只，语助词。

⑥ "节彼南山……"：引自《诗经·小雅·节南山》。节，高大。岩岩，险峻的样子。师尹，太师尹氏，太师是周代的三公之一。尔，你。瞻，瞻仰，仰望。

⑦ 僇（lù）：通"戮"，杀戮。

⑧ "殷之未丧师……"：引自《诗经·大雅·文王》。师，民众。配，符合。仪，宜。监，鉴戒。峻，大。不易，指不容易保有。

⑨ 此：乃，才。

⑩ 争民施夺：争民，与民争利。施夺，施行劫夺。

⑪ 悖：逆。

⑫ "《楚书》"句：《楚书》，楚昭王时史书。楚昭王派王孙圉（yǔ）出使晋国。晋国赵简子问楚国珍宝美玉现在怎么样了。王孙圉答道：楚国从来没有把美玉当作珍宝，只是把善人如观射父（人名）这样的大臣看作珍宝。事见《国语·楚语》。汉代刘向的《新序》中也有类似的记载。

⑬ "舅犯"句：舅犯，晋文公重耳的舅舅狐偃，字子犯。亡人，流亡的人，指重耳。晋僖公四年十二月，晋献公因受骊姬的谗言，逼迫太子申生自缢而死。重耳避难逃亡到狄国时，晋献公逝世。秦穆公派人劝重耳归国掌政。重耳将此事告子犯，子犯以为不可，对重耳说了这几句话。事见《礼记·檀弓下》。

⑭ 《秦誓》：《尚书·周书》中的一篇。

⑮ 断断：忠诚老实的样子。

⑯ 休休：宽宏大量。

⑰ 有容：能够容人。

⑱ 彦圣：指德才兼备。彦，美。圣，明。

⑲ 不啻（chì）：不佀。

⑳ 媢（mào）疾：妒忌。

㉑ 违，阻抑。俾：使。

㉒ 放流：流放。

㉓ 迸，即"摒"，驱逐。四冥，四方之夷。夷指古代东方的部族。

㉔ 中国，全国中心地区。与现代意义的"中国"一词意义不一样。

㉕ 命：东汉郑玄认为应该是"慢"字之误。慢即轻慢。

㉖ 拂：逆，违背。

㉗ 逮：及、到。夫（fú）：助词。

㉘ 骄泰：骄横放纵。

㉙ 发身：修身。发，发运，发起。

㉚ 府库：国家收藏财物的地方。

㉛ 孟献子：鲁国大夫，世称仲孙蔑，献为其谥号。

㉜ 畜：养。乘（shèng）：指月四匹马拉的车。畜马乘是士人初作大夫的待遇。察，关注。

㉝ 伐冰之家：指丧祭时能用次保存遗体的人家。是卿大夫类大官的待遇。

㉞ 百乘之家：拥有一百辆车的人家，指有封地的诸侯。聚敛之臣：搜刮钱财的家臣。聚，聚集。敛，征收。

㉟ 长（zhǎng）国家：成为国家之长，指君王。

㊱ 无如之何：没有办法。

（二）《中庸》

天命之谓性①，率性之谓道②，修道之谓教。

道也者，不可须臾离也，可离非道也。是故君子戒慎乎其所不睹，恐惧乎其所不闻。莫见乎隐，莫显乎微③。故君子慎其独也。

喜怒哀乐之未发，谓之中④；发而皆中节⑤，谓之和。中也者，天下之大本也；和也者，天下之达道也。致中和⑥，天地位焉，万物育焉。

【注释】

① 天命：天赋。朱熹解释说："天以阴阳五行化生万物，气以成形，而理亦赋焉，犹命令也。"（《中庸章句》）所以，这里的天命（天赋）实际上就是指的人的自然禀赋，并无神秘色彩。

② 率性：遵循本性。率，遵循，按照。

③ 莫：在这里是"没有什么更……"的意思。见（xiàn）：同"现"，显现，明显。乎：于，在这里有比较的意味。

④ 中（zhòng）：符合。

⑤ 节：节度、法度。

⑥ 致：达到。

仲尼曰："君子中庸①，小人反中庸。君子之中庸也，君子而时中。小人之中庸也②，小人而无忌惮也③。"

【注释】

① 中庸：即中和。庸，"常"的意思。

② 小人之中庸也：应为"小人之反中庸也"。

③ 忌惮：顾忌和畏惧。

子曰："中庸其至矣乎！民鲜能久矣①！"

【注释】

① 鲜：少，不多。

子曰："道之不行也①，我知之矣，知者过之②，愚者不及也。道之不明也，我知之矣。贤者过之，不肖者不及也③。人莫不饮食也，鲜能知味也。"

【注释】

① 道：即中庸之道。

② 知者：即智者，与愚者相对，指智慧超群的人。知，同"智"。

③ 不肖者：与贤者相对，指不贤的人。

子曰："舜其大知也与！舜好问而好察迩言①，隐恶而扬善，执其两端，用其中于民。其斯以为舜乎②！"

【注释】

① 迩言：身边的言论。迩，近。

② 其斯以为舜乎：这就是舜之所以为舜的地方吧！其，语气词，表示推测。斯，这。"舜"字的本义是仁义盛明，所以孔子有此感叹。

子曰："人皆曰予知①。驱而纳诸罟、擭、陷阱之中②，而莫之知辟也③。人皆曰予知。择乎中庸，而不能期月守也④。"

【注释】

① 予：我。

② 罟（gǔ）：捕兽的网。擭（huò）：装有机关的捕兽的木笼。

③ 辟（bì）：同"避"，躲避。

④ 期（jī）月：一整月。

子曰："回之为人也①，择乎中庸，得一善，则拳拳服膺而弗失之矣②。"

【注释】

① 回：指孔子的学生颜回。

② 拳拳服膺：牢牢地放在心上。拳拳，牢握但不舍的样子，引申为恳切。服，著，放置。膺，胸口。

子曰："天下国家可均也①，爵禄可辞也②，白刃可蹈也③，中庸不可能也。"

【注释】

① 均：即平，指治理。

② 爵：官爵。禄：官吏的薪俸。辞：推却，辞让。

③ 蹈：踏。

子路问强①。子曰："南方之强与？北方之强与？抑而强与②？宽柔以教，不报无道③，南方之强也，君子居之④。衽金革⑤，死而不厌⑥，北方之强也，而强者居之。故君子和而不流⑦，强哉矫⑧！中立而不倚，强哉矫！国有道，不变塞焉⑨，强哉矫！国无道，至死不变，强哉矫！"

【注释】

① 子路：名仲由，孔子的学生。

② 抑：选择性连词，意为"还是"。而：代词，你。与：疑问语气词。

③ 报：报复。

④ 居：处。

⑤ 衽：卧席，此处用为动词。金：指铁制的兵器。革：指皮革制成的甲盾。

⑥ 死而不厌：战死疆场也不后悔的意思。

⑦ 和而不流：性情平和又不随波逐流。

⑧ 矫：坚强的样子。

⑨ 不变塞：不改变志向。塞，原指阻塞，这里指穷困。

子曰："素隐行怪①，后世有述焉②，吾弗为之矣。君子遵道而行，半途而废，吾弗能已矣③。君子依乎中庸，遁世不见知而不悔④，唯圣者能之。"

【注释】

① 素：据《汉书》，应为"索"。隐：隐僻。怪：怪异。

② 述：记述。

③ 已：止，停止。

④ 遁世：隐居。见知：被知。见，被。

君子之道费而隐①。夫妇之愚②，可以与知焉③，及其至也，虽圣人亦有所不知焉。夫妇之不肖，可以能行焉，及其至也，虽圣人亦有所不能焉。天地之大也，人犹有所憾。故君子语大，天下莫能载焉；语小，天下莫能破焉④。《诗》云："鸢飞戾天，鱼跃于渊⑤。"言其上下察也⑥。君子之道，造端乎夫妇⑦，及其至也，察乎天地。

【注释】

① 费：广大。隐：精微。

② 夫妇：匹夫匹妇，指普通男女。

③ 与（gù）：动词，参与。

④ 破：解析，剖析。

⑤ "鸢飞戾天，鱼跃于渊"：引自《诗经·大雅·旱麓》。鸢，老鹰。戾，到达。

⑥ 察：洞察。

⑦ 造端：发端，开始。

子曰："道不远人。人之为道而远人，不可以为道。"

"《诗》云：'伐柯伐柯，其则不远①。'执柯以伐柯，睨而视之②，犹以为远。故君子以人治人。改而止。"

"忠恕违道不远③，施诸己而不愿，亦勿施于人。"

"君子之道四，丘未能一焉：所求乎子以事父，未能也；所求乎臣以事君，未能也；所求乎弟以事兄，未能也；所求乎朋友先施之，未能也。庸德之行④，庸言之谨。有所不足，不敢不勉；有余不敢尽。言顾行，行顾言，君子胡不慥慥尔⑤？"

【注释】

① "伐柯伐柯，其则不远"：引自《诗经·豳（bīn）风·伐柯》。伐柯，砍削斧柄。柯，斧柄。则，法则，这里指斧柄的式样。

② 睨：斜视。

③ 违道：离道。违，离。

④ 庸：平常。

⑤ 胡：何、怎么。慥慥（zào），忠厚诚实的样子。

君子素其位而行①，不愿乎其外。

素富贵，行乎富贵；素贫贱，行乎贫贱；素夷狄②，行乎夷狄；素患难，行乎患难。君子无入而不自得焉③。

在上位，不陵下④；在下位，不援上⑤。正己而不求于人则无怨。上不怨天，下不尤人⑥。故君子居易以俟命⑦，小人行险以徼幸。子曰："射有似乎君子⑧，失诸正鹄⑨，反求诸其身。"

【注释】

① 素其位：安于现在所处的地位。素，处于。

② 夷：指东方的部族；狄：指西方的部族。泛指当时的少数民族。

③ 无入：无论处于什么情况下。入，处于。

④ 陵：同"凌"，欺侮。

⑤ 援：攀援，本指抓着东西往上爬，引申为投靠有势力的人往上爬。

⑥ 尤：抱怨。

⑦ 居易：居于平安的地位，也就是安居现状的意思。易，平安。俟（sì）命：等待天命。

⑧ 射：指射箭。

⑨ 正（zhēng）鹄（gǔ）：正、鹄：均指箭靶子；画在布上的叫正，画在皮上的叫鹄。

君子之道，辟如行远①必自迩②；辟如登高必自卑③。《诗》曰："妻子好合，如鼓瑟琴。兄弟既翕，和乐且耽。宜尔室家，乐尔妻帑④。"子曰："父母其顺矣乎！"

【注释】

① 辟：同"譬"。

② 迩：近。

③ 卑：低处。

④ "妻子好合……"：引自《诗经·小雅·棠棣》。妻子，妻与子。好合，和睦。鼓，弹奏。翕（xī），和顺，融洽。耽，《诗经》原作"湛"，安乐。帑（nú），通"孥"，子孙。

子曰："鬼神之为德，其盛矣乎！视之而弗见，听之而弗闻，体物而不可遗。使天下之人，齐明盛服①，以承祭祀。洋洋乎！如在其上，如在其左右。《诗》曰：'神之格思，不可度思，矧可射思②。'夫微之显，诚之不可掩如此夫③！"

【注释】

① 齐（zhāi）：通"斋"，斋戒。明，洁净。盛服：即盛装。

② "神之格思……"：引自《诗经·大雅·抑》。格，来临。思，语气词。度，揣度。矧（shěn），况且。射（yì），厌，指厌怠不敬。

③ 掩：掩盖。

子曰："舜其大孝也与？德为圣人，尊为天子，富有四海之内。宗庙飨之①，子孙保之。故大德必得其位，必得其禄，必得其名，必得其寿。故天之生物，必因其材而笃焉②。故栽者培之③，倾者覆之④。《诗》曰：'嘉乐君子，宪宪令德。宜民宜人，受禄于天。保佑命之，自天申之。'故大德者必受命⑤。"

【注释】

① 宗庙：古代天子、诸侯祭祀先王的地方。飨（xiǎng）：一种祭祀形式，祭先王。之，代词，指舜。

② 材，资质，本性。笃：厚，这里指厚待。

③ 培：培育。

④ 覆：倾覆，摧败。

⑤ "嘉乐君子……"：引自《诗经·大雅·假乐》。嘉乐，即《诗经》之"假乐"，"假"通"嘉"，意为美善。宪宪，《诗经》作"显显"，显明兴盛的样子。令，美好。申，重申。

子曰："无忧者，其惟文王①乎！以王季②为父，以武王③为子，父作之，子述之④。武王缵⑤大王、王季、文王之绪，壹戎衣而有天下，身不失天下之显名，尊为天子，富有四海之内，宗庙飨之，子孙保之。武王末受命，周公⑥成文武之德。追王大王、王季，上祀先公以天子之礼。斯礼也，达乎诸侯、大夫及士、庶人。父为大夫，子为士，葬以大夫，祭以士；父为士，子为大夫，葬以士，祭以大夫。期之丧⑦达乎大夫，三年之丧达乎天子，父母之丧无贵贱，一也。"

【注释】

① 王：姬昌，西周开国君主古公亶父之孙。

② 王季：名季历，文王父。

③ 武王：姬发，建立西周王朝。

④ 述：继承。

⑤ 缵：继承。

⑥ 周公：姬旦，屈武三胞弟，西周初年政治家。

⑦ 期之丧：指一年守丧期。

子曰："武王、周公其达孝矣乎！夫孝者，善继人之志、善述人之事者也。春秋修其祖庙，陈其宗器①，设②其裳衣，荐其时食。宗庙之礼，所以序昭穆也。序爵，所以辨贵贱也。序事，所以辨贤也。旅③酬下为上，所以逮贱也④。燕毛⑤，所以序齿也。践其位，行其礼，奏其乐，敬其所尊，爱其所亲，事死如事生，事亡如事存，孝之至也。郊社之礼，所以事上帝也⑥。宗庙之礼，所以祀乎其先也。明乎郊社之礼、禘尝⑦之义，治国其如示诸掌乎！"

【注释】

① 宗器：宗庙祭器。

② 设：摆设、陈列。

③ 旅：众人。

④ 逮：达到。

⑤ 燕毛：泛指宴饮时年长者居上位的礼节。

⑥ 上帝：远古的帝王，先帝。

⑦ 禘尝：按周礼，夏祭彐禘，秋祭曰尝，古代常用以指天子诸侯岁时祭祖的大典。

哀公①问政。子曰："文武之政，布在方策②，其人③存则其政举，其人亡则其政息④。人道敏政⑤，地道敏树。夫政也者，蒲卢⑥也。故为政在人，取人以身，修身以道，修道以仁。仁者，人也，亲亲为大；义者，宜也，尊贤为大。亲亲之杀⑦，尊贤之等，礼所生也。在下位不获乎上，民不可得而治矣。故君子不可以不修身，思修身不可以不事亲，思事亲不可以不知人，思知人不可以不知天。天下之达道五，所以行之者三。曰君臣也，父子也，夫妇也，昆弟⑧也，朋友之交也，五者天下之达道也。知、仁、勇三者，天下之达德也，所以行之者一也。或生而知之，或学而知之，或困而知之，及其知之，一也。或安而行之，或利而行之，或勉强而行之，及其成功，一也。"

【注释】

① 哀公：春秋时鲁国国君。姓姬，名蒋，"哀"是谥号。

② 布：陈列。方：书写用的木板。策，书写用的竹简。

③ 其人：能够能力实行"文武之政"的贤人。

④ 息：灭，消失。

⑤ 敏：勉力，致力。

⑥ 蒲卢：即芦苇。芦苇性柔而具有可塑性。

⑦ 杀（shài）：降等，指亲族按血缘的远近而由亲及疏的等差。

⑧ 昆弟：兄和弟，也包括堂兄堂弟。

子曰："好学近乎知，力行近乎仁，知耻近乎勇。知斯三者，则知所以修身；知所以修身，则知所以治人；知所以治人，则知所以治天下国家矣。凡为天下国家有九经①：曰修身也，尊贤也，亲亲也，敬大臣也，体②群臣也，子庶民③也，来④百工也，柔远人⑤也，怀⑥诸侯也。修身则道立，尊贤则不惑，亲亲则诸父昆弟不怨，敬大臣则不眩，体群臣则士之报礼重，子庶民则百姓劝⑦，来百工则财用足，柔远人则四方归之，怀诸侯则天下畏之。"

【注释】

① 九经：九条准则。经，准则。

② 体：体察，体恤。

③ 子庶民：以庶民为子。子，动词。庶民，平民。

④ 来：同"徕"，招徕。百工：各种工匠。

⑤ 柔远人：安抚边远地方来的人。

⑥ 怀：安抚。

⑦ 劝：勉力，努力。

齐明盛服，非礼不动，所以修身也。去谗远色①，贱货而贵德，所以劝贤也。尊其位，重其禄，同其好恶，所以劝亲亲也。官盛任使②，所以劝大臣也。忠信重禄，所以劝士也。时使薄敛③，所以劝百姓也。日省月试④，既廪称事⑤，所以劝百工也。送往迎来，嘉善而矜不能⑥，所以柔远人也。继绝世⑦，举废国⑧，治乱持危⑨，朝聘以时⑩，厚往而薄来，所以怀诸侯也。

凡为天下国家有九经，所以行之者一也。

【注释】

① 谗：说别人的坏话，这里指说坏话的人。

② 盛，多。任使：足够使用。

③ 时使：指使用百姓劳役有一定时间，不误农时。薄敛：赋税轻。

④ 省：省察。试，考核。

⑤ 既：即"饩"，指赠送别人粮食或饲料。廪：给予粮食。称：符合。

⑥ 矜：怜悯，同情。

⑦ 继绝世：延续已经中断的家庭世系。

⑧ 举废国：复兴已经没落的邦国。

⑨ 持：扶持。

⑩ 朝聘：诸侯定期朝见天子。每年一见叫小聘，三年一见叫大聘，五年一见叫朝聘。

凡事豫①则立，不豫则废。言前定则不跲②，事前定则不困，行前定则不疚，道前定则不穷。

【注释】

① 豫：同"预"。

② 跲（jiá）：本义为绊倒，引申为说话不流畅。

在下位不获乎上，民不可得而治矣。获乎上有道，不信乎朋友，不获乎上矣。信乎朋友有道，不顺乎亲，不信乎朋友矣。顺乎亲有道，反诸身不诚，不顺乎亲矣。诚身有道，不明乎善，不诚乎身矣。

诚者，天之道也。诚之者，人之道也。诚者，不勉而中，不思而得，从容中道，圣人也。诚之者，择善而固执之者也。博学之，审问之，慎思之，明辨之，笃行之。有弗学，学之弗能弗措也①。有弗问，问之弗知弗措也；有弗思，思之弗得弗措也；有弗辨，辨之弗明弗措也；有弗行，行之弗笃弗措也。人一能之，己百之；人十能之，己千之。果能此道矣，虽愚必明，虽柔必强。

【注释】

① 弗措：不罢休。弗，不。措，停止，罢休。

自①诚明谓之性，自明诚谓之教。诚则明矣，明则诚矣。

【注释】

① 自：由，从。

唯①天下至诚为能尽其性，能尽其性则能尽人之性，能尽人之性则能尽物之性。能尽物之性则可以赞天地之化育②，可以赞天地之化育则可以与天地参矣③。

【注释】

① 唯：只有。

② 赞：帮助。化育：化生，养育。

③ 参：并列，并立。

其次致曲①。曲能有诚，诚则形②，形则著③，著则明④，明则动，动则变，变则化⑤，唯天下至诚为能化。

【注释】

　　① 其次：次一等的人，即次于"自诚明"的圣人的人，也就是贤人。致曲：致力于某一方面。曲，偏。

　　②形：显露，表现。

　　③著：显著。

　　④明：光明。

　　⑤化：即化育。

　　至诚之道，可以前知①。国家将兴，必有祯祥②；国家将亡，必有妖孽③。见乎蓍龟④，动乎四体⑤。祸福将至，善必先知之，不善必先知之。故至诚如神⑥。

【注释】

　　① 前知：预知未来。

　　② 祯祥：吉祥的预兆。

　　③ 妖孽：物类反常的现象。草木之类称妖，虫豸之类称孽。

　　④ 见（xiàn）：呈现。蓍（shī）龟：蓍草和龟甲，用来占卜。

　　⑤ 四体，手足，指动作仪态。

　　⑥ 如神：如神一样微妙，不可言说。

　　诚者自成也①，而道自道也②。诚者物之终始，不诚无物，是故君子诚之为贵。诚者非自成己而已也，所以成物也。成己，仁也；成物，知也。性之德也，合外内之道也，故时措之宜也。

【注释】

　　① 自成：自我成全，也就是自我完善的意思。

　　② 自道（dǎo）：自我引导。道通"导"，引导。

　　故至诚无息①。不息则久，久则征②，征则悠远，悠远则博厚，博厚则高明。博厚所以载物也，高明所以覆物也，悠久所以成物也。博厚配地，高明配天，悠久无疆③。如此者，不见而章④，不动而变，无为而成。

【注释】

　　① 息：止息，休止。

　　② 征：验证。

　　③ 无疆：无穷无尽。

　　④ 见：显现。章：即彰，彰明。

　　天地之道可壹言①而尽也。其为物不贰②，则其生物不测。天地之道，博也，厚也，高也，明也，悠也，久也。今夫天，斯昭昭之多③，及其无穷也，日月星辰系焉，万物覆焉。今夫地，一撮土之多，及其广厚，载华岳而不重④，振⑤河海而不洩，万物载焉。今夫山，一卷石之多⑥，及其广大，草木生之，禽兽居之，宝藏兴焉。今夫水，一勺之多，及其不测⑦，鼋鼍蛟龙鱼鳖生焉，货财殖焉。《诗》曰"维天之命，於穆不已"⑧，盖曰天之所以为天也。"於乎不显，文王之德之纯"，盖曰文王之所以为文也。纯亦不已。

【注释】

① 壹言：即一字，指"诚"字。

② 不贰：诚是忠诚如一，所以不贰。

③ 斯：此。昭昭：光明。

④ 华岳：即华山。

⑤ 振：通"整"，整治，引申为约束。

⑥ 一卷石：一拳头大的石头。卷：通"拳"。

⑦ 不测：不可测度，指浩瀚无涯。

⑧ "《诗》曰"二句：均引自《诗经·周颂·维天之命》。维，语气词。於，语气词。穆，深远。不已，无穷。不显，不通"丕"，即大；显，即明显。

大哉圣人之道！洋洋乎①！发育万物，峻极于天。优优大哉②！礼仪三百③，威仪三千④。待其人而后行⑤。故曰苟不至德⑥，至道不凝焉⑦。故君子尊德性而道问学⑧，致广大而尽精微，极高明而道中庸。温故而知新，敦厚以崇礼。是故居上不骄，为下不倍⑨。国有道其言足以兴，国无道其默足以容⑩。《诗》曰："既明且哲，以保其身⑪。"其此之谓与！

【注释】

① 洋洋：盛大，浩瀚无边。

② 优优：充足有余。

③ 礼仪：古代礼节的主要规则，又称经礼。

④ 威仪：古代典礼中的动作规范及待人接物的礼节，又称曲礼。

⑤ 其人：指圣人。

⑥ 苟不至德：如果没有极高的德行。苟，如果。

⑦ 凝：凝聚，引申为成功。

⑧ 问学：询问，学习。

⑨ 倍：通"悖"，违背。

⑩ 容：容身，指保全自己。

⑪ "既明且哲，以保其身"：引自《诗经·大雅·烝民》。哲，智慧，指通达事理。

子曰："愚而好自用①，贱而好自专②，生乎今之世反古之道③。如此者，灾及其身者也。"

非天子，不议礼，不制度④，不考文⑤。今天下车同轨，书同文，行同伦⑥。虽有其位，苟无其德，不敢作礼乐焉；虽有其德，苟无其位，亦不敢作礼乐焉。

子曰："吾说夏礼⑦，杞不足征也；吾学殷礼⑧，有宋存焉⑨；吾学周礼⑩，今用之，吾从周。"

【注释】

① 自用：凭自己主观意图行事，自以为是，不听别人意见，即刚愎自用的意思。

② 自专：独断专行。

③ 反：通"返"，恢复的意思。

④ 制度：在这里作动词用，指制订法度。

⑤ 考文，考订文字规范。

⑥ 车同轨，书同文，行同伦：车同轨指车子的轮距一致；书同文指字体统一；行同指伦理道德相同。这种情况是秦始皇统一六国后才出现的，据此知道《中庸》有些章节的确是秦代儒者所增加的。

⑦ 夏礼，夏朝的礼制。夏朝，约前2070～前1600年，传说是禹建立的。

⑧ 杞：国名，传说是周武王封夏禹的后代于此，故城在今河南杞县。征，验证。殷礼：商朝的礼制。商朝从盘庚迁都至殷（今河南安阳）到纣亡国，一般称为殷代，整个商朝也称商殷或殷商。

⑨ 宋：国名，商汤的后代居此，故城在今河南商丘县南。

⑩ 周礼：周朝的礼制。

王天下有三重焉，其寡过矣乎①！上焉者②，虽善无征，无征不信，不信民弗从。下焉者③，虽善不尊，不尊不信，不信民弗从。

故君子之道，本诸身，征诸庶民，考诸三王而不缪④，建诸天地而不悖⑤，质诸鬼神而无疑⑥，百世以俟圣人而不惑，质诸鬼神而无疑⑦，知天也；百世以俟圣人而下惑，知人也。是故君子动而世为天下道⑧，行而世为天下法，言而世为天下则。远之则有望⑨，近之则不厌。

《诗》曰："在彼无恶，在此无射。庶几夙夜，以永终誉。"⑩君子未有不如此而蚤有誉于天下者也⑪。

【注释】

① 王天下有三重焉：王（wàng），作动词用，王天下即做天下王的意思，也就是统治天下。三重，指上一章所说的三件重要的事：议礼、制度、考文。

② 上焉者：指在上位的人，即君王。

③ 下焉者：指在下位的人，即臣下。

④ 三王：指夏、商、周三代君王。

⑤ 建：立。

⑥ 质：质询，询问。

⑦ 俟：待。

⑧ 道：通"导"，先导。

⑨ 望：仰慕。

⑩ "《诗》曰"句：引自《诗经·周颂·振鹭》。射（yì），《诗经》本作"斁"，厌弃的意思。庶几（jī），几乎。夙（sù）夜：早晚。夙，早。

⑪ 蚤：即"早"。

仲尼祖述尧舜①，宪章文武②，上律天时，下袭水土③。辟如天地之无不持载，无不覆帱④，辟如四时之错行⑤，如日月之代明⑥。万物并育而不相害，道并行而不相悖。小德川流，大德敦化⑦。此天地之所以为大也。

【注释】

① 祖述：效法、遵循前人的行为或学说。

② 宪章：遵从，效法。

③ 袭：符合。

④ 覆帱（dào）：覆盖。

⑤ 错行：交错运行，流动不息。

⑥ 代明：交替光明，循环变化。

⑦ 敦化：使万物敦厚纯朴。

《诗》曰，"衣锦尚䌹①。"恶其文之著也。故君子之道，暗然而日章②；小人之道，的然而日亡③。君子之道，淡而不厌，简而文，温而理，知远之近，知风之自，知微之显，可与入德矣。

《诗》云："潜虽伏矣，亦孔之昭④！"故君子内省不疚，无恶于志。君子之所不可及者，其唯人之所不见乎？

《诗》云："相在尔室，尚不愧于屋漏⑤。"故君子不动而敬，不言而信。

《诗》曰："奏假无言，时靡有争⑥。"是故君子不赏而民劝，不怒而民威于铁钺⑦。

《诗》曰："不显惟德，百辟其刑之⑧。"是故君子笃恭而天下平。

《诗》云："予怀明德，不大声以色⑨。"子曰："声色之于以化民，末也。"

《诗》曰："德輶如毛⑩。"毛犹有伦⑪，"上天之载，无声无臭⑫。"至矣。

【注释】

① 衣锦尚䌹：引自《诗经·卫风·硕人》。衣（yì），此处作动词用，指穿衣。锦，指色彩鲜艳的衣服。尚，加。䌹（jiǒng），同"褧"，用麻布制的罩衣。

② 暗然：隐藏不露。

③ 的（dì）然，鲜明，显著。

④ 潜虽伏矣，亦孔之昭：引自《诗经·小雅·正月》。孔，很。昭，意为明显。

⑤ 相在尔室，尚不愧于屋漏：引自《诗经·大雅·抑》。相，注视。屋漏，指古代

室内西北角设小帐的地方。相传是神明所在，所以这里是以屋漏代指神明。不愧屋漏喻指心地光明，不在暗中做坏事，起坏念头。

⑥ 奏假无言，时靡有争：引自《诗经·商颂·烈祖》。奏，进奉，假（gé），通"格"，即感通，指诚心能与鬼神或外物互相感应。靡（mǐ），没有。

⑦ 铁（fū）钺（yuè）：斫刀和大斧。腰斩和砍头的工具，这里引申为刑法。

⑧ 不（pī）显惟德，百辟其刑之：引自《诗经·周颂·烈文》不显，"不"通"丕"，不显即大显。辟（bì），诸侯。刑，通"型"，示范，效法。

⑨ 予怀明德，不大声以色：引自《诗经·大雅·皇矣》。声，号令。色，容貌。以，与。

⑩ 德辑如毛：引自《诗经·大雅·烝民》。辑（yóu），古代一种轻便的车，引申为轻。

⑪ 伦：比，比拟。

⑫ 上天之载，无声无臭：引自《诗经·大雅·文王》。臭（xiù），气味。

（三）《论语》

学而篇第一

子曰①："学而时习之②，不亦说乎③？有朋自远方来④，不亦乐乎⑤？人不知而不愠⑥，不亦君子乎⑦？"

【注释】

① 子：中国古代对于有地位、有学问的男子的尊称，有时也泛称男子。《论语》书中"子曰"的子，都是指孔子而言。

② 学：孔子在这里所讲的"学"，主要是指学习西周的礼、乐、诗、书等传统文化典籍。时习：在周秦时代，"时"字用作副词，意为"在一定的时候"或者"在适当的时候"。但朱熹在《论语集注》一书中把"时"解释为"时常"。"习"，指演习礼、乐，复习诗、书，也含有温习、实习、练习的意思。

③ 说（yuè）：同"悦"，愉快、高兴的意思。

④ 有朋：旧注说，"同门曰朋"，即同在一位老师门下学习的叫朋，也就是志同道合的人。

⑤ 乐：与"说"有所区别。旧注说，悦在内心，乐则见于外。

⑥ 人不知：知，是了解的意思。人不知，是说别人不了解自己。愠（yùn）：恼怒，怨恨。

⑦ 君子：《论语》书中的君子，有时指有德者，有时指有位者。此处指孔子理想中具有高尚人格的人。

有子曰①："其为人也孝弟②，而好犯上者③，鲜矣④；不好犯上，而好作乱者，未之有也⑤。君子务本⑥，本立而道生⑦。孝弟也者，其为仁之本与⑧。"

【注释】

① 有子：孔子的学生，姓有，名若，比孔子小 13 岁，一说小 33 岁。后一说较为可信。《论语》中记载的孔子学生，一般都称字，只有曾参和有若称"子"。因此，许多人认为《论语》即由曾参和有若所著述。

② 孝弟：孝，子女对待父母的正确态度；弟，读音和意义与"悌"（tì）相同，即弟弟对待兄长的正确态度。孝、弟是孔子和儒家特别提倡的两个基本道德规范。旧注说：善事父母曰孝，善事兄长曰弟。

③ 犯上：犯，冒犯。上，指在上位的人。

④ 鲜（xiǎn）：少的意思。《论语》书中的"鲜"字，都是如此用法。

⑤ 未之有也：此为"未有之也"的倒装句型。古代汉语的句法有一条规律，否定句的宾语若为代词，一般置于动词之前。

⑥ 务本：务，专心、致力于。本，根本。

⑦ 道：在中国古代思想里，道有多种含义。此处的道，指孔子提倡的仁道，即以仁为核心的整个道德思想体系及其在实际生活的体现。简单讲，就是治国做人的基本原则。

⑧ 为仁之本：仁是孔子哲学思想的最高范畴，又是伦理道德准则。为仁之本，即以孝悌作为仁的根本。还有一种解释，认为古代的"仁"就是"人"字，为仁之本即做人的根本。

子曰："巧言令色①，鲜矣仁。"

【注释】

① 巧言令色：朱熹注曰："好其言，善其色，致饰于外，务以说人。"巧和令都是美好的意思。但此处应释为装出和颜悦色的样子。

曾子曰①："吾日三省吾身②。为人谋而不忠乎③？与朋友交而不信乎④？传不习乎⑤？"

【注释】

① 曾子：曾子姓曾名参（shēn），字子舆，生于公元前 505 年，鲁国人，是被鲁国灭亡了的鄫国贵族的后代。曾参是孔子的得意门生，以孝出名。据说《孝经》就是他撰写的。

② 三省：省（xǐng），检查、察看。三省有几种解释：一是三次检查；二是从三个方面检查；三是多次检查。古代在有动作性的动词前加上数字，表示动作频率高，不必认定为三次。

③ 忠：旧注曰，尽己之谓忠。此处指对人应当尽心竭力。

④ 信：旧注曰，信者，诚也。以诚实之谓信。要求人们按照礼的规定相互守信，以调整人们之间的关系。

⑤ 传不习：传，旧注曰，"受之于师谓之传"。老师传授给自己的。习，与"学而时习之"的"习"字一样，指温习、实习、演习等。

子曰："君子，不重则不威①；学则不固②。主忠信③。无友不如己者④；过则勿惮改⑤。"

【注释】

　　① 重：庄重、自持。

　　② 学则不固：有两种解释：一是作牢固解，与上句相连，不庄重就没有威严，所学也不牢固；二是作固陋解，喻人见闻少，学了就可以不固陋。

　　③ 主忠信：以忠信为主。

　　④ 无：通"毋"，"不要"的意思。不如己：一般解释为不如自己。另一种解释说，"不如己者，不类乎己，所谓'道不同不相为谋'也。"把"如"解释为"类似"。后一种解释更为符合孔子的原意。

　　⑤ 过：过错、过失。惮（dàn）：害怕、畏惧。

子禽问于子贡曰①：夫子至于是邦也②，必闻其政，求之与，抑与之与③？"子贡曰："夫子温、良、恭、俭、让以得之④。夫子之求之也，其诸异乎人之求之与⑤？"

【注释】

　　① 子禽：姓陈名亢，字子禽。郑玄所注《论语》说他是孔子的学生，但《史记·仲尼弟子列传》未载此人，故一说子禽非孔子学生。子贡：姓端木名赐，字子贡，卫国人，比孔子小 31 岁，是孔子的学生，生于公元前 520 年。子贡善辩，孔子认为他可以做大国的宰相。据《史记》记载，子贡在卫国做了商人，家有财产千金，成了有名的商业家。

　　② 夫子：这是古代的一种敬称，凡是做过大夫的人都可以取得这一称谓。孔子曾担任过鲁国的司寇，所以他的学生们称他为"夫子"。后因此沿袭以称呼老师。《论语》书中所说的"夫子"，都是孔子的学生对他的称呼。邦：指当时割据的诸侯国家。

　　③ 抑：表示选择的文言连词，有"还是"的意思。

　　④ 温、良、恭、俭、让：就字面理解即为温顺、善良、恭敬、俭朴、谦让。这是孔子的弟子对他的赞誉。

　　⑤ 其诸：语气词，有"大概""或者"的意思。

子曰："君子食无求饱，居无求安，敏于事而慎于言，就有道而正焉①，可谓好学也已。"

【注释】

　　① 就：靠近、看齐。有道：指有道德的人。正：匡正、端正。

为政篇第二

子曰："吾十有五而志于学①，三十而立②，四十而不惑③，五十而知天命④，六十而耳顺⑤，七十而从心所欲不逾矩⑥。"

【注释】

① 有：同"又"。

② 立：自立于世。

③ 不惑：对自己的原则坚定，不疑惑。

④ 天命：指不能为人力所支配的事情。

⑤ 耳顺：对此有多种解释。一般而言，指对那些于己不利的意见也能正确对待。

⑥ 从心所欲不逾矩：从，遵从的意思；逾，越过；矩，规矩。

子夏问孝，子曰："色难①。有事，弟子服其劳②；有酒食，先生馔③，曾是以为孝乎？"

【注释】

① 色难：色，脸色。难，不容易的意思。

② 服劳：服，从事、扛负。服劳即服侍。

③ 先生：先生指长者或父母；前面说的弟子，指晚辈、儿女等。馔（zhuàn）：意为饮食、吃喝。

子曰："温故而知新①，可以为师矣。"

【注释】

① 温故而知新：故，旧的。新，刚刚学到的知识。

子贡问君子。子曰："先行其言而后从之。"

子曰："君子周而不比①，小人比而不周②。"

【注释】

① 周：合群。比（bì），勾结。

② 小人：没有道德修养的人。

子曰："人而无信，不知其可也。大车无輗①，小车无軏②，其何以行之哉？"

【注释】

① 輗（ní）：古代大车辕端与横木相连接的关键。大车指的是牛车。

② 軏（yuè）：古代车辕前端与横木相连接的关键。没有輗和軏，车就不能走。

八佾篇第三

子曰："君子无所争，必也射乎①！揖让而升②，下而饮，其争也君子。"

【注释】

　　① 射：原意为射箭。此处指古代的射礼。

　　② 揖：拱手行礼，表示尊敬。

　　子谓《韶》①："尽美矣②，又尽善也③。"谓《武》④："尽美矣，未尽善也。"

【注释】

　　① 《韶》：相传是古代歌颂虞舜的一种乐曲。

　　② 美：指乐曲的音调、舞蹈的形式而言。

　　③ 善：指乐舞的思想内容而言。

　　④ 《武》：相传是歌颂周武王的一种乐曲。

里仁篇第四

　　子曰："唯仁者能好人①，能恶人②。"

【注释】

　　① 好（hào）：喜爱的意思。作动词。

　　② 恶（wù）：憎恶、讨厌。作动词。

　　子曰："朝闻道，夕死可矣。"

　　子曰："放于利而行①，多怨②。"

【注释】

　　① 放（fǎng）：同"仿"，效法，引申为追求。

　　② 怨：别人的怨恨。

　　子曰："不患无位，患所以立；不患莫己知，求为可知也。"

　　子曰："君子喻于义，小人喻于利。"

　　子曰："见贤思齐焉，见不贤而内自省也。"

　　子曰："君子欲讷于言而敏①于行。"

【注释】

　　① 讷：迟钝。这里指说话要谨慎。敏：敏捷、快速的意思。

公冶长篇第五

子贡问曰："孔文子何以谓之文也①？"子曰："敏而好学②，不耻下问，是以谓之文也。"

【注释】

① 孔文子：卫国大夫孔圉（yǔ），"文"是谥号，"子"是尊称。

② 敏：敏捷、勤勉。

子曰："伯夷、叔齐不念旧恶①，怨是用希②。"

【注释】

① 伯夷、叔齐：商朝末年孤竹君的两个儿子。父亲死后，二人互相让位，都逃到周文王那里。周武王起兵伐纣，他们认为这是以臣弑君，是不忠不孝的行为，曾加以拦阻。周灭商统一天下后，他们以吃周朝的粮食为耻，逃进深山中以野草充饥，饿死在首阳山中。

② 希：同"稀"。

雍也篇第六

哀公问："弟子孰为好学？"孔子对曰："有颜回者好学，不迁怒①，不贰过②。不幸短命死矣。今也则亡③，未闻好学者也。"

【注释】

① 不迁怒：不把对此人的怒气发泄到彼人身上。

② 不贰过："贰"是重复、一再的意思。这是说不犯同样的错误。

③ 亡：同"无"。

子曰："质胜文则野①，文胜质则史②。文质彬彬③，然后君子。"

【注释】

① 质：朴实、自然，无修饰的。文：文采，经过修饰的。野：此处指粗鲁、鄙野，缺乏文采。

② 史：言词华丽，这里有虚伪、浮夸的意思。

③ 彬彬：形容配合适当。

子曰："知者乐水，仁者乐山；知者动，仁者静；知者乐，仁者寿。"

述而篇第七

子曰："默而识之①，学而不厌，诲人不倦②，何有于我哉③？"

【注释】

① 识（zhì）：记住的意思。

② 诲：教诲。

③ 何有于我哉：对我有什么难呢？

子曰："不愤不启①，不悱不发②。举一隅不以三隅反③，则不复也。"

【注释】

① 愤：苦思冥想而仍然领会不了的样子。

② 悱（fěi）：想说又不能明确说出来的样子。

③ 隅（yǔ）：角落。

子曰："饭疏食饮水①，曲肱而枕之②，乐亦在其中矣。不义而富且贵，于我如浮云。"

【注释】

① 饭疏食：饭，这里是"吃"的意思，作动词。疏食，即粗粮。

② 曲肱：肱（gōng），胳膊，由肩至肘的部位。曲肱，即弯着胳膊。

叶公问孔子于子路①，子路不对。子曰："女奚不曰：其为人也，发愤忘食，乐以忘忧，不知老之将至云尔②。"

【注释】

① 叶公：叶（shè）。叶公姓沈名诸梁，楚国的大夫，封地在叶城（今河南叶县南），所以叫叶公。

② 云尔：云，代词，如此的意思。尔同"耳"，而已，罢了。

子曰："仁远乎哉？我欲仁，斯仁至矣。"

子曰："君子坦荡荡①，小人长戚戚②。"

【注释】

① 坦荡荡：心胸宽广、开阔、容忍。

② 长戚戚：经常忧愁、烦恼的样子。

泰伯篇第八

曾子有疾，孟敬子问之①。曾子言曰："鸟之将死，其鸣也哀；人之将死，其言也善。君子所贵乎道者三：动容貌②，斯远暴慢矣③；正颜色④，斯近信矣；出辞气⑤，斯远鄙倍矣⑥。笾豆之事⑦，则有司存③。"

【注释】

  ① 孟敬子：即鲁国大夫孟孙捷。问：探望、探视。

  ② 动容貌：使自己的内心感情表现于面容。

  ③ 暴慢：粗暴、放肆。

  ④ 正颜色：使自己的脸色庄重严肃。

  ⑤ 出辞气：出言，说话。指注意说话的言辞和口气。

  ⑥ 鄙倍：鄙，粗野。倍同"背"，背理。

  ⑦ 笾（biān）豆之事：笾（biān）和豆都是古代祭祀和典礼中的用具。

  ⑧ 有司：指主管某一方面事务的官吏，这里指主管祭祀、礼仪事务的官吏。

  曾子曰："以能问于不能，以多问于寡，有若无，实若虚；犯而不校①。昔者吾友尝从事于斯矣②。"

【注释】

  ① 校（jiào）：同"较"，计较。

  ② 吾友：我的朋友。旧注上一般都认为这里指颜渊。

  曾子曰："士不可以不弘毅①，任重而道远。仁以为己任，不亦重乎？死而后已，不亦远乎？"

【注释】

  ① 弘毅：宽宏坚毅。弘，广大。毅，强毅。

子罕篇第九

  颜渊喟然叹曰①："仰之弥高②，钻之弥坚③，瞻之在前④，忽焉在后。夫子循循然善诱人⑤，博我以文，约我以礼，欲罢不能。既竭吾才，如有所立卓尔⑥。虽欲从之，末由也已⑦。"

【注释】

  ① 喟（kuì）然：叹息的样子。

  ② 弥：更加，越发。

  ③ 钻：钻研。

  ④ 瞻（zhān）：视、看。

  ⑤ 循循然善诱人：循循然，有次序地。诱，劝导，引导。

  ⑥ 卓尔：高大、超群的样子。

⑦ 末由：末，无、没有。由，途径，路径。这里是没有办法的意思。

子在川上曰："逝者如斯夫，不舍昼夜。"

子曰："后生可畏，焉知来者之不如今也？四十、五十而无闻焉，斯亦不足畏也已。"

子曰："三军可夺帅也①，匹夫不可夺志也②。"

【注释】

　　① 三军：古时 12 500 人为一军，三军包括大国所有的军队。此处言其多。
　　② 匹夫：平民百姓，主要指男子。

子曰："岁寒，然后知松柏之后凋也。"

子曰："知者不惑，仁者不忧，勇者不惧。"

先进篇第十一

　　子贡问："师与商也孰贤①？"子曰："师也过，商也不及。"曰："然则师愈与②？"
子曰："过犹不及。"

【注释】

　　① 师与商：师，颛孙师，即子张。商，卜商，即子夏。
　　② 愈：胜过，强些。

　　子张问善人之道①，子曰："不践迹②，亦不入于室③。"

【注释】

　　① 善人：指本质善良但没有经过学习的人。
　　② 践迹：迹，脚印。踩着前人的脚印走。
　　③ 入于室：比喻学问和修养达到了精深地步。

　　子路问："闻斯行诸①？"子曰："有父兄在，如之何其闻斯行之？"冉有问："闻斯行
诸？"子曰："闻斯行之。"公西华曰："由也问闻斯行诸，子曰，'有父兄在'；求也问闻斯
行诸，子曰，'闻斯行之'。赤也惑，敢问。"子曰："求也退，故进之；由也兼人②，故退之。"

【注释】

　　① 诸："之乎"二字的合音。

② 兼人：好勇过人。

颜渊篇第十二

仲弓问仁。子曰："出门如见大宾，使民如承大祭①；己所不欲，勿施于人；在邦无怨，在家无怨②。"仲弓曰："雍虽不敏，请事斯语矣③。"

【注释】

① 出门如见大宾，使民如承大祭：这句话是说，出门办事和役使百姓，都要像迎接贵宾和进行大祭时那样恭敬严肃。

② 在邦无怨，在家无怨：邦，诸侯统治的国家。家，卿大夫统治的封地。

③ 事：从事，照着去做。

司马牛问仁①。子曰："仁者，其言也讱②。"曰："其言也讱，斯谓之仁已乎③？"子曰："为之难，言之得无讱乎？"

【注释】

① 司马牛：姓司马名耕，字子牛，孔子的学生。

② 讱（rèn）：话难说出口。这里引申为说话谨慎。

③ 斯：就。

司马牛问君子。子曰："君子不忧不惧。"曰："不忧不惧，斯谓之君子已乎？"子曰："内省不疚，夫何忧何惧？"

子曰："君子成人之美，不成人之恶。小人反是。"

子路篇第十三

子曰："其身正，不令而行；其身不正，虽令不从。"

子曰："君子泰而不骄，小人骄而不泰。"

子夏为莒父①宰，问政。子曰："无欲速，无见小利。欲速则不达，见小利则大事不成。"

【注释】

① 莒（jǔ）父：鲁国的一个城邑，在今山东省莒县境内。

宪问第十四

子曰："不在其位，不谋其政。"

曾子曰：“君子思不出其位。”

子曰：“君子道者三，我无能焉：仁者不忧，知者不惑，勇者不惧。”子贡曰：“夫子自道也。”

子曰：“不患人之不己知，患其不能也。”

卫灵公篇第十五

子曰：“可与言而不与之言，失人；不可与言而与言，失言。知者不失人，亦不失言。”

子曰：“志士仁人，无求生以害仁，有杀身以成仁。”

子曰：“人无远虑，必有近忧。”

子贡问曰：“有一言而可以终身行之者乎？”子曰：“其恕乎！己所不欲，勿施于人。”
子曰：“吾尝终日不食，终夜不寝，以思，无益，不如学也。”
子曰：“当仁，不让于师。”

季氏篇第十六

孔子曰：“益者三友，损者三友。友直，友谅①，友多闻，益矣。友便辟②，友善柔③，友便佞④，损矣。”

【注释】
① 谅：诚信。
② 便辟：惯于走邪道。
③ 善柔：善于和颜悦色骗人。
④ 便佞：惯于花言巧语。

孔子曰：“君子有三戒：少之时，血气未定，戒之在色；及其壮也，血气方刚，戒之在斗；及其老也，血气既衰，戒之在得。”

孔子曰：“君子有九思：视思明，听思聪，色思温，貌思恭，言思忠，事思敬，疑思问，忿思难，见得思义。”

阳货篇第十七

子曰：“性相近也，习相远也。”

子曰："道听而涂说，德之弃也。"

子曰："恶紫之夺朱也，恶郑声之乱雅乐也，恶利口之覆邦家者。"

子贡曰："君子亦有恶乎①？"子曰："有恶。恶称人之恶者，恶居下流而讪上者②，恶勇而无礼者，恶果敢而窒者③。"曰："赐也亦有恶乎？""恶徼以为知者④，恶不孙以为勇者⑤，恶讦以为直者⑥。"

【注释】

① 恶（wù）：厌恶。
② 下流：下等的，在下的。讪（shàn）：诽谤。
③ 窒：阻塞，不通事理，顽固不化。
④ 徼：窃取，沙袭。知：同"智"。
⑤ 孙：同"逊"。
⑥ 讦（jié）：攻击、揭发别人。

微子篇第十八

楚狂接舆歌而过孔子曰："凤兮凤兮！何德之衰？往者不可谏，来者犹可追。已而已而！今之从政者殆而！"孔子下，欲与之言。趋而辟之，不得与之言。

子张篇第十九

子夏曰："日知其所亡，月无忘其所能，可谓好学也已矣。"

子贡曰："君子之过也，如日月之食焉。过也，人皆见之；更也，人皆仰之。"

尧曰篇第二十

孔子曰："不知命，无以为君子也；不知礼，无以立也；不知信，无以知人也。"

（四）《老子》

道，可道也①，非恒道也②；名，可名也③，非恒名也。无名④，万物之始也；有名⑤，万物之母也⑥。故恒无欲也⑦，以观其眇⑧；恒有欲也，以观其所噭⑨。此两者同出而异名，同谓之玄⑩，玄之又玄⑪，众妙之门⑫。

【注释】

① 第一个"道"是名词，指的是宇宙的本原和实质，引申为原理、原则、真理、规律等。第二个"道"是动词，指解说、表述，犹言"说得出"。

② 恒：一般的，普通的。

③ 第一个"名"是名词，指"道"的形态。第二个"名"是动词，说明的意思。

④ 无名：指无形。

⑤ 有名：指有形。

⑥ 母：母体，根源。

⑦ 恒：经常。

⑧ 妙：微妙的意思。

⑨ 噭：孔穴，引申为产生。

⑩ 谓：称谓。此为"指称"。

⑪ 玄：深黑色，玄妙深远的含义。

⑫ 门：一切奥妙变化的总门径，此用来比喻宇宙万物的唯一原"道"的门径。

天地不仁，以万物为刍狗①；圣人不仁，以百姓为刍狗。天地之间，其犹橐龠乎②？虚而不屈③，动而俞出④。多言数穷⑤，不若守于中⑥。

【注释】

① 刍（chú）狗：用草扎成的狗。古代专用于祭祀之中，祭祀完毕，就把它扔掉或烧掉。比喻轻贱无用的东西。在本文中比喻：天地对万物，圣人对百姓都因不经意、不留心而任其自长自消，自生自灭。正如元代吴澄所说："刍狗，缚草为狗之形，祷雨所用也。既祷则弃之，无复有顾惜之意。天地无心于爱物，而任其自生自成；圣人无心于爱民，而任其自作自息，故以刍狗为喻。"

② 犹橐龠（tuóyuè）：犹，比喻词，"如同""好像"的意思。橐龠：古代冶炼时为炉火鼓风用的助燃器具——袋囊和送风管，是古代的风箱。

③ 屈：竭尽，穷尽。

④ 俞：通"愈"，更加的意思。

⑤ 多言数穷：老子认为，话说多了，就会影响、限制和羁绊自己的行为。数：通"速"，是加快的意思。穷：困穷，穷尽到头，无路可行。

⑥ 守中：中，通"冲"，指内心的虚静。守中：守住虚静。

天长地久①。天地所以能长且久者，以其不自生也②，故能长生。是以圣人后其身而身先③，外其身而身存④，非以其无私邪⑤？故能成其私。

【注释】

① 天长地久：长、久：均指时间长久。

② 以其不自生也：因为它不为自己生存。以，因为。

③ 身：自身，自己。以下三个"身"字同。先：居先，占据了前位。此是高居人上的意思。

④ 外其身：外，是方位名词作动词用，使动用法，这里是置之度外的意思。

⑤ 邪（yé）：同"耶"，助词，表示疑问的语气。

上善若水①。水善利万物而不争，处众人之所恶②，故几于道③。居，善地；心，善渊④；与，善仁⑤；言，善信；政，善治⑥；事，善能；动，善时⑦。夫唯不争，故无尤⑧。

【注释】

① 上善若水：上，最的意思。上善即最善。这里老子以水的形象来说明"圣人"是道的体现者，因为圣人的言行类似于水，而水德是近于道的。

② 处众人之所恶：即居处于众人所不愿去的地方。

③ 几于道：几，接近。即接近于道。

④ 渊：沉静、深沉。

⑤ 与，善仁：与，指与别人相交相接。善仁，指有修养之人。

⑥ 政，善治：为政善于治理国家，从而取得政绩。

⑦ 动，善时：行为动作善于把握有利的时机。

⑧ 尤：怨咎、过失、罪过。

持而盈之①，不如其已②；揣而锐之③，不可长保④。金玉满堂，莫之能守；富贵而骄，自遗其咎⑤。功遂身退⑥，天之道也⑦。

【注释】

① 持而盈之：持，手执、手捧。此句意为持执盈满，自满自骄。

② 不如其已：已，止。不如适可而止。

③ 揣而锐之：把铁器磨得又尖又利。揣，捶击的意思。

④ 长保：不能长久保存。

⑤ 咎：过失、灾祸。

⑥ 功遂身退：功成名就之后，不再身居其位，而应适时退下。"身退"并不是退隐山林，而是不居功贪位。

⑦ 天之道：指自然规律。

五色令人目盲①；五音令人耳聋②；五味令人口爽③；驰骋畋猎④，令人心发狂⑤；难得之货，令人行妨⑥；是以圣人为腹不为目⑦，故去彼取此⑧。

【注释】

① 五色：指青、黄、赤、白、黑。此指色彩多样。目盲：比喻眼花缭乱。

② 五音：指宫、商、角、徵、羽。这里指多种多样的音乐声。耳聋：比喻听觉不灵敏，分不清五音。

③ 五味：指酸、苦、甘、辛、咸。这里指多种多样的美味。口爽：意思是味觉失灵，生了口病。

④ 驰骋：纵横奔走，比喻纵情放荡。畋猎：打猎获取动物。畋（tián），打猎的意思。

⑤ 心发狂：心旌放荡而不可制止。

⑥ 行妨：伤害操行。妨，妨害、伤害。

⑦ 为腹不为目：只求温饱安宁，而不为纵情声色之娱。"腹"在这里代表一种简朴宁静的生活方式；"目"代表一种巧伪多欲的生活方式。

⑧ 去彼取此：摒弃物欲的诱惑，而保持安定知足的生活。"彼"指"为目"的生活；"此"指"为腹"的生活。

宠辱若惊①，贵大患若身②。何谓宠辱若惊？宠为下③，得之若惊，失之若惊，是谓宠辱若惊。何谓贵大患若身？吾所以有大患者，为吾有身，及吾无身，吾有何患④？故贵以身为天下，若可寄天下；爱以身为天下，若可托天下⑤。

【注释】

① 宠辱：荣宠和侮辱。

② 贵大患若身：重视自己的身体如同重视祸患一样，意在强调自己的身体。

③ 宠为下：受到宠爱的人是卑下的。

④ 及吾无身，吾有何患：意为如果我没有身体，有什么大患可言呢？

⑤ 此句说明贵身、爱身是能够寄托天下的关键。贵身爱身就是贵己为我，全性保真，唯有如此，才不会轻身徇物，放纵私物，才能爱惜他人生命，遵循自然规律，各安其居，各乐其俗。

致虚极，守静笃①；万物并作②，吾以观复③。夫物芸芸④，各复归其根。归根曰静，静曰复命⑤。复命曰常⑥，知常曰明⑦。不知常，妄作凶。知常容⑧，容乃公，公乃全⑨，全乃天⑩，天乃道，道乃久，没身不殆。

【注释】

① 致虚极，守静笃：虚和静都是形容人的心境是空明宁静的状态，但由于外界的干扰、诱惑，人的私欲开始活动。因此心灵闭塞不安，所以必须注意"致虚"和"守静"，以期恢复心灵的清明。极、笃，意为极度、顶点。

② 作：生长、发展、活动。

③ 复：循环往复。

④ 芸芸：茂盛、纷杂、繁多。

⑤ 归根：根指道，归根即复归于道。静曰：一本作"是谓"。复命：复归本性，重新孕育新的生命。

⑥ 常：指万物运动变化的永恒规律，即守常不变的规则。

⑦ 明：明白、了解。

⑧ 容：宽容、包容。

⑨ 全：周到、周遍。

⑩ 天：指自然的天，或为自然界的代称。

大道废①，有仁义；智慧出②，有大伪；六亲不和③，有孝慈④；国家昏乱，有忠臣。

【注释】

① 大道：指社会政治制度和秩序。
② 智慧：聪明、智巧。
③ 六亲：父子、兄弟、夫妇。
④ 孝慈：一本作"孝子"。

曲则全，枉则直①，洼则盈，敝则新②，少则得，多则惑。是以圣人抱一为天下式③。不自见④，故明⑤；不自是，故彰；不自伐⑥，故有功；不自矜，故长。夫唯不争，故天下莫能与之争。古之所谓"曲则全"者，岂虚言哉？诚全而归之。

【注释】

① 枉：屈、弯曲。
② 敝：凋敝。
③ 抱一：抱，守。一，即道。此意为守道。式：法式，范式。
④ 见（xiàn）：同"现"。
⑤ 明：彰明。
⑥ 伐：夸。

希言自然①。故飘风不终朝②，骤雨不终日③，孰为此者？天地。天地尚不能久，而况于人乎？故从事于道者同于道④；德者同于德；失者同于失⑤。同于道者，道亦乐得之；同于德者，德亦乐得之；同于失者，失亦乐得之。信不足焉，有不信焉！

【注释】

① 希言：字面意思是少说话。此处指统治者少施加政令、不扰民的意思。
② 飘风：大风、强风。
③ 骤雨：大雨、暴雨。
④ 从事于道者：按道办事的人。此处指统治者按道施政。
⑤ 失：指失道或失德。

企者不立①，跨者不行②；自见者不明；自是者不彰；自伐者无功；自矜者不长。其在道也，曰余食赘形③。物或恶之，故有道者不处。

【注释】

① 企：意为抬起脚跟，脚尖着地。

② 跨：跃、越过，阔步而行。

③ 赘形：多余的形体，因饱食而使身上长出多余的肉。

有物混成①，先天地生。寂兮寥兮②，独立而不改③，周行而不殆④，可以为天地母⑤。吾不知其名，强字之曰道⑥，强为之名曰大⑦。大曰逝⑧，逝曰远，远曰反⑨。故道大，天大，地大，人亦大⑩。域中有四大⑪，而人居其一焉。人法地，地法天，天法道，道法自然⑫。

【注释】

① 物：指"道"。混成：混然而成，指浑朴的状态。

② 寂兮寥兮：没有声音，没有形体。

③ 独立而不改：形容"道"的独立性和永恒性，它不靠任何外力而具有绝对性。

④ 周行：循环运行。不殆：不息之意。

⑤ 天地母：一本作"天下母"。母，指"道"，天地万物由"道"而产生，故称"母"。

⑥ 强字之曰道：勉强命名它叫"道"。

⑦ 大：形容"道"是无边无际的、力量无穷的。

⑧ 逝：指"道"的运行周而复始、循环往复、永不停止的状态。

⑨ 反：另一本作"返"。意为返回到原点，返回到原状。

⑩ 人亦大：一本作"王亦大"，意为人乃万物之灵，与天地并立而为三才，即天大、地大、人亦大。

⑪ 域中：即空间之中，宇宙之间。

⑫ 道法自然："道"纯任自然，本来如此。

善行，无辙迹①；善言②，无瑕谪③；善数④，不用筹策⑤；善闭，无关楗而不可开⑥；善结，无绳约而不可解⑦。是以圣人常善救人，故无弃人；常善救物，故无弃物。是谓袭明⑧。故善人者，不善人之师；不善人者，善人之资⑨。不贵其师，不爱其资，虽智大迷，是谓要妙⑩。

【注释】

① 辙迹：轨迹，行车时车轮留下的痕迹。

② 善言：指善于论说者。

③ 瑕谪：过失、缺点、疵病。

④ 数：计算。

⑤ 筹策：古时人们用作计算的器具。

⑥ 关楗：栓梢。古代家户里的门有关，即栓；有楗，即梢，是木制的。

⑦ 绳约：绳索。约，指用绳捆物。

⑧ 袭明：内藏智慧聪明。袭，覆盖之意。

⑨ 资：取资、借鉴的意思。

⑩ 要妙：精要玄妙，深远奥秘。

知其雄①，守其雌②，为天下溪③。为天下溪，常德不离，复归于婴儿④。知其白，守其黑，为天下式⑤，为天下式，常德不忒⑥，复归于无极⑦。知其荣⑧，守其辱⑨，为天下谷⑩。为天下谷，常德乃足，复归于朴⑪。朴散则为器⑫，圣人用之，则为官长⑬，故大制不割⑭。

【注释】

① 雄：比喻刚劲、躁进、强大。
② 雌：比喻柔静、软弱、谦下。
③ 溪：沟溪。
④ 婴儿：象征纯真、稚气。
⑤ 式：楷模、范式。
⑥ 忒：过失、差错。
⑦ 无极：无穷无尽。
⑧ 荣：荣誉、宠幸。
⑨ 辱：侮辱、羞辱。
⑩ 谷：深谷、峡谷，喻胸怀广阔。
⑪ 朴：朴素。指纯朴的原始状态。
⑫ 器：器物。指万事万物。
⑬ 官长：百官的首长，领导者、管理者。
⑭ 大制不割：制，制作器物，引申为政治；割，割裂。此句意为：完整的政治是不割裂的。

将欲取天下而为之①，吾见其不得已②。天下神器③，不可为也，不可执也④。为者败之，执者失之。故物或行或随⑤；或歔或吹⑥；或强或羸⑦；或载或隳⑧。是以圣人去甚、去奢、去泰⑨。

【注释】

① 取：为、治理。为：指有为，靠强力去做。
② 不得已：达不到、得不到。
③ 天下神器：天下，指天下人。神器，神圣的物。
④ 执：掌握、执掌。
⑤ 故：一本作"故"。物：指人，也指一切事物。随：跟随、顺从。
⑥ 歔：轻声和缓地吐气。吹：急吐气。
⑦ 羸：羸弱、虚弱。
⑧ 或载或隳：载，安稳。隳，危险。
⑨ 泰：极、太。

知人者智，自知者明。胜人者有力，自胜者强①。知足者富，强行者有志②，不失其所者久，死而不亡者寿③。

【注释】

① 强：刚强、果决。

② 强行：坚持不懈、持之以恒。

③ 死而不亡：身虽死而"道"犹存。

将欲歙之①，必固张之②；将欲弱之，必固强之；将欲废之，必固兴之；将欲取之③，必固与之④。是谓微明⑤，柔弱胜刚强。鱼不可脱于渊⑥，国之利器不可以示人⑦。

【注释】

① 歙：敛，合。

② 固：暂且。

③ 取：一本作"夺"。

④ 与：给，同"予"字。

⑤ 微明：微妙的先兆。

⑥ 脱：离开、脱离。

⑦ 国之利器不可以示人：利器，指国家的刑法等政教制度。示人，给人看，向人炫耀。

上德不德①，是以有德；下德不失德②，是以无德③。上德无为而无以为④；下德无为而有以为⑤。上仁为之而无以为；上义为之而有以为。上礼为之而莫之应，则攘臂而扔之⑥。故失道而后德，失德而后仁，失仁而后义，失义而后礼。夫礼者，忠信之薄⑦，而乱之首⑧。前识者⑨，道之华⑩，而愚之始。是以大丈夫处其厚⑪，不居其薄⑫；处其实，不居其华。故去彼取此。

【注释】

① 上德不德：不德，不表现为形式上的"德"。此句意为，具备上德的人，顺应自然，不表现为形式上的德。

② 下德不失德：下德的人恪守形式上的"德"，不失德即形式上不离开德。

③ 无德：无法体现真正的德。

④ 上德无为而无以为：以，心、故意。无以为，即无心作为。此句意为：上德之人顺应自然而无心作为。

⑤ 下德无为而有以为：此句与上句相对应，即下德之人顺应自然而有意作为。

⑥ 攘臂而扔之：攘臂，伸出手臂；扔，意为强力牵引。

⑦ 薄：不足、衰薄。

⑧ 首：开始、开端。

⑨ 前识者：先知先觉者，有先见之明者。

⑩ 华：虚华。

⑪ 处其厚：立身敦厚、朴实。

⑫ 薄：指礼之衰薄。

上士闻道，勤而行之；口士闻道，若存若亡；下士闻道，大笑之。不笑不足以为道。故建言有之①：明道若昧，进道若退，夷道若纇②。上德若谷；大白若辱③；广德若不足；建德若偷④；质真若渝⑤。大方无隅⑥；大器晚成；大音希声；大象无形；道隐无名。夫唯道，善贷且成⑦。

【注释】

① 建言：立言。

② 夷道若纇：夷，平坦；纇（lèi），崎岖不平、坎坷曲折。

③ 大白若辱：辱，黑垢，一说此名应在"大方无隅"一句之前。

④ 建德若偷：刚健的德好像怠惰的样子。偷，意为惰。

⑤ 质真若渝：渝，变污。质朴而纯真好像浑浊。

⑥ 大方无隅：隅，角落、墙角。最方正的东西却没有角。

⑦ 善贷且成：贷，施与、给予。引申为帮助、辅助之意。此句意为：道使万物善始善终，而万物自始至终也离不于道。

道生一①，一生二②，二生三③，三生万物。万物负阴而抱阳④，冲气以为和⑤。人之所恶，唯孤、寡、不穀⑥，而三公以为称。故物或损之而益，或益之而损。人之所教，我亦教之。强梁者不得其死，吾将以为教父⑦。

【注释】

① 一：这是老子用以代替道这一概念的数字表示，即道是绝对无偶的。

② 二：指阴气、阳气。"道"的本身包含着对立的两方面。阴阳二气所含育的统一体即是"道"。因此，对立着的双方都包含在"一"中。

③ 三：即是由两个对立的方面相互矛盾冲突所产生的第三者，进而生成万物。

④ 负阴而抱阳：背阴而向阳。

⑤ 冲气以为和：冲，冲突、交融。此句意为阴阳二气互相冲突交和而成为均匀和谐状态，从而形成新的统一体。

⑥ 孤、寡、不穀：这些都是古时候君主用以自称的谦词。

⑦ 教父：父，有的学者解释为"始"，有的解释为"本"，有的解释为"规矩"。有根本和指导思想的意思。

天下之至柔，驰骋天下之至坚①。无有入无间②，吾是以知无为之有益。不言之教，无为之益，天下希及之③。

【注释】

　　① 驰骋：形容马奔跑的样子。

　　② 无有入无间：无形的力量能够穿透没有间隙的东西。无有：指不见形象的东西。

　　③ 希：一本作"稀"，稀少。

　　名与身孰亲？身与货孰多^①？得与亡孰病^②？甚爱必大费^③，多藏必厚亡^④。故知足不辱^⑤，知止不殆，可以长久。

【注释】

　　① 多：轻重的意思；货，财富。

　　② 得：指名利；亡，指丧失性命；病，有害。

　　③ 甚爱必大费：过于爱名就必定要付出很大的代价。

　　④ 多藏必厚亡：丰厚的藏货就必定会招致惨重的损失。

　　⑤ 知足不辱：今本没有"故"字，据帛书补之。

　　天下有道，却走马以粪^①，天下无道，戎马生于郊^②。祸莫大于不知足；咎莫大于欲得。故知足之足，常足矣。^③

【注释】

　　① 却：屏去，退回。走马以粪：粪，耕种，播种。此句意为用战马耕种田地。

　　② 戎马：战马。生于郊：指牝马生驹于战地的郊外。

　　③ 故知足之足，常足矣：知道满足的这种满足，是永远满足的。

　　不出户，知天下；不窥牖^①，见天道^②。其出弥远，其知弥少。是以圣人不行而知，不见而明^③，不为而成^④。

【注释】

　　① 窥牖：窥，从小孔隙里看；牖（yǒu），窗户。

　　② 天道：日月星辰运行的自然规律。

　　③ 不见而明：一本作"不见而名"。此句意为不窥见而明天道。

　　④ 不为：无为、不妄为。

　　圣人常无心^①，以百姓之心为心。善者，吾善之；不善者，吾亦善之，德善^②。信者，吾信之；不信者，吾亦信之，德信。圣人在天下，歙歙焉为天下浑其心^③，百姓皆注其耳目^④，圣人皆孩之^⑤。

【注释】

　　① 常无心：一本作"无常心"。意为长久保持无私心。

② 德：假借为"得"。

③ 歙（xī）：意为吸气。此处指收敛意欲。浑其心：使人心思化归于浑朴。

④ 百姓皆注其耳目：百姓都使用自己的智谋，生出许多事端。

⑤ 圣人皆孩之：圣人使百姓们都回复到婴孩般纯真质朴的状态。

　　知者不言，言者不知[1]。塞其兑，闭其门[2]；挫其锐，解其纷；和其光，同其尘[3]，是谓玄同[4]。故不可得而亲，不可得而疏；不可得而利，不可得而害；不可得而贵，不可得而贱。[5]故为天下贵。

【注释】

① 知者不言，言者不知：此句是说，知道的人不说，爱说的人不知道。另一种解释是，聪明的人不多说话，到处说长论短的人不聪明。还有一种解释是，得"道"的人不强施号令，一切顺乎自然；强施号令的人却没有得"道"。此处采用第二种解释。

② 塞其兑，闭其门：塞者嗜欲的孔窍，关闭起嗜欲的门径。

③ 挫其锐，解其纷；和其光，同其尘：此句意为挫去其锐气，解除其纷扰，平和其光耀，混同其尘世。

④ 玄同：玄妙齐同，此处也是指"道"。

⑤ 不可得而亲，不可得而疏；不可得而利，不可得而害；不可得而贵，不可得而贱：这几句是说"玄同"的境界已经超出了亲疏、利害、贵贱等世俗的范畴。

　　其政闷闷[1]，其民淳淳[2]；其政察察[3]，其民缺缺[4]。祸兮，福之所倚；福兮，祸之所伏。孰知其极：其无正也[5]。正复为奇，善复为妖[6]。人之迷，其日固久[7]。是以圣人方而不割[8]，廉而不刿[9]，直而不肆[10]，光而不耀[11]。

【注释】

① 闷闷：昏昏昧昧的状态，有宽厚的意思。

② 淳淳：一本作"沌沌"，淳朴厚道的意思。

③ 察察：严厉、苛刻。

④ 缺缺：狡黠、抱怨、不满足之意。

⑤ 其无正也：正，标准、确定；其，指福、祸变换。此句意为：它们并没有确定的标准。

⑥ 正复为奇，善复为妖：正，方正、端正；奇，反常、邪；善，善良；妖，邪恶。这句话意为：正的变为邪的，善的变成恶的。

⑦ 人之迷，其日固久：人迷惑于祸、福之门，而不知其循环相生之理者，其为时日必已久矣。（严灵峰释语）

⑧ 方而不割：方正而不割伤人。

⑨ 廉而不刿：廉，锐利；刿，割伤。此句意为：锐利而不伤害人。

⑩ 直而不肆：直率而不放肆。

⑪ 光而不耀：光亮而不刺眼。

其安易持，其未兆易谋；其脆易泮①，其微易散。为之于未有，治之于未乱。合抱之木，生于毫末②；九层之台，起于累土③；千里之行，始于足下。为者败之，执者失之④。是以圣人无为故无败，无执故无失⑤。民之从事，常于几成而败之。慎终如始，则无败事。是以圣人欲不欲，不贵难得之货，学不学⑥，复众人之所过，以辅万物之自然而不敢为⑦。

【注释】

① 其脆易泮：泮，散，解。物品脆弱就容易消解。

② 毫末：细小的萌芽。

③ 累土：堆土。

④ 为者败之，执者失之：一说是二十九章错简于此。

⑤ 是以圣人无为故无败，无执故无失：此句仍疑为二十九章错简于本章。

⑥ 学：这里指办事有错的教训。

⑦ 而不敢为：此句也疑为错简。

江海所以能为百谷王者①，以其善下之，故能为百谷王。是以圣人欲上民②，必以言下之；欲先民，必以身后之。是以圣人处上而民不重③，处前而民不害。是以天下乐推而不厌。以其不争，故天下莫能与之争。

【注释】

① 百谷王：百川峡谷所归附。

② 圣人：一本无此二字。

③ 重：累、不堪重负。

勇于敢则杀，勇于不敢则活①。此两者，或利或害②。天之所恶，孰知其故？是以圣人犹难之③。天之道④，不争而善胜，不应而善应，不召而自来，坦然而善谋⑤。天网恢恢⑥，疏而不失⑦。

【注释】

① 勇于敢则杀，勇于不敢则活：敢，勇敢、坚强；不敢，柔弱、软弱。此句意为勇于坚强就会死，勇于柔弱就可以活命。

② 或利或害：勇于柔弱则利，勇于坚强则害。

③ 是以圣人犹难之：此句已见于六十三章。

④ 天之道：指自然的规律。

⑤ 坦然：安然。

⑥ 天网恢恢：天网指自然的范围；恢恢，广大、宽广无边。

⑦ 疏而不失：虽然宽疏但并不漏失。

人之生也柔弱①，其死也坚强②。草木之生也柔脆③，其死也枯槁④。故坚强者死之徒⑤，柔弱者生之徒⑥。是以兵强则灭，木强则折⑦。故强大处下，柔弱处上。

【注释】

① 柔弱：指人活着的时候身体是柔软的。
② 坚强：指人死了以后身体就变成僵硬的了。
③ 草木：一本在此之前有"万物"二字。柔脆：指草木形质的柔软脆弱。
④ 枯槁：用以形容草木的干枯。
⑤ 死之徒：徒，类的意思，属于死亡的一类。
⑥ 生之徒：属于生存的一类。
⑦ 兵强则灭，木强则折：一本作"兵强则不胜，木强则兵"。

天下莫柔弱于水，而攻坚强者莫之能胜，以其无以易之①。弱之胜强，柔之胜刚，天下莫不知，莫能行。是以圣人云："受国之垢②，是谓社稷主；受国不祥③，是为天下王。"正言若反④。

【注释】

① 无以易之：易，替代、取代。意为没有什么能够代替它。
② 受国之垢：垢，屈辱。意为承担全国的屈辱。
③ 受国不祥：不祥，灾难，祸害。意为承担全国的祸难。
④ 正言若反：正面的话好像反话一样。

小国寡民①。使有什伯之器而不用②；使民重死而不远徙③；虽有舟舆④，无所乘之；虽有甲兵⑤，无所陈之⑥。使人复结绳而用之⑦。至治之极。甘其食⑧，美其服，安其居，乐其俗，邻国相望，鸡犬之声相闻，民至老死不相往来。

【注释】

① 小国寡民：小，使……变小；寡，使……变少。此句意为，使国家变小，使人民稀少。
② 使：即使。什伯之器：各种各样的器具。什伯，意为极多，多种多样。
③ 重死：看重死亡，即不轻易冒着生命危险去做事。徙：迁移、远走。
④ 舆：车子。
⑤ 甲兵：武器装备。
⑥ 陈：陈列。此句引申为布阵打仗。
⑦ 结绳：文字产生以前，人们以绳记事。
⑧ 甘其食，美其服，安其居，乐其俗：使人民吃得香甜，穿得漂亮，住得安适，

过得习惯。

　　信言不美①，美言不信。善者不辩②，辩者不善。知者不博③，博者不知。圣人不积④，既以为人己愈有⑤，既以与人己愈多⑥。天之道，利而不害⑦。圣人之道⑧，为而不争。

【注释】

　　① 信言：真实可信的话。

　　② 善者：言语行为善良的人。辩：巧辩、能说会道。

　　③ 博：广博、渊博。

　　④ 圣人不积：有道的人不自私，没有占有的欲望。

　　⑤ 既以为人己愈有：用自己已有的一切来帮助别人，自己反而更充实。

　　⑥ 多：与"少"相对，此处意为"丰富"。

　　⑦ 利而不害：使在万物得到好处而不伤害万物。

　　⑧ 圣人之道：圣人的行为准则。

相关链接

汉字与中国传统文化中的儒释道精神

　　中国传统文化博大精深，其核心是儒、释、道精神。汉字作为记录汉语的视觉符号，本身就是中国传统文化信息的载体。在当今社会，有些年轻人不认识繁体字，无法读懂古代优秀典籍，网络新词不断地被创造，很多汉字的字义已经和原义相去甚远。很多人崇尚西方文化，无视中国传统文化，丢弃传统伦理道德，人生观、价值观出现扭曲，凡此种种表明应用好汉字，传承中国传统文化格外重要。

　　一、汉字传达了中国传统文化中的儒释道精神

　　汉字本身记载了中国传统文化的典籍，如《弟子规》《论语》《道德经》等。东汉时期，佛教传入中国，佛教文化逐渐融入中国传统文化中，几千年来，中国古代典籍得以流传，中华民族的文化一脉相承，汉字起了很重要的作用。

　　1. 汉字与儒家思想

　　汉字是以笔画和偏旁作基本结构单位的表意文字，与西方表音文字不同，中国文字直观、形象，如"儒"字，从"人"从"需"。"需"字，是指在等待着雨水的滋润，"儒"字也指圣贤的思想学问能够安定别人，说服别人，为人所需。

　　中国传统文化中有"百善孝为先"，"孝"字的上边是个"老"字头，下边是"子"，是小孩搀扶着老人的形象，奉养照顾父母的意思。

　　儒家思想中的伦理观念主要是三纲五常。每个人要做到仁、义、礼、智、信。《说文》：仁、亲也，从"人"从"二"。一个人自己站立时要考虑到其他两个人，说明人与人要仁爱；"義"字是会意字。从"我"从"羊"。"我"字代表金属的兵器，说明义行要承担风险和责任，献祭的"羊"有奉献的精神。"禮"字是会意字。《说文》："禮，履也。所以事神致福也。"引申为对别人的尊重和奉献精神。智，从"知"。

"知"是会意字，从"矢"从"口"。"矢"是象形字，本意是箭，引申为正直、端正，同时如箭发而无悔。"知"是智的古字。通晓天地之道、深明人生哲理是智。"信"是会意字，从"人"从"言"。信的本义是指人的言行应诚实不欺诈。

2. 汉字与道教

"道"字，《说文》：道，所行道也。从辵（chuò），畬（dé）声。人通过头顶与天道相通，天人合一就是道。"德"字，《说文》：德，升也。形声。从彳（chì），"彳"，双人旁，有众人之义，表示行走、实践。"一"横为东西，"丨"竖为南北，四方中央皆备。在这里为十种善心：忠孝心、好善心、慈悲心、平等心、博爱心、教化心、忠恕心、和蔼心、忍耐心、勇猛心。这个"四"，是一只眼睛向天上看，表示尊天德之道而行，"非礼勿言、非礼勿听、非礼勿视、非礼勿行"。"德"字的本义，有升华心灵品格的意思，一心一意去实践才称得上是德。

3. 汉字与佛教

佛：梵文为 buddha，音译为"佛陀"的简称。意译为"觉者""知者""觉"。"觉"有三义：自觉、觉他、觉行圆满。小乘讲的"佛"，一般是用作对释迦牟尼的尊称。"佛"：属象形字，也属表意字。"弗"作"不"解，说明不同常人才能成佛。"悟"：吾心之意，佛陀是通过自我觉悟才得以成道。

二、儒释道精神对中国汉字的影响

中国的汉字外形现在是方块，甲骨文、金文却不是。从周朝后期开始，汉字字形逐渐变方，说明中国文字受到了儒家文化中庸之道的影响。

"示"甲骨文本作"示"，像祭台形状。后来在横上又加了一横，表示在天上方；下边的竖也加了两条，变成三竖，明确表示出是日月星三神。这是许慎的解释。

佛教创造了很多新字，比如"魔"字，中国原没有这个字，因为"魔"指恶鬼，以"鬼"为表意偏旁，读音与"麻"字相近，所以就成了"魔"。古人从译经悟出反切，研习梵语，对语音声、韵有了深入研究，形成汉语语音学基础。现在有许多佛教"术语"成为日常用语，比如："世界"出自《楞严经》，"世"指时间，"界"指空间。"实际"出自《智度论》，指"真如"（宇宙本体）。

三、正确运用儒释道精神解读中国汉字的意义

比如数字"三"可表示定数，也可表示约数，从中国传统文化上讲，三表示多，但也不一定，"三番两次"表多，"三言两语"表示少。"三羊开泰"本来是"三阳开泰"，《汉语成语词典》解释："《易经》以十一个月为复卦，一阳生于下；十二个月为临卦，二阳生于下；正月为泰卦，三阳生于下。指冬去春来，阴消阳长，是吉利的象征。"《易经》以正月为泰卦，古人认为是阴气渐去阳气始生。农历十一月白昼渐长，故认为冬至是"一阳生"，十二月是"二阳生"，正月则是"三阳开泰"。"三阳"是序数"三"，"三羊"是统数，同音借用，表示安泰吉祥。

如果不从儒释道精神角度理解字义容易偏离。比如"好"字，现代人以为女子就是好，其实"好"是会意。从"女"从"子"。"女"的古字像个双手交叉在胸前跪在地上的女人，生孩子多是"好"的意思，不好的意思是和女子联系起来的，比如"奴"

"婪""佞""奸""娼妓""嫉妒"。女子待在家里才平安，所以"安"上为"宀"，下为"女"。"妥"上为"手（爪）"，下为"女"，得到女子严加管束才安妥。"无毒不丈夫"从中国的传统文化儒释道精神去理解，也许正确的解释应该是"无度不丈夫"。

四、用好汉字，传承中国传统文化

五四运动时期有人主张废除汉字，终未成功。第二次汉字简化被取消了，是因为很多汉字不能简化，更不能取消，比如：曾将"道"字的"首"简化成"刀"字加上一个"辶"，完全失去了传统文化的内涵；"義"改成了以兵器割草取籽粒的"义"，缺乏奉献精神。简化字的"礼"，"乚"像拿着钓鱼钩沽名钓誉；"信"字，曾将"言"字边简化成"文"字，失去了诚信之意。

汉字不仅是记录语言的工具，我们还可以把它作为艺术品来欣赏，更可以作为一种文化、一种道德进行教化。汉字简化的同时，一些能够突出代表中国传统文化的汉字，如果不是太繁杂，难于书写理解，还是应该保持本来面目。理解汉字不妨从中国传统的儒释道精神入手，应用好汉字，将中国传统文化传承下去。

（本文选自：王丽滨、曹晨光《现代语文（学术综合）》2012 年第 3 期）

思考与练习

1. 背诵《诫子书》和《弟子规》。

2. 诸葛亮为什么要写《诫子书》？《诫子书》表达了作者怎样的思想？

3. 儿童教育专家王立华说，"《弟子规》是清朝康熙年间的秀才李毓秀所作，是当时皇权、神权下的产物，满族人以几十万人统治亿万汉族人，统治者需要顺民、傀儡、奴隶，所以《弟子规》一诞生，就受到皇家大力追捧。主题就是听话，无条件地服从。只强调无条件地服从，就会产生十分有害的后果，人的本性会因此而受到严重的压抑，只会变成温顺听话的奴仆。"所以，王立华反对儿童读《弟子规》。也有人说《弟子规》的核心内容是倡导通过坚持修己爱人达到家庭和睦、社会和谐，是人生第一规，是做人的根本，所以支持儿童读《弟子规》。你支持哪种观点？请同学们分组讨论并将讨论结果向大家汇报。

4. 研读《钱文忠解读〈三字经〉》，写一篇读后感。

5. 简述《幼学琼林》的历史地位与现实价值。

6. 背诵《大学》并简述"修齐治平"的关系以及要达到"修身"需经过的步骤。

7. 人们对中庸有诸多误解，大体上有三种：其一，中庸就是平庸无能；其二，中庸就是软弱的德性，并积久成习；其三，中庸是中国的文化缺陷。请从《中庸》的写作目的、主要原则、正反两方面的影响等内容对这些误解予以反驳。

8. 阿里巴巴集团创始人马云读《道德经》时说："我哪是在读老子，明明是老子在读我，而且他读到了我内心的最深处。"试从思想价值的角度谈谈你读《道德经》后的收获。

第三章
幼儿教师国学素养名篇解读（二）

第一节 声调格律篇

◎ **目标导航**

1. 了解我国古代声律类蒙学代表作《声律启蒙》《笠翁对韵》的主要内容。
2. 理解《声律启蒙》中各种典故的运用。
3. 熟读并背诵《声律启蒙》的上卷。

一、经典导读

汉语是一种富有魅力的语言，这不仅在于汉语语汇丰富，同时也因为汉语音韵和谐、富有音乐性。中国是一个诗的国度，唐代繁盛的近体诗及此后逐渐发展壮大的词、曲等文学样式，都对诗词的音韵格律做出了严格的规范，以期达到形式与内容的完美统一。因此，为了练好写诗作文的基本功，古人十分重视儿童对韵文的学习。清康熙年过士、学者车万育所著的《声律启蒙》和清代文学家、戏曲家李渔所著的《笠翁对韵》便是其中的代表作。两书均采用平声三十韵编写，各韵部分别有单字对、双字对、三字对、五字对、七字对等，声调平仄交替，句句对仗对偶，音韵和谐优美，节奏明快上口，音乐感很强。

《声律启蒙》和《笠翁对韵》不仅韵律优美，而且内容丰富，涉及天文地理、神话典故、时令文史、人伦世俗、宫室珍宝、山川景物、器用饮食、花木鸟兽等。其精妙之处在于两篇韵文的精美语言多来源于古代的诗、词、文、赋，有的是引用原文，有的是化用句意，多蕴含着某种事物或某个典故。

学习诵读《声律启蒙》与《笠翁对韵》，会自然感到韵中有诗，诗中有景，景中有意，意中有事。能感悟到创作诗词曲联的题材的丰富多彩，学会掌握韵律格式的语言修辞技巧，同时能增强我们对中国语言文化的热爱与崇敬。

在本节中，我们节选了《声律启蒙》的上卷内容供同学们诵读学习。

知识拓展

格律知识简介

1. 韵

韵是诗词格律的基本要素之一。诗人在诗词中用韵,叫作押韵。

诗词中所谓韵,大致相当于汉语拼音中的韵母。同韵字就是韵母相同的字。同韵的字都可以押韵。押韵,即同韵的两个或更多的字置于句尾,所以又叫"韵脚"。如:

清 平 调
李 白

名花倾国两相欢,常得君王带笑看。
解释春风无限恨,沉香亭北倚阑干。

在李白的《清平调》中,欢、看、干即为押韵,而第三句没有押韵。

2. 四声

四声,这里指的是古代汉语的四种声调。声调,是汉语的特点。语音的高低、升降、长短构成了汉语的声调,而高低、升降则是主要的因素。普通话共有四个声调:阴平声、阳平声、上声、去声。古代汉语也有四个声调,但是和今天普通话的声调种类不完全一样。古代的四声是:①平声。这个声调到后代分化为阴平和阳平。②上声。这个声调到后代有一部分变为去声。③去声。这个声调到后代仍是去声。④入声。这个声调是一个短促的调子。现代江浙、福建、广东、广西、江西等处都还保存着入声。北方也有不少地方(如山西、内蒙古)保存着入声。湖南的入声不是短促的了,但也保存着入声这一个调类。北方和西南大部分地区的口语里,入声已经消失了。北方的入声字,有的变为阴平,有的变为阳平,有的变为上声,有的变为去声。就普通话来说,入声字变为去声的最多。其次是阳平;变为上声的最少。西南方言(从湖北到云南)的入声字一律变成了阳平。古代的四声高低升降的形状是怎样的,现在不能详细知道了。依照传统的说法,平声应该是一个中平调,上声应该是一个升调,去声应该是一个降调,入声应该是一个短调。《康熙字典》前面载有一首歌诀,名为《分四声法》:平声平道莫低昂,上声高呼猛烈强,去声分明哀远道,入声短促急收藏。

这种叙述是不够科学的,但有助于我们大致了解古代四声。

四声和韵的关系是很密切的。在韵书中,不同声调的字不能算是同韵,在诗词中,不同声调的字一般不能押韵。

什么字归什么声调,在韵书中是很清楚的。在今天还保存着入声的汉语方言里,某字属某声也还相当清楚。我们特别应该注意的是一字两读的情况。有时候,一个字有两种意义（往往词性也不同），同时也有两种读音。例如"为"字，用作动词的时候解作"做"，就读平声（阳平）；用作介词的时候解作"因为""为了"，就读去声。在古代汉语里，这种情况比现代汉语多得多。试举一些例子：

骑，平声，动词，骑马；去声，名词，骑兵。

思，平声，动词，思念；去声，名词，思想，情怀。

誉，平声，动词，称赞；去声，名词，名誉。

污，平声，形容词，污秽；去声，动词，弄脏。

数，上声，动词，计算；去声，名词，数目，命运；入声（读如朔），形容词，频繁。

教，去声。名词，教化，教育；平声，动词，使，让。

令，去声，名词，命令；平声，动词，使，让。

禁，去声，名词，禁令，宫禁；平声，动词，堪，经得起。

杀，入声，及物动词，杀戮；去声（读如晒），不及物动词，衰落。

有些字，本来是读平声的，后来变为去声，但是意义词性都不变。"望""叹""看"都属于这一类。"望"和"叹"在唐诗中已经有读去声的了，"看"字直到近代律诗中，往往也还读平声（读如刊）。在现代汉语里，除"看守"的看读平声以外，"看"字总是读去声了。也有比较复杂的情况：如"过"字用作动词时有平去两读，至于用作名词，解作过失时，就只有去声一读了。

3. 平仄

平仄是诗词格律的一个术语：诗人们把四声分为平仄两大类，平就是平声，仄就是上去入三声。仄，按字义解释，就是不平的意思。

平仄在诗词中是怎样交错着的呢？可以概括为两句话：①平仄在本句中是交替的；②平仄在对句中是对立的。

这种平仄规则在律诗□表现得特别明显。例如毛泽东同志《长征》诗的第五、六两句：

金沙水拍云崖暖，大渡桥横铁索寒。

这两句诗的平仄是：

平平｜仄仄｜平平｜仄，仄仄｜平平｜仄仄｜平。

就本句来说，每两个字一个节奏。平起句平平后面跟的是仄仄，仄仄后面跟的是平平，最后一个又是仄。仄起句仄仄后面跟的是平平，平平后面跟的是仄仄，最后一个又是平，这就是交替。就对句来说，"金沙"对"大渡"，是平平对仄仄，"水拍"对"桥横"，是仄仄对平平，"云崖"对"铁索"，是平平对仄仄，"暖"对"寒"，是仄对平，这就是对立。

4. 对仗

诗词中的对偶，叫做对仗。古代的仪仗队是两两相对的，这是"对仗"的来历。对偶就是把同类的概念或对立的概念并列起来，一般讲对偶，指的是两句相对。上句叫出句，下句叫对句。

对偶的一般规则，是名词对名词，动词对动词，形容词对形容词，副词对副词。以"抗美援朝，保家卫国"为例："抗""援""保""卫"都是动词相对，"美""朝""家""国"都是名词相对。实际上，名词对可以细分为若干类，同类名词相对被认为是工整的对偶，简称"工对"。这里"美"与"朝"都是专名，而且都是简称，所以是工对："家"与"国"都是人的集体，所以也是工对。"保家卫国"对"抗美援朝"也算工对，因为句中自对工整了，两句相对就不要求同样工整了。

对偶是一种修辞手段，它的作用是形成整齐的美。汉语的特点特别适宜于对偶，因为汉语单音词较多，即使是复音词，其中词素也有相当的独立性，容易造成对偶，对偶既然是修辞手段，那么，散文与诗都用得着它。例如《易经》说："同声相应，同气相求。"《诗经》说："昔我往矣，杨柳依依；今我来思，雨雪霏霏。"（《小雅·采薇》）这些对仗都是适应修辞的需要的。但是，律诗中的对仗还有它的规则，而不是像《诗经》那样随便的。这个规则是：①出句和对句的平仄是相对立的；②出句的字和对句的字不能重复。因此，像上面所举《易经》和《诗经》的例子还不合于律诗对仗的标准。上面所举《长征》诗中的两句："金沙水拍云崖暖，大渡桥横铁索寒"，是合于律诗对仗的标准的。

对联（对子）是从律诗演化出来的，所以也要适合上述的两个标准。例如毛泽东同志在《改造我们的学习》中，所举的一副对联：墙上芦苇，头重脚轻根底浅；山间竹笋，嘴尖皮厚腹中空。

这里上联（出句）的字和下联（对句）的字不相重复，而它们的平仄则是相对立的：仄仄平平，仄仄平平平仄仄；平平仄仄，平平仄仄仄平平。就修辞方面说，这副对子也对得很工整。"墙上"是名词带方位词，所对的"山间"也是名词带方位词；"根底"是名词带方位词，所对的"腹中"也是名词带方位词；"头"对"嘴"，"脚"对"皮"，都是名词对名词；"重"对"尖"，"轻"对"厚"，都是形容词对形容词；"头重"对"脚轻"，"嘴尖"对"皮厚"，都是句中自对。这样句中自对而又两句相对，更显得工整了。

（本文节选自：王力《诗词格律》，有改动）

二、原文阅读

《声律启蒙》上卷

一　东

云对雨，雪对风，晚照对晴空。来鸿对去燕，宿鸟对鸣虫。三尺剑①，六钧弓②，岭北对江东。人间清暑殿③，天上广寒宫④。两岸晓烟杨柳绿，一园春雨杏花红。两鬓风霜，途次早行之客；一蓑烟雨，溪边晚钓之翁。

沿对革，异对同，白叟对黄童⑤。江风对海雾，牧子对渔翁。颜巷陋⑥，阮途穷⑦，冀北对辽东⑧。池中濯足水⑨，门外打头风⑩。梁帝讲经同泰寺⑪，汉皇置酒未央宫⑫。尘虑萦心，懒抚七弦绿绮⑬；霜华满鬓，羞看百炼青铜⑭。

贫对富，塞对通，野叟对溪童。鬓斑对眉绿，齿皓对唇红。天浩浩，日融融，佩剑对弯弓。半溪流水绿，千树落花红。野渡燕穿杨柳雨，芳池鱼戏芰荷风。女子眉纤，额下现一弯新月；男儿气壮，胸中吐万丈长虹。

【注释】

① 三尺剑：《汉书》：高祖为黥布流矢所中，医曰：可治。高祖曰：吾提三尺剑取天下，非命乎？命在天，虽扁鹊何益。

② 六钧弓：鲁国勇士颜高使用的弓为六钧，钧是古代重量单位，一钧为15千克。

③ 清暑殿：指东晋孝武帝在南京鸡鸣山建造的清暑殿。北魏时，洛阳华林园的主体建筑也叫"清暑殿"。

④ 广寒宫：《明皇杂录》：明皇与申天师中秋夜游月宫，见榜曰"广寒清虚之府"。

⑤ 黄童白叟：指白发老人与黄毛儿童。韩愈诗作《元和圣德诗》：黄童白叟，踊跃欢呀。

⑥ 颜巷陋：孔子弟子颜回住在简陋的巷子之中，但他却依然乐观豁达。

⑦ 阮途穷：阮籍，三国时期魏文学家、思想家，"竹林七贤"之一。他藐视世间礼俗，行为放荡古怪。《晋书》：阮籍率意独驾，车迹所穷，辄恸哭而返。

⑧ 冀北：古幽都地。辽东，契丹东胡旧地，后号盛京，又曰辽东。

⑨ 濯足水：洗脚水。《孺子歌》：沧浪之水浊兮，可以濯我足。

⑩ 打头风：顶头风。《韵府群玉》：石尤风，打头逆风也。

⑪ 同泰寺：《梁武帝传》：帝常与高僧讲佛经于同泰寺，时天雨宝花而下。

⑫ 未央宫：《汉书》：高祖天下已定，置酒宴群臣于未央宫，见群臣礼数甚严，高祖乃叹曰：吾今日始知天子之尊也。

⑬ 绿绮：古琴名，传说汉司马相如作《玉如意赋》，梁王很高兴，赐他绿绮琴。后用以指琴。

⑭ 青铜：古代用青铜炼成的镜子。欧阳修诗句有："素丝悲青铜。"曾巩："水面磨青铜。"

二 冬

春对夏，秋对冬，暮鼓对晨钟。观山对玩水，绿竹对苍松。冯妇虎①，叶公龙②，舞蝶对鸣蛩③。衔泥双紫燕，课蜜几黄蜂。春日园中莺恰恰④，秋天塞外雁雍雍⑤。秦岭云横⑥，迢递八千远路⑦；巫山雨洗⑧，嵯峨十二危峰⑨。

明对暗，淡对浓，上智对□庸⑩。镜奁对衣笥⑪，野杵对村舂⑫。花灼烁⑬，草蒙茸⑭，九夏对三冬。台高名戏马[15]，斋小号蟠龙[16]。手擘蟹螯从毕卓[17]，身披鹤氅自王恭[18]。五老峰高[19]，秀插云霄如玉笔；三姑石大[20]，响传风雨若金镛[21]。

仁对义，让对恭，禹舜对羲农[22]。雪花对云叶[23]，芍药对芙蓉。陈后主[24]，汉中宗[25]，绣虎对雕龙[26]。柳塘风淡淡，花圃月浓浓。春日正宜朝看蝶，秋风那更夜闻蛩。战士邀功，必借干戈成勇武；逸民适志[27]，须凭诗酒养疏慵[28]。

【注释】

① 冯妇：人名，《孟子·尽心下》："晋人有冯妇者，善博虎，卒为善士。"

② 叶公：《庄子》：叶公子高好画龙，天龙闻而下窥，叶公惊走。非好龙者，好似龙者也。

③ 蛩（qióng）：本作蛬，一名蟋蟀，一名促织，今通作蛩。

④ 恰恰：自然、和谐。唐杜甫《江畔独步寻花之六》诗："留连戏蝶时时舞，自在娇莺恰恰啼。"

⑤ 雍雍：象声词，大雁的叫声。《诗经·邶风·匏有苦叶》："雍雍鸣雁，旭日始旦。"

⑥ 秦岭云横：唐韩愈《左迁至蓝关示侄孙湘》诗："云横秦岭家何在，雪拥蓝关马不前。"

⑦ 迢递：遥远。

⑧ 巫山：《广舆记》：巫山在夔州府巫山县大江之滨，形如巫字，有二峰。

⑨ 嵯峨：山高貌。

⑩ 上智：有大智慧的人。《论语·阳货》："子曰：'唯上智与下愚不移。'"《孙子·用间》："故惟明君贤将，能以上智为间者，必成大功。"中庸：不偏叫中，不变叫庸。儒家以中庸为最高的道德标准。

⑪ 奁：妇女梳妆用的镜匣。笥（sì）：盛衣服的方形竹器。

⑫ 杵：用以捣物的木棒。舂：古代称为碓，舂米的器具。

⑬ 灼烁：光皎貌。

⑭ 蒙茸：草乱貌。苏轼《后赤壁赋》："披蒙茸。"

⑮ 戏马：驰马取乐。《南齐书》：宋武帝在彭城，九日游项羽戏马台。

⑯ 蟠龙：《晋书·刘毅传》：初，桓温起斋，画龙于上，号蟠龙斋，后桓玄篡晋，刘毅起兵讨玄，至是居之，盖毅小字蟠龙。

⑰ 蟹螯：《世说新语》：晋毕卓嗜酒，语人曰：左手擘蟹螯，右手执酒杯，乐足一生矣。

⑱ 鹤氅：《晋书·王恭传》：王恭尝披鹤氅行雪中，孟昶见曰：此真神仙中人也。

⑲ 五老峰：《地舆记》：庐山有五老峰，秀插云霄。李白诗："五老峰为笔，洋澜作砚池。"

⑳ 三姑石：《地舆志》："南康有三姑石，响声若金镛。"

㉑ 镛：大钟，古乐器，奏乐时用来表示节拍。

㉒ 禹舜羲农：传说中的中国上古帝王夏禹、虞舜、伏羲、神农。

㉓ 雪花：宋苏轼《咏雪》诗："天巧能开顷刻花。"云叶：《史记》：黄帝与蚩尤战于涿鹿之野。常有五色云止于帝上，金枝玉叶，有花之像。

㉔ 陈后主：《资治纲鉴》："（南朝陈）后主叔宝，字元秀。在位七年为隋灭。"

㉕ 汉中宗：《纲鉴》："（中宗）讳询，武帝曾孙，在位二十五年，崩，谥宣帝。"

㉖ 绣虎：宋曾慥《类说·玉箱杂记》："曹植七步成章，号绣虎。"雕龙：南朝梁刘勰字彦和，撰《文心雕龙》十五篇，论古今文体。

㉗ 逸民：指避世隐居的人。《后汉书》中有《逸民传》。适志：舒适自得。

㉘ 疏慵：疏懒适意。

三　江

楼对阁，户对窗，巨海对长江。蓉裳对蕙帐①，玉斝对银釭②。青布幔，碧油幢③，宝剑对金缸④。忠心安社稷，利口覆家邦。世祖中兴延马武⑤，桀王失道杀龙逢⑥。秋雨潇潇，漫烂黄花都满径；春风袅袅，扶疏绿竹正盈窗。

旌对旆⑦，盖对幢，故国对他邦。千山对万水，九泽对三江⑧。山岌岌⑨，水淙淙，鼓振对钟撞。清风生酒舍，皓月照书窗。阵上倒戈辛纣战⑩，道旁系剑子婴降⑪。夏日池塘，出没浴波鸥对对；春风帘幕，往来营垒燕双双⑫。

铢对两⑬，只对双，华岳对湘江⑭。朝车对禁鼓⑮，宿火对寒缸。青琐闼⑯，碧纱窗，汉社对周邦⑰。笙箫鸣细细，钟鼓响拟拟。主簿栖鸾名有览⑱，治中展骥姓惟庞⑲。苏武牧羊，雪屡餐于北海⑳；庄周活鲋，水必决于西江㉑。

【注释】

① 蓉裳：屈原《楚辞·离骚》："制芰荷以为衣兮，集芙蓉以为裳。"蕙帐：南朝齐孔稚珪《北山移文》："蕙帐空兮夜鹤怨，山人去兮晓猿惊。"蕙，香草，山人茸以为帐。

② 斝（jiǎ）：古代盛酒器具，圆口，三足。《诗经》："洗爵奠斝。"釭：油灯。

③ 碧油幢：青绿色的油布车帷。

④ 金缸：一作瓨，长颈瓮。《汉书》："醖酒千缸。"宋王安石诗："岂惟闲伴倒金缸。"

⑤ 马武：《后汉书·马武传》载：马武，字子张。仕后汉，鸣剑抵掌，从光武帝破王寻等，击郡贼，列名云台。

⑥ 龙逢：关龙逢，夏桀在位时任大夫。相传他直谏，为桀忌恨，后被桀囚禁杀害。

⑦ 旌：古代的一种旗子，旗杆顶上用五色羽毛做装饰。旆：古时末端形状像燕尾的旗。

⑧ 九泽：《广舆记》："吴越之间具区：楚云梦，秦杨纡，晋大陆，郑圃田，宋孟诸，齐海隅，燕巨鹿，并昭余祁，为九薮。薮即泽也。"三江：《尚书·禹贡》："三江既入，震泽底定。"蔡沈注："三江在震泽下分流，东北入海为娄江，东南入海为东江，并松江为

三江。"《韵府群玉》：三江乃钱塘、扬子、松江。一云松江、钱塘、浦阳，一云在苏州。

⑨ 岌岌：高耸的样子。

⑩ 倒戈：《尚书·武成》："罔有敌于我师，前徒倒戈，攻于后以北。"乃纣士卒无心敌武王而倒其戈。

⑪ 系剑：《纲鉴易知录》："汉刘邦元年冬月，王子婴素车白马系剑于道旁以降。"子婴，秦始皇之孙。

⑫ 垒：燕巢。

⑬ 铢：古代衡制单位，一两的二十四分之一为一铢。

⑭ 华岳：即西岳华山，在今陕西华阴。湘江：湖南境内第一大江。

⑮ 朝车：古时朝廷所用之车。禁鼓：古时宫禁所用之鼓，用以报时。

⑯ 青琐：《汉书·元后传》："曲阳侯骄奢僭上，赤墀青琐。"注："青琐者，刻为连环文而涂青也。"闼：宫门。

⑰ 汉社：《汉书·郊祀志》："高祖祷丰枌榆社。"即指汉高祖故里。周邦：《尚书·武成》："惟先王建邦启土。"

⑱ 栖鸾：《后汉书·仇览传》："仇览字季智，又名香。先为蒲县亭长，后为主簿。王涣曰：'枳棘非鸾凤所栖，百里岂大贤之路？'"

⑲ 展骥：《三国志·庞统传》："庞统字士元，初令耒阳，不治。吴将鲁肃遗先主书曰：'庞士元非百里才也，使处治中、别驾之任，始当展其骥足耳！'"治中、别驾，皆府佐名。骥，千里马。

⑳ 牧羊：《汉书·苏武传》载：西汉大臣苏武，武帝时为郎，出使匈奴，被扣留。"乃徙武北海上无人处，使牧羝。羝乳，乃得归"。苏武持节不屈，留居匈奴十九年。至昭帝时方获释回朝。

㉑ 活鲋：《庄子·物外》："庄周忿然作色曰：周昨来，有中道而呼者，周顾视车辙中，有鲋鱼焉。周问之曰：'鲋鱼来！子何为者邪？'对曰：'我东海之波臣也，君岂有斗升之水，而活我哉？'周曰：'诺，我且南游吴越之王，激西江之水而迎子，可乎？'"

四　支

茶对酒，赋对诗，燕子对莺儿。栽花对种竹，落絮对游丝。四目颉①，一足夔②，鸲鹆对鹭鸶③。半池红菡萏④，一架白荼蘼⑤。几阵秋风能应候，一犁春雨甚知时。智伯恩深，国士吞变形之炭⑥；羊公德大，邑人竖堕泪之碑⑦。

行对止，速对迟，舞剑对围棋。花笺对草字，竹简对毛锥⑧。汾水鼎⑨，岘山碑⑩，虎豹对熊罴。花开红锦绣，水漾碧琉璃。去妇因探邻舍枣⑪，出妻为种后园葵⑫。笛韵和谐，仙管恰从云里降；橹声咿轧⑬，渔舟正向雪中移。

戈对甲，鼓对旗，紫燕对黄鹂。梅酸对李苦，青眼对白眉⑭。三弄笛⑮，一围棋，雨打对风吹。海棠春睡早⑯，杨柳昼眠迟⑰。张骏曾为槐树赋⑱，杜陵不作海棠诗⑲。晋士特奇，可比一斑之豹⑳；唐儒博识，堪为五总之龟㉑。

【注释】

① 四目：《姓氏谱》："仓颉，上古人，生而神圣，有四目。"

② 一足：《孔丛子·论书》："鲁哀公问孔子曰：'吾闻夔一足，有异于人，信乎？'子曰：'昔重犁举夔而进，欲求人佐焉。舜曰：一夔足矣。非言止一足也。'公曰：'善。'"

③ 鸲鹆（qú yù）：俗称八哥鸟。

④ 菡萏（hàn dàn）：荷花别名。

⑤ 荼蘼（mí）：落叶小灌木，花白色，有香气，供观赏。《清异录》："荼蘼曰白蔓郎，以开白花也。"

⑥ 吞炭：《史记·刺客列传》：赵襄子杀智伯，豫让欲为主报仇，乃吞炭为哑，漆身为癞，使襄子不备。

⑦ 堕泪：《晋书·羊祜传》：羊祜字叔子，武帝时镇荆州，甚得民心。死葬岘山，"（百姓）望其碑者莫不流涕，杜预因名为堕泪碑"。

⑧ 毛锥：《新五代史·史弘肇传》：弘肇曰："安朝廷，定祸乱，直须长枪大剑，若毛锥子安足用哉？"毛锥子指毛笔。

⑨ 汾水鼎：《纲鉴易知录》："汉武帝得宝鼎于汾水，改元元鼎元年。"

⑩ 岘山碑：见前"堕泪碑"注。

⑪ 探枣：《汉书·王吉传》载：王吉少时，居长安，有大枣树垂吉庭中，吉妇探取以啖吉。吉后知之，逐去其妇。东家闻之，欲伐树，邻里共止之，请吉还妇。

⑫ 拔葵：《古事苑》：公仪休相鲁，食于舍，茹葵而美，且见妻织布，曰：欲夺园夫红女之利乎？因拔园葵，出其妻。

⑬ 咿轧：摇橹所发之声。

⑭ 青眼：《晋书·阮籍传》：阮籍能为青白眼，对礼法之士以白眼，惟嵇康造之，乃见青眼。白眉：《三国志·马良传》：马良字季常，眉有白毫，弟兄五人皆有才名，并以常为字。谚曰：马氏五常，白眉最良。

⑮ 三弄笛：古代笛曲有《梅花三弄》。

⑯ 海棠睡：《太真外传》："杨太真初睡起，明皇笑曰：'海棠春睡未足耶？'"

⑰ 柳眠：《三辅旧事》："汉苑有柳如人，名人柳，一日三眠三起。"

⑱ 槐树赋：《凉录》："初，河右无柳，张骏之取于秦陇，植之皆死，独酒泉宫西北隅有槐生焉，因著《槐树赋》。"按《晋书·李玄盛传》："河右不生楸、槐、柏、漆，张骏之世，取于陇西而植之，终于皆死，而酒泉宫之西北隅有槐树生焉，玄盛又著《槐树赋》以寄情……"据此则赋非张骏所作。

⑲ 海棠诗：《王禹偁诗话》："杜陵无海棠诗，以母名海棠也。陆放翁云：'老杜不应无海棠诗，意必失传耳。'"

⑳ 一斑豹：《晋书·王献之传》：王子猷数岁，门生辈曰：此郎管中窥豹，时见一斑。

㉑ 五总龟:《唐书·殷践猷传》载:殷践猷博通经籍,号五总龟。谓龟千年五聚,问无不知也。

五　微

来对往,密对稀,燕舞对莺飞。风清对月朗,露重对烟微。霜菊瘦,雨梅肥,客路对渔矶。晚霞舒锦绣,朝露缀珠玑。夏暑客思欹石枕①,秋寒妇念寄边衣②。春水才深,青草岸边渔父去;夕阳半落,绿莎原上牧童归。

宽对猛,是对非,服美对乘肥。珊瑚对玳瑁,锦绣对珠玑。桃灼灼③,柳依依④,绿暗对红稀。窗前莺并语,帘外燕双飞。汉致太平三尺剑⑤,周臻大定一戎衣⑥。吟成赏月之诗,只愁月堕;斟满送春之酒,惟憾春归。

声对色,饱对饥,虎节对龙旗⑦。杨花对桂叶,白简对朱衣⑧。尨也吠⑨,燕于飞⑩,荡荡对巍巍。春暄资日气,秋冷借霜威。出使振威冯奉世⑪,治民异等尹翁归⑫。燕我弟兄,载咏棠棣韡韡⑬;命伊将帅,为歌杨柳依依。

【注释】

① 欹:斜,倾侧。

② 边衣:汉唐以来,四边多事,故从征者众。每当秋寒,妇念其夫,则寄征衣。故亦称征衣为边衣。

③ 灼灼:《诗经·周南·桃夭》:"桃之夭夭,灼灼其华。"灼灼,形容花开得茂盛。

④ 依依:《诗经·小雅·采薇》:"昔我往矣,杨柳依依;今我来思,雨雪霏霏。"

⑤ 三尺剑:见前《一东》注。

⑥ 戎衣:军服。《尚书·武成》:"一戎衣,天下大定。"

⑦ 虎节:雕刻成虎头形的符节。符节是古时使臣执以示信之物。《周礼·地官·掌节》:"凡邦国之使节,山国用虎节,土国用人节,泽国用龙节。"龙旗:画交龙图纹之旗。《诗经·商颂·玄鸟》:"龙旗十乘,大禘是乘。"

⑧ 白简:古代御史有所奏劾,使用白简。简本为竹或木片,自纸行用后,书笺也通称简。《晋书·傅玄传》:傅玄性急,每有奏劾,或值日暮,捧白简坐以待旦。朱衣:红衣。宋代欧阳修诗:"文章自古无凭据,惟愿朱衣一点头。"昔时欧阳修知贡举,每阅卷,觉旁有朱衣人点头,然后入格。

⑨ 尨吠:《诗经·召南·野有死麕》:"无使尨也吠。"尨,多毛狗。

⑩ 燕飞:燕子双双,比翼而飞。《诗经·邶风·燕燕》:"燕燕于飞,差池其羽。"

⑪ 冯奉世:《汉书·冯奉世传》:冯奉世持节使西域,拔破莎车,要功万里之外,赐关内侯。

⑫ 尹翁归:《汉书·尹翁归传》:尹翁归守东海,后迁扶风守,其治民,凡赏善,刑奸,除盗,息课,各异其等。

⑬ 棠棣：《诗经·小雅·常棣》："常棣之华，鄂不韡韡。"常棣同棠棣，花木名，后以棠棣代指兄弟情谊。

六　　鱼

无对有，实对虚，作赋对观书。绿窗对朱户，宝马对香车①。伯乐马②，浩然驴③，弋雁对求鱼④。分金齐鲍叔⑤，奉璧蔺相如⑥。掷地金声孙绰赋⑦，回文锦字窦滔书⑧。未遇殷宗，胥靡困傅岩之筑⑨；既逢周后，太公舍渭水之渔⑩。

终对始，疾对徐，短褐对华裾。六朝对三国⑪，天禄对石渠⑫。千字策⑬，八行书⑭，有若对相如⑮。花残无戏蝶，藻密有潜鱼。落叶舞风高复下，小荷浮水卷还舒。爱见人长，共服宣尼休假盖⑯；恐彰己吝，谁知阮裕竟焚车⑰。

麟对凤，鳖对鱼，内史对中书⑱。犁锄对耒耜⑲，畎浍对郊墟⑳。犀角带㉑，象牙梳，驷马对安车㉒。青衣能报敌㉒，黄耳解传书㉓。庭畔有人持短剑㉔，门前无客曳长裾㉕。波浪拍船，骇舟人之水宿；峰峦绕舍，乐隐者之山居。

【注释】

① 宝马：以珠宝之类装饰马勒。香车：《魏志》载，武帝答杨彪书曰："今赠足下以四望通幰七香车两乘。"

② 伯乐：春秋时相马家，一作孙阳。尝为秦穆公相马，认为求良马不难，求天下之马难。

③ 浩然驴：《韵府群玉》："孟浩然尝于灞水冒雪骑驴寻梅花，曰：'吾诗思在风雪中驴子背上。'"

④ 弋雁：《诗经·郑风·女曰鸡鸣》："将翱将翔，弋凫与雁。"求鱼：《孟子·梁惠王上》："以若所为求若所欲，犹缘木而求鱼也。"爬到树上去找鱼，比喻方法不对，劳而无功。

⑤ 分金：《史记·管晏列传》：管仲曰：昔与鲍叔贾，分财我多取，鲍叔不以为贪，知我贫也。

⑥ 奉璧：《史记·廉颇蔺相如列传》：赵得和氏之璧，秦欲以十五城易之。蔺相如奉璧入秦，见秦无意偿城，乃怒发冲冠，完璧归赵。

⑦ 孙绰：《晋书·孙绰传》：孙绰尝作《天台山赋》，辞致甚工，初成，以示友人范荣期，云："卿试，掷地，当作金石声也。"

⑧ 窦滔：《齐书》：苏蕙，字若兰，窦滔之妻。滔镇襄阳，携宠妾往，苏织锦成回文诗三百首寄滔，后情如初。

⑨ 胥靡，刑名，联系相随服役。傅岩：殷高宗梦傅说，乃图其形旁求天下，适说以胥靡筑于岩，其形惟肖，爰立作相。

⑩ 渭水：今陕西水名。传姜太公钓鱼于渭，文王遇之，与之同载后车，辅佐周文。

周武王伐商，尊为师尚父。

⑪ 六朝：《历代都会考》：吴始都于建业（今南京），后东晋、宋、齐、梁、陈相继建都于此，号六朝。三国：蜀、魏、吴。

⑫ 天禄：《汉书·刘向传》：刘向校书天禄阁。石渠：《汉书·萧何传》：萧何建石渠阁以藏图籍，后成帝用以藏秘书。

⑬ 千字策：《文献通考》载，唐代临轩试以试赋，至宋始定策试之制，限以千字。

⑭ 八行书：唐孟浩然诗："家书寄八行。"盖本汉马融寄窦尚书，内有"两纸八行"之语。

⑮ 有若：孔子弟子，鲁人，状似孔子。相如：蔺相如，战国人。又司马相如，东汉人。

⑯ 宣尼：孔子字仲尼，后代尊为大成至圣文宣王。假盖：犹言"借伞"。《孔子家语·致思》：孔子将出而雨，门人曰：商有益，请假焉。子曰：商为人短于财，吾闻与人交者，推长而违短，故久；吾非不知商有盖，恐不借而彰其过也。

⑰ 焚车：《晋书·阮裕传》：阮裕，字思旷，"有好车，借无不给。有人葬母，意欲借而不敢言。后裕闻之，乃叹曰："吾有车而使人不敢借，何以车为！"遂命焚之。

⑱ 内史：官名，各朝设置略有差别，其职责一般是处理朝廷政务。宋苏轼《谢中书舍人表》："右史记言，已尘高选；西垣视草，复玷近班。"中书：《广事类赋》："唐侍中书令，乃真宰相，以他官奉掌者无定。"中书本为官名，明清时，于内阁置中书若干人，掌撰拟、记载、翻译、缮写等职。

⑲ 耒耜：古代农具，形状像木叉。

⑳ 畎浍：田间的小水沟。浍，广二寻，深二仞。墟：村墟。

㉑ 犀带：明代诸司职掌朝服革带，二品用犀角。牙梳：唐崔徽嘲妓李端端诗："爱把象牙梳掠鬓，昆仑顶上月初生。"

㉒ 青衣：《白孔六帖》："苻坚屏人作赦文，有蝇入室，驱之复来。俄而人知有赦，诘其所得，皆云有青衣人呼于市。坚曰：'是前青蝇也。'"

㉓ 黄耳：《述异记》："陆机在洛阳，有犬名黄耳，能寄书抵家。"

㉔ 短剑：《列国传》载，燕太子丹使荆轲刺秦王，假为献图，图中藏匕首，秦王觉，乃惊走。匕首即短剑。

㉕ 长裾：《汉书·邹阳传》载，邹阳《上吴王书》曰：使臣饰固陋之心，向王之门，而不可曳长裾乎？

七　虞

金对玉，宝对珠，玉兔对金乌①。孤舟对短棹②，一雁对双兔。横醉眼③，捻吟须④，李白对杨朱⑤。秋霜多过雁⑥，夜月有啼乌⑦。日暖园林花易赏，雪寒村舍酒难沽。人处岭南⑧，善探巨象口中齿⑨；客居江右⑩，偶夺骊龙颔下珠⑪。

贤对圣，智对愚，傅粉对施朱。名缰对利锁⑫，挈榼对提壶⑬。鸠哺子⑭，燕调雏⑮，石帐对郇厨⑯。烟轻笼岸柳，风急撼庭梧。鹦眼一方端石砚⑰，龙涎三炷博山炉⑱。曲沼鱼多，可使渔人结网⑲；平田兔少，漫劳耕者守株⑳。

　　秦对赵，越对吴，钓客对耕夫。箕裘对杖履㉑，杞梓对桑榆㉒。天欲晓，日将晡㉓，狡兔对妖狐。读书甘刺股㉔，煮粥惜焚须㉕。韩信武能平四海，左思文足赋三都㉖。嘉遁幽人㉗，适志竹篱茅舍；胜游公子，玩情柳陌花衢。

【注释】

　　① 玉兔：《楚辞》："顾兔在腹。"谓月中有玉兔。金乌：《淮南子》：日中有踆乌，谓有三足金乌也。

　　② 棹：舟。

　　③ 醉眼：宋陆游诗："三万里天供醉眼。"指醉后迷糊的眼睛。

　　④ 吟须：唐卢延让《苦吟》诗："吟成一个字，捻断数茎须。"

　　⑤ 李白：号青莲，唐诗人。杨朱：老子弟子。

　　⑥ 过雁：《续墨客挥犀》："北方有白雁，秋深则来，来则霜降，河北人谓之霜信。"

　　⑦ 啼乌：古有《乌夜啼》曲。

　　⑧ 岭南：五岭以南，指广东、广西两省区。

　　⑨ 象齿：《南州异物志》："象脱牙犹自爱惜，掘地藏之。人欲取，必作假牙代之，不令其见，见则后不藏故处。"

　　⑩ 江右：长江中下游以东一带。

　　⑪ 骊珠：《庄子·列御寇》：河上翁有子，没渊得千金之珠，翁曰：此珠在骊龙颔下，子能得珠者，遭其睡耳；使寤，子尚奚有哉。

　　⑫ 缰：络马的缰绳。

　　⑬ 榼：酒樽。

　　⑭ 哺子：《尔雅·释鸟》："鸟哺子，朝自上而下，暮自下而上也。"

　　⑮ 调雏：《竹溪闲话》："燕雏将长，其母调之使飞。"

　　⑯ 石帐：《晋书·石崇传》：石崇尝作锦丝步帐五十里。郇厨：《世说补》："唐韦陟封郇公，性好奢，厨中饮食常杂，人入其中，多饱饫而归。"

　　⑰ 鹦眼：《砚谱》："端溪砚石有鹦鹉眼。"

　　⑱ 龙涎：《香谱》："大食国出龙涎香。"博山炉：香炉名。唐李白诗："博山炉中沉香火。"

　　⑲ 结网：《汉书·董仲舒传》："临渊羡鱼，不如退而结网。"

　　⑳ 守株：《韩非子·五蠹》：宋耕者见兔走触田中株死，因释耕守株下，冀复得兔。

　　㉑ 箕裘：《礼记·学记》："良冶之子，必学为裘；良弓之子，必学为箕。"箕，三面有边缘，一面敞口的器具。

　　㉒ 杞梓：两种材质较坚细的木材。桑榆：农村常见的两种树木。

　　㉓ 晡：指下午三时到五时。

㉔ 刺股：《战国策·秦策》载，苏秦说秦不行，乃夜读书，欲睡，则引锥自刺其股，血流至足。

㉕ 焚须：《新唐书·李勣传》：李勣姊病，自为粥而焚其须。

㉖ 韩信：《汉书》：韩信佐高祖，平四海，定天下，封淮阴侯。

㉗ 左思：西晋文学家。《晋书》载，左思作《三都赋》，十年乃就，人争录之，洛阳纸贵。

㉘ 嘉遁：《易》卦名："嘉遁贞吉。"遁，隐处也。

八　齐

岩对岫，涧对溪，远岸对危堤。鹤长对凫短①，水雁对山鸡。星拱北，月流西，汉露对汤霓②。桃林牛已放③，虞坂马长嘶④。叔侄去官闻广受⑤，弟兄让国有夷齐⑥。三月春浓，芍药丛中蝴蝶舞；五更天晓，海棠枝上子规啼⑦。

云对雨，水对泥，白璧对玄圭⑧。献瓜对投李⑨，禁鼓对征鼙⑩。徐稚榻⑪，鲁班梯⑫，凤啸对鸾栖，有官清似水，无客醉如泥⑬。截发惟闻陶侃母⑭，断机只有乐羊妻。秋望佳人，目送楼头千里雁；早行远客，梦惊枕上五更鸡。

熊对虎，象对犀，霹雳对虹霓。杜鹃对孔雀，桂岭对梅溪。萧史凤⑯，宋宗鸡⑰，远近对高低。水寒鱼不跃，林茂鸟频栖。杨柳和烟彭泽县⑱，桃花流水武陵溪⑲。公子追欢，闲骤玉骢游绮陌⑳；佳人倦绣，闷欹珊枕掩香闺㉑。

【注释】

① 鹤长凫短：《庄子·骈拇》：鹤胫虽长，断之则悲；凫胫虽短，续之则忧。

② 汉露：《汉书·郊祀志上》：武帝造金茎玉盘以承露。汤霓：成汤征伐天下，民望之若大旱之望云霓。

③ 桃林：《尚书·周书》：武王克商，归马华山之阳，放牛桃林之野。

④ 虞坂：地名，在今山西平陆境内。《韩非子》："骐骥困盐车，负而上虞坂，顾伯乐而长鸣，知其识己也。"

⑤ 去官：《汉书·疏广传》："疏广，字仲翁，为太子太傅。兄子受为少傅。广谓受曰：'吾闻知足不辱，知止不殆，功遂身退，天之道也。'上疏乞归田。"

⑥ 让国：《史记·伯夷列传》："伯夷、叔齐，孤竹君之二子也。父欲立叔齐，及父卒，叔齐让伯夷，伯夷曰：父命也，遂逃去。"

⑦ 子规：布谷鸟的别称，也称杜鹃。

⑧ 白璧：洁白的玉璧。《战国策·燕策》：苏代为燕说齐，曰："臣请献白璧一双，黄金千镒。"玄圭：黑玉。《尚书·禹贡》："禹锡玄圭，告厥成功。"

⑨ 献瓜：《韵府群玉》："唐德宗时，有献瓜果欲授官者。"投李：《诗经·卫风·木瓜》："投我以木李，报之以琼玖，匪报也，永以为好也。"

⑩ 禁鼓：宫廷中之鼓。鼙：战鼓。

⑪ 徐榻：《后汉书·徐稚传》载，陈蕃为豫章太守，惟徐稚来特设一榻，去即悬之。

⑫ 班梯：《备考》：公输子名班，又名般，鲁之巧人也。尝为楚造云梯以攻宋。

⑬ 清似水：《汉书·郑崇传》：崇对曰："臣门如市，臣心如水。"醉如泥：唐李白《襄阳歌》诗："旁人借问笑何事，笑杀山公醉如泥。"

⑭ 截发：《晋书·陶侃传》：范逵过陶侃家，无以待宾。母曰：汝留客，我自有计。乃截发易酒肴。

⑮ 断机：《史记》载，周乐羊子游学，一年来归，妻因断机曰：君之废学有如此。羊子感悟，卒为名儒。

⑯ 萧史：《列仙传》：萧史与秦女弄玉吹箫能引凤凰。

⑰ 宋宗：《晋书》载，宋处宗置一鸡于窗间，作人语，与宗谈论，极有玄致，宗功业大进。后遂以鸡窗谓书窗。

⑱ 彭泽：陶潜曾任彭泽县令，所居喜植柳，号五柳先生。

⑲ 武陵：陶潜《桃花源记》中说，晋太原中有武陵人捕鱼为业，缘溪行，逢桃花源。

⑳ 玉骢：白马。

㉑ 珊枕：珊瑚作枕。

九　佳

河对海，汉对淮，赤岸对朱崖。鹭飞对鱼跃，宝钿对金钗①。鱼圉圉②，鸟喈喈③，草履对芒鞋④。古贤崇笃厚，时辈喜诙谐⑤。孟训文公谈性善⑥，颜师孔子问心斋⑦。缓抚琴弦，像流莺而并语；斜排筝柱⑧，类过雁之相挨。

丰对俭，等对差，布袄对荆钗⑨。雁行对鱼阵，榆塞对兰崖⑩。挑荠女⑪，采莲娃⑫，菊径对苔阶。诗成六义备⑬，乐奏八音谐⑭。造律吏哀秦法酷⑮，知音人说郑声哇⑯。天欲飞霜，塞上有鸿行已过；云将作雨，庭前多蚁阵先排。

城对市，巷对街，破屋对空阶。桃枝对桂叶，砌蚓对墙蜗⑰。梅可望⑱，橘堪怀⑲，季路对高柴⑳。花藏沽酒市，竹映读书斋。马首不容孤竹扣㉑，车轮终就洛阳埋㉒，朝宰锦衣，贵束乌犀之带㉓；宫人宝髻，宜簪白燕之钗㉔。

【注释】

① 钿：妇人鬓饰。

② 圉圉（yǔ yǔ）：《孟子·万章上》："始舍之，圉圉焉。"局促不安的样子。

③ 喈喈：象声词，禽鸟鸣声。《诗经·周南·葛覃》："黄鸟于飞……其鸣喈喈。"

④ 草履：草鞋。芒鞋：以芒草编成的草鞋。

⑤ 诙谐：谈话风趣。

⑥ 性善：《孟子·滕文公上》：滕文公见孟子，"孟子道性善，言必称尧舜。"

⑦ 心斋：《庄子·人间世》："唯道集虚，虚者心斋也。"

⑧ 筝：即颂瑟，有四弦。

⑨ 荆钗：《后汉书·梁鸿传》载，孟光既嫁梁鸿，乃为椎髻荆钗，布衣练裙，十分俭朴。

⑩ 榆塞：即榆溪塞，故址在今内蒙古准格尔旗。泛指边关、边塞。

⑪ 荠：俗呼乳浆菜。

⑫ 娃：女子之称。

⑬ 六义：风、雅、颂、赋、比、兴，为《诗经》之六义。

⑭ 八音：金、石、丝、竹、匏、土、革、木，系古时八类乐器。

⑮ 秦法：秦朝的律法，以严苛虐下著称。《纲鉴易知录》："汉高入咸阳，哀秦法太酷，约以三章之法。后无以除奸，命萧何造律，次其轻重。"

⑯ 郑声：《论语·阳货》："恶紫之夺朱也，恶郑声之乱雅乐也。"《广韵》："哇，淫声。"

⑰ 砌蚓：阶砌缝隙中的蚯蚓。蜗：蜗牛。

⑱ 望梅：《三国志·魏书》：曹操军士大渴，无水，操曰：前有梅林，可止渴。士卒闻之遥望，而口中水出。

⑲ 怀橘：《三国志·陆绩传》：陆绩五岁，袁术出橘，绩怀三枚，拜而堕地。曰：欲归遗母。术奇之。

⑳ 季路：字仲由，孔子弟子。高柴：孔子弟子。

㉑ 扣马：《史记·伯夷列传》：武王伐纣，夷齐扣马而谏。

㉒ 埋轮：《后汉书·张纲传》载，张纲，字文纪，为御史，安帝遣纲按巡风俗，乃埋轮于洛阳都亭曰："豺狼当道，安问狐狸。"遂劾奏梁冀。

㉓ 犀带：《旧唐书·裴度传》："元和十二年八月三日，（裴）度赴淮西，上御通化门慰勉之。度楼下衔涕而辞，赐之犀带。"

㉔ 燕钗：《汉书》载，汉成帝起招灵阁，有神女进一燕钗，帝赐赵婕妤。昭帝时宫人碎之，化白燕飞去。髻：妇人盘发称为髻。

十　灰

增对损，闭对开，碧草对苍苔。书签对笔架，两曜对三台①。周召虎②，宋桓魋③，阆苑对蓬莱④。薰风生殿阁⑤，皓月照楼台。却马汉文思罢献⑥，吞蝗唐太冀移灾⑦。照耀八荒，赫赫丽天秋日；震惊百里，轰轰出地春雷⑧。

沙对水，火对灰，雨雪对风雷。书淫对传癖⑨，水浒对岩隈⑩。歌旧曲，酿新醅⑪，舞馆对歌台。春棠经雨放，秋菊傲霜开。作酒固难忘曲糵，调羹必要用盐梅⑫。月满庚楼⑬，据胡床而可玩；花开唐苑，轰羯鼓以奚催⑭。

休对咎，福对灾，象箸对犀杯⑮。宫花对御柳，峻阁对高台。花蓓蕾，草根荄⑯，剔薛对剜苔⑰。雨前庭蚁闹，霜后阵鸿哀。元亮南窗今日傲⑱，孙弘东阁几时开⑲。平展青茵^⑳，野外茸茸软草；高张羃幄^㉑，庭前郁郁凉槐。

【注释】

① 两曜：日月。三台：《星经》："三台六星，在人为三公，在天为三台。上台司命，中台司爵，下台司禄。"

② 召虎：周宣王之大臣。《诗经·大雅·江汉》："江汉之浒，王命召虎。"

③ 桓魋（tuí）：春秋人。孔子过宋，欲杀之，孔子微服去。

④ 阆苑蓬莱：皆西王母仙境。

⑤ 薰风：和暖的风。

⑥ 却马：《汉书·贾捐之传》载，文帝时有献千里马者，诏还之，罢其献。

⑦ 吞蝗：《旧唐书》载，唐太宗时蝗灾流行，乃取蝗自吞。曰："但当食朕心，毋害百姓。"蝗果去。

⑧ 轰轰：比喻极响之声。

⑨ 书淫：《晋书·皇甫谧传》载，皇甫谧，字士安。博极群书，时号书淫。传癖：《晋书·杜预传》载，杜预，字元凯，好《左传》，谓之传癖。

⑩ 浒：江岸。隈：山或水弯曲之处。

⑪ 醅：未过滤之酒。

⑫ 曲糵盐梅：曲糵：酒曲。盐梅：咸盐和酸梅。《尚书·说命》："若作酒醴，汝为曲糵；若作和羹，汝为盐梅。"

⑬ 庾楼：《晋书》载，庾亮乘月登南楼，踞胡床自玩。

⑭ 羯鼓：《杨妃外传》载，贵妃见苑中花未发，命羯鼓催之，桃杏俱放。

⑮ 象箸：象牙筷。犀杯：犀角雕成的酒杯。

⑯ 根荄：荄即根，一曰草木枯根。

⑰ 剜苔：《石鼓歌》："剜苔剔藓露节角。"

⑱ 南窗：晋陶潜《归去来兮辞》中有："倚南窗以寄傲，审容膝之易安。"

⑲ 东阁：《汉书·公孙弘传》：公孙弘为相时，开平津阁以招贤者。

⑳ 茵：褥。言草软如褥。

㉑ 幄：帐。言槐垂如帐。

十 一 真

邪对正，假对真，獬豸对麒麟^①。韩卢对苏雁^②，陆橘对庄椿^③。韩五鬼^④，李三人^⑤，北魏对西秦。蝉鸣哀暮夏，莺啭怨残春。野烧焰腾红烁烁，溪流波皱碧粼粼。行无踪，居无庐，颂成酒德^⑥；动有时，藏有节，论著钱神^⑦。

哀对乐，富对贫，好友对嘉宾。弹冠对结绶^⑧，白日对青春^⑨。金翡翠^⑩，玉麒麟^⑪，虎爪对龙鳞。柳塘生细浪，花径起香尘。闲爱登山穿谢屐^⑫，醉思漉酒脱陶巾^⑬。雪冷霜严，倚槛松筠同傲岁^⑭；日迟风暖，满园花柳各争春。

香对火，炭对薪，日观对天津⑮。禅心对道眼，野妇对宫嫔。仁无敌，德有邻，万石对千钧⑯。滔滔三峡水，冉冉一溪冰。充国功名当画阁⑱，子张言行贵书绅⑲。笃志诗书，思入圣贤绝域；忘情官爵，羞沾名利纤尘。

【注释】

① 獬豸：古代传说中的异兽，能辨曲直，见人争斗就用角去顶坏人。

② 韩卢：狗的别称。《战国策·秦策》："以秦卒之勇，车骑之金，以当诸侯，譬若驰韩卢而逐蹇兔也。"苏雁：《汉书·苏武传》载，苏武在匈奴，修书系雁足，雁飞至汉苑，取之，乃知苏书。

③ 陆橘：见前"橘堪怀"注。庄椿：《庄子·逍遥游》："上古有大椿者，以八千岁为春，八千岁为秋。"

④ 五鬼：韩愈《送穷文》中称命穷、智穷、学穷、文穷、交穷为"五穷鬼"。

⑤ 三人：李白《月下独酌》诗："举杯邀明月，对影成三人。"

⑥ 酒德：刘伶作《酒德颂》，中有"行无踪，居无庐"句。

⑦ 钱神：晋代鲁褒著《钱神论》，内有"动静有时，行藏有节"句。

⑧ 弹冠：《汉书·王吉传》载，王阳（吉）为益州刺史，贡禹弹其冠，待阳荐，后果为大夫。结绶：《汉书·萧育传》载，萧育少与朱博善，后彼此荐拔，名著当时。语曰"王贡弹冠，萧朱结绶"。

⑨ 白日：杜甫《闻官军收河南河北》："白日放歌须纵酒，青春作伴好还乡。"青春，明媚的春天。

⑩ 翡翠：鹬鸟。唐陈子昂诗："翡翠巢南海，雄雌珠树林。何知美人意，娇爱比黄金。"盖妇人多取翠羽饰金钿，故名。

⑪ 麒麟：《隋书》：文帝造玉麟符。

⑫ 谢屐：《晋书》载，南朝宋谢灵运好游，每携屐登山，辄连日不返。

⑬ 陶巾：陶潜自己酿酒，酒熟则取头上葛巾漉之，漉毕复著。

⑭ 筠：竹外青皮，引申为竹子。

⑮ 日观：《广舆记》：泰山有峰曰日观，鸡鸣可见日。天津：天津桥的简称，在河南洛阳的洛河上，为隋炀帝所建。

⑯ 石：四钧为石。钧：一钧为 15 千克。千钧即 15 吨。

⑰ 三峡：《水经注》载，巴东三峡，谓广溪峡、巫峡、西陵峡也。

⑱ 画阁：《汉书》载，宣帝甘露三年，画赵充国、霍光等十人图像于麒麟阁。

⑲ 绅：绅，带子。《论语》载，孔子的弟子子张曾将孔子"言忠信，行笃敬"的教诲写在带子上，以示牢记不忘。

十 二 文

家对国，武对文，四辅对三军①。九经对三史②，菊馥对兰芬③。歌北鄙④，咏南薰⑤，迩听对遥闻。召公周太保⑥，李广汉将军⑦。闻化蜀民皆草偃⑧，争权晋土已瓜分⑨。巫峡夜深，猿啸苦哀巴地月⑩；衡峰秋早，雁飞高贴楚天云⑪。

歇对正，见对闻，偃武对修文⑫。羊车对鹤驾⑬，朝旭对晚曛。花有艳，竹咸文，马燧对羊欣⑭。山中梁宰相⑮，树下汉将军⑯。施帐解围嘉道韫⑰，当垆沽酒叹文君⑱。好景有期，北岭几枝梅似雪；丰年先兆，西郊千顷稼如云。

尧对舜，夏对殷，蔡惠对刘贲⑲。山明对水秀，五典对三坟⑳。唐李杜㉑，晋机云㉒，事父对忠君。雨晴鸠唤妇㉓，霜冷雁呼群。酒量洪深周仆射㉔，诗才俊逸鲍参军㉕。鸟翼长随，凤兮洵众禽长㉖；狐威不假㉗，虎也真百兽尊㉘。

【注释】

① 四辅：传说古代天子有四个辅佐官。三军：古时指中军、上军、下军或中军、左军、右军。三军与天、地、人相对应。一说为步、车、骑三个兵种。

② 九经：指《易经》《尚书》《诗经》《周礼》《仪礼》《礼记》《春秋》《孝经》《论语》。三史：指《史记》《汉书》《东观汉记》。《后汉书》出现后，取代了《东观汉记》。

③ 馥：香气。

④ 北鄙：音乐名。《孔子家语·辨乐解》："殷纣好为北鄙之音，其废也忽然，而亡国之声也。"

⑤ 南薰：《史记》载，舜挥五弦琴歌曰："南风之薰兮，可以解吾民之愠兮；南风之时兮，可以阜吾民之财兮。"

⑥ 召公：名奭，周太保。

⑦ 李广：西汉名将，拜为右北平太守，匈奴闻之，号为"飞将军"。

⑧ 化蜀：《蜀志》载，汉景帝末年，文翁为蜀郡太守，声教大洽，条教所及，风行草偃。

⑨ 分晋：晋始有六卿：智氏、赵氏、韩氏、范氏、魏氏、中行氏，厥后智、韩、赵、魏共灭范、中行，分其地。

⑩ 巫猿：《佩文韵府》载，巫峡猿凡鸣至三声，闻者皆泪。

⑪ 衡雁：《衡岳志》载，衡岳有回雁峰，故雁至衡阳而止。

⑫ 偃武：《尚书·武成》载，武王克商，乃偃武修文。

⑬ 羊车：《晋书·胡贵嫔传》载，晋武帝幸宫掖，乘羊车任其所之，宫人乃插竹于宫门，以盐汁洒地引之。鹤驾：《佩文韵府》："王子晋，周灵王太子也。于缑山乘白鹤仙去，故太子之驾曰鹤驾。"

⑭ 马燧：唐宰相。羊欣：字元敬，为新安守。

⑮ 山中相：《梁书·陶弘景传》载，陶弘景隐茅山，武帝每有大事则询之，弓山中宰相。

⑯ 树下将军：《后汉书·冯异传》：冯异号大树将军。

⑰ 解围：《晋书·列女传·王凝之妻谢氏》载，王凝之弟献之，与客谈议将屈，嫂

（谢）道韫曰："欲与小郎解围。"乃设帏自蔽，申献之前说，客不能屈。

⑱ 沽酒：《汉书·司马相如传》：卓文君与司马相如当垆卖酒。

⑲ 蔡惠：《汉书》载，蔡惠梦得禾复失，郭乔曰：禾失为秩，当进爵。刘贲（fén）：《旧唐书·刘贲传》载：刘贲对策议宦官，考官不敢取，李郃曰：刘贲下第，我辈登科，能无厚颜。

⑳ 五典：少昊、颛顼、高辛、唐、虞之书为五典。三坟：伏羲本山坟作《易》曰《连山》，神农本气坟作《易》曰《归藏》，黄帝本形坟作《易》曰《坤乾》，共称"三坟"。

㉑ 李杜：唐李白、杜甫以诗齐名。

㉒ 机云：晋陆机、陆云兄弟以文齐名。

㉓ 鸠妇：宋陆佃《埤雅》载，鸠天阴则逐其妇，晴则呼之。

㉔ 仆射：《晋书·周顗传》载，周顗饮酒无醒日，及为仆射，以酒失略罢去，号三日仆射。

㉕ 参军：鲍照官历参军，诗情俊逸；杜甫《春日怀李白》诗："清新庾开府，俊逸鲍参军。"

㉖ 鸟随：《格物总论》："凤飞则禽鸟随之。"

㉗ 禽长：《春秋孔演图》："羽虫三百六十，而凤为之长。"

㉘ 狐假：《战国策·楚策》载，楚宣王问群臣曰：北方之民畏昭奚恤，何也？江乙对曰：虎得狐欲食之，狐曰，无食我，天帝令我长百兽，子如不信，我为子先行，百兽能无走乎。虎随狐行，兽皆走，虎不知兽之畏己，而反以为畏狐也。今北方非畏昭奚恤，实畏王甲兵耳。

㉙ 兽尊：《风俗通》："虎阳物，百兽之长。"

十 三 元

幽对显，寂对喧，柳岸对桃源。莺朋对燕友①，早暮对寒暄。鱼跃沼②，鹤乘轩③，醉胆对吟魂。轻尘生范甑④，积雪拥袁门⑤。缕缕轻烟芳草渡，丝丝微雨杏花村。诣阙王通，献太平十二策⑥；出关老子⑦，著道德五千言⑧。

儿对女，子对孙，药圃对花村。高楼对邃阁，赤豹对玄猿⑨。妃子骑，夫人轩⑩，旷野对平原。鲍巴能鼓瑟⑪，伯氏善吹埙⑫。馥馥早梅思驿使⑬，萋萋芳草怨王孙⑭。秋夕月明，苏子黄冈游绝壁⑮；春朝花发，石家金谷启芳园⑯。

歌对舞，德对恩，犬马对鸡豚。龙池对凤沼⑰，雨骤对云屯。刘向阁⑱，李膺门⑲，唳鹤对啼猿⑳。柳摇春白昼，梅弄月黄昏，岁冷松筠皆有节，春喧桃李本无言㉑。噪晚齐蝉㉒，岁岁秋来泣恨；啼宵蜀鸟㉔，年年春去伤魂。

【注释】

① 莺朋：宋翁森《四时读书乐》："好鸟枝头亦朋友，落花水面皆文章。"

② 跃沼：《诗经》："王在灵沼，于牣鱼跃。"

③ 鹤轩：《左传》载，卫懿公好鹤，尝以乘轩，及狄伐卫，国人受甲者皆曰：使鹤，鹤实有禄位，予焉能战！

④ 范甑：汉代范丹家贫，甑中生尘。甑，古代蒸饭的瓦器。

⑤ 袁门：《南齐书》载，洛阳令雪中访袁安，安闭门拥雪，高卧未起。

⑥ 献策：《隋书·王通传》载，王通曾献《太平策》十二篇于隋文帝，不为所用。

⑦ 出关：《关令内传》："尹喜尝登楼，望东极有紫气西迈，曰：'应圣人过京邑。'果见老子骑青牛来过。"

⑧ 道经：老子著有《道德经》五千言。

⑨ 赤豹：《诗经·大雅·韩奕》："赤豹黄罴。"玄猿：黑猿。杜甫诗："落日玄猿哭。"

⑩ 妃子骑：《杨妃传》："妃好啖生荔枝，海南每岁七日七夜飞骑献荔枝至京师。"唐杜牧《过华清宫绝句》诗："一骑红尘妃子笑，无人知是荔枝来。"夫人轩：《左传·闵公二年》："归夫人鱼轩。"鱼轩，夫人车，以鱼皮为饰。

⑪ 匏巴：《荀子·劝学》："昔者匏巴鼓瑟，而流鱼出听。"

⑫ 吹埙：《诗经·小雅·何人斯》："伯氏吹埙。"埙，古代土制乐器，椭圆形，有六孔。

⑬ 驿使：《荆州记》载，陆凯与范晔善，自江南寄梅一枝与晔，赠诗曰："折梅逢驿使，寄与陇头人。江南无所有，聊寄一枝春。"

⑭ 王孙：《楚辞·招隐士》："王孙游兮不归，春草生兮萋萋。"

⑮ 黄冈：苏轼《前赤壁赋》："壬戌之秋，七月既望，苏子与客泛舟游于赤壁之下。"赤壁，指湖北黄州的赤壁。

⑯ 金谷：《晋书》载，晋石崇有金谷园，春宴客各赋诗，不成，罚酒三斗。

⑰ 龙池：龙池、凤沼，皆禁苑池沼名。

⑱ 刘阁：西汉学者刘向曾校书于天禄阁。

⑲ 李门：《后汉书·李膺传》：李膺为太尉，独持风裁，登其门者号登龙门。

⑳ 喉：鸣。

㉑ 无言：《史记·李将军列传》："桃李不言，下自成蹊。"

㉒ 齐蝉：《古今注·问答释义》载，牛亨问董仲舒曰：蝉名齐女者何故？舒曰：昔齐王之后怨王而死，尸为蝉，故名齐女。

㉓ 蜀鸟：《蜀志》载，蜀帝杜宇失国，思之不得，乃化为鹃鸟，啼血乃止。

十 四 寒

多对少，易对难，虎踞对龙蟠①。龙舟对凤辇②，白鹤对青鸾。风淅淅，露氵专氵专，绣毂对雕鞍③。鱼游荷叶沼，鹭立蓼花滩。有酒阮貂奚用解④，无鱼冯铗必须弹⑤。丁固梦松⑥，柯叶忽然生腹上；文郎画竹⑦，枝梢倏尔长毫端。

寒对暑，湿对干，鲁隐对齐桓⑧。寒毡对暖席⑨，夜饮对晨餐。叔子带⑩，仲由冠⑪，郏鄘对邯郸[12]。嘉禾忧夏旱，衰柳耐秋寒。杨柳绿遮元亮宅[13]，杏花红映仲尼坛[14]。江水流长，环绕似青罗带[15]；海蟾轮满[16]，澄明如白玉盘[17]。

　　横对竖，窄对宽，黑志对弹丸[18]。朱帘对画栋，彩槛对雕栏。春既老，夜将阑，百辟对千官[19]。怀仁称足足，抱义美般般[20]。好马君王曾市骨，食猪处士仅思肝[21]。世仰双仙[22]，元礼舟中携郭泰，人称连璧[23]，夏侯车上并潘安。

【注释】

　　① 虎踞：形容南京地势险要。相传汉末刘备使诸葛亮至金陵，谓孙权曰："秣陵地形，钟山龙蟠，石城虎踞，此帝王之宅。"（晋代张勃《吴录》）

　　② 龙舟：《隋书·炀帝纪》载，炀帝龙舟幸江都，舳舻相接二百余里。凤辇：后妃所乘之车。

　　③ 绣毂：车辐。张子容："绣毂盈香陌。"

　　④ 阮貂：《晋书·阮孚传》载，阮孚解金貂换酒。

　　⑤ 冯铗：《战国策·齐策》载，孟尝君客有冯煖者，弹剑歌曰："长铗归来兮，食无鱼。"

　　⑥ 梦松：《汉书》载，丁固梦腹上生松，人曰：松字十八公也。后十八年果为公。

　　⑦ 画竹：《画谱》载，文与可善画墨竹，顷刻枝叶皆就。

　　⑧ 鲁隐：鲁隐公，春秋时鲁国君主。齐桓：齐桓公，春秋时齐国君主。

　　⑨ 寒毡：唐代郑虔为广文馆学士，仅寒毡一席。暖席：唐代韩愈文："孔席不暇暖。"

　　⑩ 叔子：《晋书·羊祜传》：羊祜字叔子，任荆州都督，在军常轻裘缓带，身不披甲。

　　⑪ 仲由冠：《孔子家语》载，子路字仲由，初见孔子，冠雄鸡冠。

　　⑫ 郏鄘：地名，在河南洛阳，周成王定鼎之地。邯郸：《列仙传》载，唐卢生不遇，与吕翁同寓邯郸道中，主人方炊黄粱，卢具言生来困厄，翁取枕授之，曰：枕此当荣。卢如其言，果登第，出将入相五十年。忽寤，黄粱未熟。

　　⑬ 元亮宅：元亮为晋诗人陶潜的字，陶潜在《五柳先生传》中说，他家宅旁有五棵大柳树，所以自号为"五柳先生"。

　　⑭ 杏坛：孔子设教于杏坛。

　　⑮ 罗带：《摘句》："水作青罗带。"

　　⑯ 海蟾：《春秋孔演图》："蟾蜍，月精也。"

　　⑰ 玉盘：李白《古朗月行》诗："小时不识月，呼作白玉盘；又疑瑶台镜，挂在青云端。"

　　⑱ 黑志、弹丸：皆指土地狭小。《宋史·赵普传》载，宋太祖欲取太原，赵普曰：候俟平诸国，弹丸黑志之地将何所避。

　　⑲ 百辟：诸侯，也泛指百姓。《诗经》："式是百辟。"

　　⑳ 足足：《文选》："般般抱义，足足怀仁。"般般，身上有花纹的样子，此处代指麒麟。足足，凤凰鸣声，此处代指凤凰。

㉑ 马骨：《战国策·燕策》载，燕昭王使涓人赍千金市千里马于绝域，至而死，以五百金市其骨而还。

㉒ 猪肝：《后汉书·闵仲叔传》载，闵仲叔尚节，家贫，好食猪肝，安邑令敕吏每日给之，叔曰：吾岂以口腹累人耶！遂去之。

㉓ 双仙：《后汉书·郭泰传》载，李元礼与郭泰俱美丰仪，一日同舟，望者以为仙，时号李郭仙舟。

㉔ 连璧：《晋书》载，夏侯湛与潘岳友善，并美风仪，二人同舆接茵，京师人皆目之为连璧。

十 五 删

兴对废，附对攀，露草对霜菅①，歌廉对借寇②，习孔对希颜③。山垒垒，水潺潺，奉璧对探镮④。礼由公旦作⑤，诗本仲尼删⑥。驴困客方经灞水⑦，鸡鸣人已出函关⑧。几夜霜飞，已有苍鸿辞北塞；数朝雾暗，岂无玄豹隐南山⑨。

犹对尚，侈对悭，雾鬓对烟鬟。莺啼对鹊噪，独鹤对双鹇⑩。黄牛峡⑪，金马山⑫，结草对衔环⑬。昆山惟玉集⑭，合浦有珠还⑮。阮籍旧能为眼白⑯，老莱新爱着衣斑⑰。栖迟避世人，草衣木食；窈窕倾城女，云鬟花颜。

姚对宋⑱，柳对颜⑲，赏善对惩奸。愁中对梦里，巧慧对痴顽。孔北海⑳，谢东山㉑，使越对征蛮，淫声闻濮上㉒，离曲听阳关㉓。骁将袍披仁贵白㉔，小儿衣着老莱斑。茅舍无人，难却尘埃生榻上；竹亭有客，尚留风月在窗间。

【注释】
① 霜菅：霜后枯萎的菅草。
② 歌廉：《后汉书·廉范传》载，廉叔度为成都太守，百姓歌之曰："廉叔度，来何暮。不禁火，民安作。昔无襦，今五裤。"借寇：《后汉书·寇恂传》载，寇恂为河内守，河内完固，当征为执金吾，从过颍川，百姓遮道，愿借寇君一年，上许之。
③ 习孔：学习孔子的儒学。希颜：效法颜回。
④ 探镮：《晋书·羊祜传》载，羊祜五岁，诣邻人李氏柔木中，得金镮。主人曰：此吾亡儿物也，乃知前身李氏子也。
⑤ 作礼：周公旦制礼作乐。
⑥ 删诗：古者诗本三千余篇，孔子删为三百零五篇。
⑦ 驴困：孟浩然常骑驴至灞水踏雪寻梅。
⑧ 函关：《列国传》载，秦国规定，函谷关鸡鸣始开。孟尝君夜至函关，不得度，客有善鸡鸣者，众鸡皆鸣，遂度关。
⑨ 玄豹：《列女传》载，陶詹子治陶三年，名誉不兴，家富三倍。妻泣曰：吾闻南山有玄豹，隐雾七日不食，以泽其毛衣，成其文采。至于犬豕，不择食故肥，而取祸必矣。

⑩ 双鹇：白鸟。《西京杂记》："越王献高帝白鹇黑鹇各一只。"

⑪ 黄牛峡：在湖北宜昌西，又名黄牛山。

⑫ 金马山：《广舆记》：在四川成都府崇宁县，上有金马碧鸡神祠。

⑬ 结草：《列国传》载，晋魏颗父武子有嬖妾，武子病，命颗曰：我死，嫁此妾。病笃，又曰：杀以殉葬。及死，颗曰：宁从治命。嫁之。后秦晋战，颗见老人结草以抗杜回，回颠，颗获之。夜梦老人云：我乃妾之父也，报子从治命而不从乱命耳！衔环：《后汉书·杨震传》载，杨宝（杨震父）收一被创黄雀，医而放之。一日化为黄衣年少，衔玉环一双以报之。

⑭ 昆山：昆仑山，古代产玉之地。

⑮ 合浦：《后汉书·孟尝传》载，合浦出珠，民采珠以易米。先时宰守贪，珠皆徙去。后孟尝为守，去珠复还。

⑯ 白眼：晋代阮籍能为青白眼。

⑰ 斑衣：《全相二十四孝诗选集》载，周代老莱子事亲至孝，年近七十，仍着五色衣戏舞以娱亲。

⑱ 姚宋：唐姚崇与宋璟齐名。

⑲ 柳颜：柳公权、颜真卿皆善书，人称颜筋柳骨。

⑳ 孔北海：孔融，字文举，为北海相。

㉑ 谢东山：谢安，晋相，号东山。

㉒ 濮上：《列国传》载，卫灵公与师涓过濮上，夜闻新声。及适晋，晋平公命奏，师旷曰："昔纣亡，沉乐器于濮水，今日之乐，是必为濮上之音，乃纣亡国之音也。"

㉓ 阳关：唐王维《渭城曲》："劝君更尽一杯酒，西出阳关无故人。"后人用此，有《阳关三叠》曲。

㉔ 白袍：薛仁贵常服白袍，号白袍将军。

第二节 诗词歌赋篇

目标导航

1. 了解中国古代诗歌的发展历程。
2. 了解历代诗歌的主要特点及其代表作家和作品。
3. 熟读并背诵中国古代诗歌中的名家名作。

一、经典导读

诗歌是世界上最古老、最基本的文学样式，也是人类社会最早出现的艺术形式之一。它通过音节、韵律、声调起伏的组合排列，阐发人类内心世界的情感变化。诗人们用凝练的语言、丰富的想象和高度集中的意象来展现人们所生活的现实社会和人们丰富多彩的内心世界。我国古代的先贤们对此已有深刻的认识，孔子认为诗歌"可以兴，可以观，可以群，可以怨"，重点强调了诗歌的社会功能；而西晋文学家陆机认为"诗缘情而绮靡"，重点强调了诗歌抒发个人内心情感的特性。

远古时代，诗歌就在人们的劳动、歌舞中逐渐形成并发展起来。早期的诗歌往往是一些简短的劳动"号子"，原始人类在劳动之时集体发出的有节奏的音节就成了最早的歌谣。《吴越春秋》卷九所载《弹歌》："断竹、续竹、飞土、逐肉。"反映的是原始人制造弹弓和狩猎的过程，就是一首十分古老的歌谣。

上古时期，诗歌与音乐舞蹈合为一体，诗即歌词，先民们往往在祭祀或举行重大活动时，配合音乐，边舞边歌。在后来的发展历程中，诗歌与音乐、舞蹈渐渐分离，各自成为一种独立存在的艺术形式。我国拥有五千多年文明史，诗歌在我国古代文化和文学史上占有极为重要的地位。时至今日，中国古代诗歌荡去岁月的尘埃，依然在世界文学的宝库中熠熠生辉。

西周时期，我国出现了第一部诗歌总集《诗经》。《诗经》收集了西周初期至春秋中叶约 500 年间产生的诗篇，共 305 篇。它按音乐种类的差别，分为"风""雅""颂"三部分。"风"即是"国风"，周王朝京都之外的地方乐歌，"雅"是周王朝直接统治地区的乐歌，又分为"大雅"和"小雅"，"颂"则是宗庙祭祀时的乐舞曲。《诗经》反映了广泛的社会生活。有的诗篇揭露了统治阶级的腐朽，反映了百姓对腐朽统治的反抗，如《硕鼠》《伐檀》等篇章；有的诗篇表达了人民对繁重的徭役和兵役的憎恨与厌恶，如《击鼓》《君子于役》等篇章；有的诗篇歌颂了男女之间真挚美好的爱情以及对婚姻生活的向往，如《关雎》《静女》《蒹葭》等；有的则表现了妇女在婚姻生活中的不幸，如《氓》等。总之，当时社会生活的各个方面，以及劳动人民的思想感情，都在《诗经》中得到了最真切的反映，先民的生活图景都生动地保存在《诗经》中。《诗经》语言朴素、简洁，富于音韵美，运用重章叠句和赋、比、兴的手法来表情达意，具有很高的艺术性。《诗经》是中国现实主义文学的开端，奠定了中国文学关注现实，描摹现实的传统。

战国时代出现了以屈原为代表的楚辞，楚辞的出现标志着中国诗歌从民间歌谣转向诗人独立创作的更高发展阶段的来临。诗人的作品，由于其个人的天赋才能、高度的文化素养以及对艺术遗产的继承，一般说来比民歌在思想上更丰富，在情感上更细腻，在艺术上更精致。屈原、宋玉的作品，"叙情怨，则郁伊而易感；述离居，则怆怏而难怀；论山水，则循声而得貌；言节候，则披文而见时"（刘勰《文心雕龙》）。楚辞体诗句式以六言、七言为主，长短参差，灵活多变，句中多用语气词"兮"字。诗歌充满着神奇瑰丽的想象，洋溢着楚地特有的文化浪漫。屈原运用这种诗歌形式，创作了一系列杰出的诗歌作品，如我国第一首抒情长诗《离骚》；充满浪漫主义想象的《九歌》《九章》和《天问》等作品。

两汉时期，诗歌进一步发展。汉乐府民歌在两汉诗歌中占有重要地位，汉乐府民歌流传到现在的共有 100 多首，大部分是五言诗，后经文人的仿作，在魏晋时代成为主要的诗歌形式。乐府本是国家的音乐管理机构，负责采编民歌并配乐演唱，后人将乐府机构配乐演唱的歌统称为汉乐府诗。汉乐府民歌继承了《诗经》"饥者歌其食，劳者歌其事"的传统，以"感于哀乐，缘事而发"的现实主义精神，深刻反映了两汉社会生活的各个方面，表现了当时劳动人民的生活和愿望。汉乐府诗中的著名篇章有的揭露了战争灾难，控诉统治者穷兵黩武，如《十五从军征》等；有的表现了女性不慕富贵的高尚节操，如《陌上桑》《羽林郎》等；有的对社会下层人民的不幸遭遇表示深切同情，如《东门行》《妇病行》《孤儿行》等；有的揭露了封建礼教、封建家长制的罪恶，表达了对真挚爱情的向往，如《孔雀东南飞》《上邪》《有所思》等。汉乐府民歌最重要的艺术特色是它的叙事性，《孔雀东南飞》是汉乐府叙事诗的最高峰。汉乐府民歌多采用口语化的朴素语言表现人物的性格，人物形象生动鲜活，感情饱满而真挚。汉乐府诗歌长于叙事铺陈，汉乐府诗歌的出现标志着中国古代叙事诗的完全成熟。

五言诗是中国古典诗歌的主要形式，它从民间歌谣到文人创作，经历了漫长的发展历程。东汉班固创作的《咏史》诗，是我国现存最早的文人五言诗，它叙述了西汉缇萦救父的历史故事。东汉秦嘉的三首《赠妇诗》则是东汉文人五言诗成熟的标志。汉末出现的被刘勰誉为"五言之冠冕"的《古诗十九首》代表了汉代文人五言诗的最高成就。《古诗十九首》并非一时一人的作品，其诗有的叙述男女离别相思之苦："行行重行行，与君生别离。各在天一涯，会面安可知？"或抒发对人生无常的感触，如"人生天地间，忽如远行客"；或喟叹人生短暂"人生寄一世，奄忽若飙尘"；或抒写理想幻灭后的忧伤，如"南箕北有斗，牵牛不负轭。良无磐石固，虚名复何益"。这十九首古诗，长于抒情，尤其善用比、兴等艺术手法，许多诗句情与景的结合已入化境。

汉末建安时期，在邺下形成了由曹操、曹丕、曹植（"三曹"）父子三人为文坛领袖，孔融、陈琳、王粲、徐干、阮瑀、应玚、刘桢（"七子"）等人为代表的文人集团。他们继承汉乐府民歌的现实主义传统，掀起了文人诗歌创作的高潮。他们的诗作描写战乱时代人民的苦难，抒发诗人渴望建功立业的壮志，突出表现了时代精神，因而具有慷慨悲凉的特质，后世称为"建安风骨"。七子中诗歌成就最高的是王粲，其代表作《七哀诗》三首是汉末战乱现实的写照。建安时代的诗人们，以曹植取得的艺术成就为最高。曹植的诗歌内容富于气势和力量，语言细腻、辞藻华丽、善用比喻等修辞，因而具有"骨气奇高、词采华茂"的艺术风格，代表诗作有《白马篇》《赠白马王彪》等。建安时代的诗，是从汉乐府发展到五言诗的转变关键，曹植是我国历史上第一个大力写作五言诗的诗人。

"竹林七贤"中的阮籍和嵇康是正始时期诗坛的代表人物。阮籍的八十三首《咏怀诗》是这一时期的诗歌代表。这八十三首《咏怀诗》运用象征、隐喻和比兴寄托的方法，曲折隐晦地表达诗人对政局的失望及对自己全身免祸的深沉忧虑。嵇康的诗愤世嫉俗，锋芒直指黑暗的现实，其代表作有《幽愤诗》等。魏晋之交，随着世风的变易，诗歌创作呈现出与建安时代迥异的风貌。阮籍、嵇康的作品，或沉郁隐晦，或风格峻切，他们继承了建安文学的优秀传统，进一步推动了五言古诗的发展。西晋太康时期诗歌出现繁盛景象，张载、张协、张亢兄弟三人，陆机、陆云兄弟二人，潘岳、潘尼叔侄和左思均在当时名噪一时，有"三张二陆两潘一左"之称。其中，左思的诗歌风格遒劲，继承了建安文学的精神，被后人誉为"左思风力"。其《咏史》诗结合自身遭遇，吟咏历史人物，开辟了咏史与咏怀相结合的新诗风。

东晋时期玄学之风大盛，因此，"理过其辞，淡乎寡味"的玄言诗泛滥一时。生活在晋宋之交的陶渊明是这一时期诗人中能够超越流俗的杰出代表。他出仕后目睹官场黑暗，不愿同流合污，即决心辞官归隐，保持自我的人格精神，开创了我国古典诗歌中的田园诗。他的诗多描写田匠劳作后的欣喜，田园生活的闲适，达到了情、景、理合一的境界。《归园田居》《饮酒》是其田园诗中的代表作。后世评陶诗"一语天然万古新，豪华落尽见真淳"，即是陶诗自然冲淡风格的写照。此外，诗人内心并未真正忘怀时事，《读山海经》《咏荆轲》等诗也显示了诗人"金刚怒目"的一面。陶渊明诗对后世影响深远，唐代山水田园诗派的产生则直接源出其诗。隐居不仕的陶渊明把田园生活作为重要的创作题材，在当时崇尚骈俪、重形式而轻内容的时代氛围中，陶渊明继承乐府的现实主义传统，为古典诗歌开创了一个新的境界，五言诗也得到了高度发展。与陶渊明差不多同时的谢灵运是我国古典诗歌中山水诗的鼻祖，其山水诗融情入境，灵动自然，时有佳句，如"池塘生春草，园柳变鸣禽""野旷沙岸净，天高秋月明"等句，但也有玄理入诗，雕琢穿凿的弊病。

南朝乐府民歌以《清商曲》的吴歌和西曲为主，保存下来的有480余首，一般为五言四句小诗，绝大多数是情歌。语言清新自然，多用双关。风格柔婉细腻，富于生活气息。其中的《西洲曲》代表着南朝民歌艺术上的最高成就。北朝乐府民歌数量不多，却广泛地反映了社会生活的各个方面。北朝民歌感情直露，语言粗犷，风格刚健有力。其中最有名的是长篇叙事诗《木兰诗》，它与《孔雀东南飞》并称为中国诗歌史上的"乐府双璧"。

南北朝时最杰出的诗人是鲍照。鲍照继承和发扬了汉魏乐府的传统，创作了大量优秀的五言和七言乐府诗。他的诗风格俊逸豪放，凌厉奇矫，多抒发寒士备受压抑的痛苦心声。诗中充溢着昂扬激越，慷慨不平的怨愤之气，其中《拟行路难》十八首是他的代表作。他成熟地运用七言句法，表现了个人的不幸遭遇，展现了时代的风貌。

南齐永明年间，"声律说"盛行，诗歌创作开始注意音调和谐。"永明体"的新诗体逐渐形成。这一新诗体是我国文学史上格律诗产生的开端。这时期最为知名的诗人是谢朓。谢朓以其对山水诗的发展及对新体诗的探索而著名，诗风清新流丽，摆脱了玄言诗的成分，达到了情景交融的境界。他创作的新体诗对唐代律诗、绝句的形成起到了促进作用。

诗歌发展到唐代，迎来了高度成熟的黄金时代。在唐代近300年的时间里，留下了近50 000首诗。唐王朝国力空前强盛，国家从长期分裂复归于统一，经济和文化获得了充分发展的良好条件，唐朝统治者在各方面采取了开放的政策，中外文化交流频繁，形成了宽松的文化环境，促进了唐朝文学的兴盛。

唐代诗歌是唐代文学的标志，也是中国古典诗歌的最高峰，是中国诗歌史上的黄金时代。有唐一代，各时期均是佳作叠见，名家辈出，仅《全唐诗》收录的诗人就有2000余家，诗作近50 000首，而实际数量远超于此。

　　初唐时期，诗歌承袭齐梁余风，上层社会流行靡丽软艳的"上官体"诗。王勃、杨炯、卢照邻、骆宾王被后人誉为"初唐四杰"，他们是这一时期诗坛的代表人物。诗歌题材在他们手中得以扩大，他们和稍后的陈子昂，上承汉魏风骨，力扫齐梁宫体诗颓风，使唐诗开始由上层宫廷走向整个社会，题材由描摹宫体艳情转向现实，由靡靡之音变为清新健康的歌唱。同时期的宋之问和沈佺期在诗歌的形式上也做了大胆的探索，确定了五言律诗的形式。"初唐四杰"与陈、沈、宋等人共同为唐诗的发展铺平了道路。

　　唐玄宗开元、天宝年间，史称盛唐，这一时期出现了两大诗歌流派和我国诗歌史上的"两大高峰"。以王维、孟浩然、储光羲等人为代表的山水田园诗派，上承陶渊明、谢灵运而别开生面。王维的诗歌"诗中有画，画中有诗"，意境幽静明秀，兴象玲珑。他善于将绘景状物与阐发禅趣相结合达到精妙的艺术境界。孟浩然的山水田园诗冲淡闲远，语言自然纯净，情思婉曲。盛唐时期，以高适、岑参、王昌龄等人为代表的边塞诗人，诗风刚劲有力，唱出了时代的最强音。高适的诗歌沉雄慷慨，境界阔大，代表作有《燕歌行》《别董大》等。岑参的七言歌行体诗描绘雄奇的边塞风光和艰苦的军旅生活，风格奇逸峭拔，代表作有《白雪歌送武判官归京》《走马川行奉送出师西征》等。王昌龄的边塞诗则清新刚健，尤擅绝句，被誉为"七绝圣手"。李白和杜甫是中国诗歌史上的两座高峰。因李白诗歌豪放飘逸，又被誉为"诗仙"。《将进酒》《蜀道难》《梦游天姥吟留别》等诗，气势奔放，抒情酣畅淋漓，显示了诗人独特的艺术个性。杜甫的诗歌沉郁顿挫，他的诗自始至终贯穿着作者心系天下，忧国忧民的情怀。他的诗全面地反映了安史之乱给社会造成的灾难，展现了广阔的社会生活画卷，"三吏""三别"都是这样的诗作。因此，杜甫的诗被后人称为"诗史"。他创作的律诗，在艺术上达到了最高的境界。

　　进入中唐时期，诗歌创作经过短期的衰退后，又出现了一个新高潮。刘长卿、韦应物等人延续王维、孟浩然山水田园诗派的道路，继续创作山水诗；卢纶、李益等人则沿着高适、岑参一派开创的边塞诗，继续创作。白居易、元稹倡导的新乐府运动，提出"文章合为时而著，歌诗合为事而作"的主张，创作新乐府诗。新乐府诗选择具有典型意义的社会现象，加以集中概括，对社会弊端进行讽谕批评，有鲜明的形象性和强烈的批判性，诸如《卖炭翁》《杜陵叟》等篇章，千百年来传诵不绝。白居易诗歌创作的成就是多方面的，《长恨歌》和《琵琶行》，堪称古代叙事诗中的杰作。这一时期，和元白诗派齐名而风格迥异的是以韩愈、孟浩然为代表的韩孟诗派。韩孟诗派以才学为本，以议论见长，作诗力避平俗而求生硬奇险，开了后世宋诗的风气。韩愈是著名的散文家，他善以文入诗，把新的语言风格、章法技巧带入了诗坛，扩大了诗的表现领域，但同时也带来以文为诗，讲才学，追求险怪的风气。孟郊与贾岛都以"苦吟"而著名，追求奇险，苦思锤炼是他们的共同特点。此外各具艺术个性的著名诗人还有柳宗元、刘禹锡和李贺。刘禹锡是一位有意创作民歌的诗人，他的《竹枝词》描写真实，很受人们喜爱。此外，他的律诗和绝句也很有名。柳宗元的诗如他的散文一样，多抒发个人的悲愤和抑郁。他的山水诗情致婉转，描绘简洁，处处显示出他清峻高洁的个性，如《江雪》就历来为人们所传诵。李贺在诗歌的形象、意境、比喻上不走前人之路，拥有中唐独树一帜之风格，开辟了奇崛幽峭、浓丽凄清的浪漫主义新天地。《苏小小墓》《梦天》等都是充分体现他的独特风格之作。李贺以其浓丽浪漫的诗风独树一帜，并启迪了晚唐的李商隐。

到了晚唐，随着李唐王朝走向没落，诗歌气格染上了浓厚的衰亡感伤色彩。最有成就的诗人是杜牧和李商隐。世称"小李杜"。杜牧的诗以七言绝句见长，可与盛唐"七绝圣手"王昌龄并肩。他的咏史怀古诗，风格俊爽高绝。写景也自然清丽，如《山行》让人百读不厌。《江南春》《山行》《泊秦淮》《过华清宫》等是他的代表作。李商隐以爱情诗见长。他的七律学杜甫，用典精巧，对偶工整，沉博绝丽，以爱情诗独擅胜场，如《马嵬》就很有代表性；他的七言绝句也十分有功力，《夜雨寄北》《嫦娥》等是其中的名作。他的《无题》诗，工于比兴，用典甚多，往往意蕴深永，耐人寻味，部分作品则未免有晦涩难解之病。

晚唐后期，出现了一批继承中唐新乐府精神的现实主义诗人，代表人物是皮日休、聂夷中、杜荀鹤。他们的诗锋芒毕露，直指时弊。

诗发展到宋代已不似唐代那般辉煌灿烂，但却自有它独特的风格，即抒情成分减少，叙述、议论的成分增多，重视描摹刻画，大量采用散文句法，使诗同音乐关系疏远。

最能体现宋诗特色的是苏轼和黄庭坚的诗。黄庭坚诗风奇特拗崛，在当时影响广于苏轼，他与陈师道一起开创了宋代影响最大的"江西诗派"。宋初的梅尧臣、苏舜钦并称"苏梅"，为奠定宋诗基础之人。欧阳修、王安石的诗对扫荡西昆体的浮艳之风起过很大作用。国难深重的南宋时期，诗作常充满忧郁、激愤之情。陆游是这个时代的代表人物。与他同时的还有以"田园杂兴"诗而出名的范成大和以写景说理而自具面目的杨万里。文天祥是南宋最后一个大诗人，高扬着宁死不屈的民族精神的《过零丁洋》是他的代表作。

源于唐代的词，鼎盛于宋代。

词是在唐代随燕乐而兴起的新诗体。它起源于民间，敦煌曲子词是现存最早的民间词。中唐以后，文人才士倚声填词才渐成风气，温庭筠、韦庄都是晚唐曲子词创作的佼佼者。温庭筠的词，辞藻华丽，多写妇女的离别相思之情，被后人称为"花间派"。五代时，西蜀和南唐成为词的创作中心，中国第一部文人词总集《花间集》问世于西蜀。而词人中成就最高的是南唐后主李煜，在词的发展史上占有较高的历史地位。他早期作品多写宫廷享乐生活，国破被俘以后，以词抒写家国身世之恨，感慨遥深，形象真切，语言朴素自然又意蕴无穷，开拓了词的表现境界。

词发展到宋代，进入了鼎盛时期，成为宋代文学的主要标志。唐诗、宋词，成为中国文学的并峙的两大高峰。北宋初期，词坛继承花间派的婉约和绮靡。晏殊的词风雍容闲雅，有富贵气。晏殊之子晏几道，由于其个人遭遇的不幸，词风有异于晏殊，较多低回感伤的色彩。范仲淹镇守边塞，生活经历不同，他的词中开始出现了境界开阔、沉郁苍凉之作，给宋初词坛注入了一股新鲜的生气。

柳永是宋代第一个专力写词的词人。他从都市中下层人民生活中汲取创作素材，运用通俗化的语言表现世俗化的生活，他大量创作篇幅较长、结构复杂、音调更为繁复的慢词。他的词多用铺叙白描之法，层次分明，语言通俗，从内容到形式都富于平民色彩，在当时市民中传唱极盛。《八声甘州》（对潇潇暮雨洒江天）、《雨霖铃》（寒蝉凄切）等词借景寓情，俗而能雅，是他的精心之作，尤传诵于后世。柳永是第一位对词进行全面革新的大词人。北宋的天才作家苏轼则把笔触伸向了更为广阔的现实生活和个人极其丰富的内心世界，进一步扩大了词的题材，扩展了词的意境，丰富了词的表现手法，使词成为独立的抒情诗体，达到了"以诗为词"的境界。他用词来写景、抒情、怀古、感旧、记游，甚至说理谈禅，风格变换多样。《江城子·乙卯正月二十日夜记梦》《水龙吟·次韵章质夫杨花词》词笔细腻、风情婉转；《念奴娇·赤壁怀古》《水调歌头·明月几时有》高歌入云、豪气满怀，给宋词带来了新的气象，促使了南宋豪放词派的诞生。这时的秦观、贺铸、黄庭坚等人也各有自己的成就，共同创造了北宋词坛多种风格相互竞争的繁荣局面。

集北宋婉约词之大成的是周邦彦。周邦彦基本承袭了柳永词的余风，仍表现男女恋情和羁愁行役等传统内容，但由于他妙解音律，有很高的艺术修养，在使词艺趋于精美化方面功不可没。他的章法结构变化多样、表现技巧丰富、语言谐畅精工。

在南北宋之交，还出现了我国古代最优秀的女词人李清照。她的词意境深厚，感情宛曲，语言清新，尤其是南渡以后的作品如《声声慢》（寻寻觅觅）等，将国破家亡的悲愤与身世漂泊的伤痛融为一体，缠绵抑郁，感人心魄。

宋室南渡以后，感时伤乱，抒发爱国情怀，成为此后词作的一大主题。南宋初词人大多亲历靖康之变，故词作突破了北宋末年的平庸浮靡，表现了鲜明的时代特征。著名的有张元干、张孝祥、陈与义，向子谨、朱敦儒等，他们上承苏轼一脉，下启辛派词风，是两者之间的重要过渡。南宋最伟大的爱国主义词人当推辛弃疾。辛弃疾生当南宋衰世，有出将入相之才，满怀抗金报国的凌云之志，但受朝廷妥协苟安政策的羁缚，壮志难酬，郁愤深积，只得将一腔爱国情怀寄之于词，使宋词的思想境界和精神面貌达到了光辉的高度。他继承东坡词的豪放风格而加以发展，尤其是他驾驭语言的功力极深，能将经史子集之语熔铸入词而一如己出，前人称其"以文为词"，辛词又深于寄托，融传统的婉约和豪放于一体，人称他的词作是"色笑如花，肝肠如火"。把词的艺术提高到一个新的境界。名篇如《破阵子·为陈同甫赋壮词以寄之》打破传统的章法结构；《永遇乐·京口北固亭怀古》壮怀激烈，豪气逼人；而《摸鱼儿》（更能消几番风雨）缠绵哀怨之中有"裂帛之声"；《清平乐·村居》清新活泼，都各具特色。同时的陈亮、刘过等，风格似辛却有点剑拔弩张。后世属于辛派词人的还有刘克庄、刘辰翁。

南宋词人姜夔继承周邦彦，走上了尚风雅、主格律的创作道路。他的词作以纪游、咏物、怀人为主要内容，意境清空，格调骚雅，音律严整，在艺术上冠绝一时。史达祖、高观国等人是他的羽翼。在词风偏于疏宕的南宋，吴文英词却倾向于密丽的风格，人称"七宝楼台"，可谓一枝独秀。由宋入元的重要词家尚有张炎、周密、王沂孙等，随着南宋王朝的覆灭，他们哀怨衰飒的词作成了宋词的尾声余韵。

金元两朝，皆于马上得天下。金为割据之邦而元代享国较短，又都是北方比较落后的游牧民族入主中原。其诗坛皆借才于异代，而文士多有屈才之感。所以，金元文化不可能出现唐代那样的南北文化汇流的汪洋局面。金初由来自辽宋的文士竞胜于诗坛，明昌以后，新一代文士成长起来，创作领域有所开拓。金室南渡后，赵秉文、杨云翼等诗人名望日崇，稍后则有李俊民、王若虚、段克己等，作品多以艰难时世、涂炭民生为题材。此期诗坛的荣光，是挺生于金元易代之际、编集《中州集》、作《论诗绝句三十首》品评臧否建安以来诗派诗作、以"诗中疏凿手"自命的元好问。他有杜甫般的襟抱阅历，苏轼般的才情，为诗题材广博，众体皆工。反映国破家亡现实的作品，奠定了元好问在诗史上的地位。

　　元曲包括元代杂剧与元代散曲。散曲是诗词之外的又一种新的韵文形式，它是从词发展而来，又在金元时期各种曲调的基础上，吸收了少数民族的乐曲及部分唐宋词调的成分，而形成的一种新体诗。它是按一定宫调的典牌填写出来的能唱的曲词。由于散曲可以入乐，当时人们又称其为乐府、北乐府、小乐府、新乐府。

　　元散曲是在"俗谣俚曲"的基础上发展起来的，它的许多曲调来自乡村如《山坡羊》《豆叶黄》《千荷叶》等，同时又主要流传在市民中间，因此它的语言清新活泼，通俗易懂，虽然经过文人的创作，具有了"文而不文，俗而不俗"的特点，但仍然保持民歌歌词质朴活泼的特点。如关汉卿《南吕·一枝花·不伏老》、马致远《般涉调·耍孩儿·借马》、睢景臣的《般涉调·哨遍·高祖还乡》、杜仁杰《般涉调·耍孩儿·庄家不识勾栏》等，其中有不少民间口语。元散曲形式活泼，用韵较传统诗词更加宽泛，且可在依声填词的基础上加上衬字，使其形式更加自由活泼。关汉卿《南吕·一枝花·不伏老》套数中的尾声："我是个蒸不烂、煮不熟、捶不扁、炒不爆、响当当一粒铜豌豆，恁子弟每谁教你钻入他锄不断、斫不下、解不开、顿不脱、慢腾腾千层锦套头？我玩的是梁园月，饮的是东京酒，赏的是洛阳花，攀的是章台柳……"便是其中典型代表。元曲代表作家有关汉卿、白朴、马致远、郑光祖等。

　　明代诗坛虽然人数众多，流派纷呈，风格各异，作品丰富，但优秀的诗人并不多，优秀的诗篇也不多。刘基、高启是明初的著名诗人，高启、杨基、张羽、徐贲四位诗人号称"明初四杰"。而明代前期诗歌方面最有影响的却是以粉饰现实、歌功颂德为能事的"台阁体"和以李东阳为代表的"茶陵诗派"。著名政治家于谦的诗歌直抒胸臆，自然天成，令人耳目一新。明代中期，以李梦阳、何景明为首的"前七子"主张"文必秦汉，诗必盛唐"，掀起了一场文学"复古"运动，给明初以来的道统文学观和虚伪空洞的"台阁体"以沉重的打击，在当时有很大影响。以李攀龙、王世贞为首的"后七子"继续在文学上鼓吹复古主张，对于维护文学的独立地位、强调文学的艺术特征起了极大的作用，但他们更强调效法古人，在拟古的道路上走得更远，对于文学的创新和发展又造成了严重的束缚。徐渭的诗歌独树一帜，开晚明诗歌风气之先声。明代后期诗歌中影响最大的是以袁宏道为代表的"公安派"，主张"独抒性灵"，对明代后期和清代的诗歌创作影响深远。明末诗人陈子龙、夏完淳等在血与火的战斗中写下了慷慨激昂、光辉灿烂的爱国主义诗篇，成为明代诗歌光彩的尾声。

　　清代诗词流派众多，清代诗人数量之多，超过以往各朝；清代诗人创作之富，也是历代诗人无法相比的。明清鼎革，激化了民族矛盾与斗争，中原板荡，沧桑变革，唤起了民族意识与文人的创作才情，给文学注入了新的生命。富有民族精神和忠君思想的遗民诗人的沉痛作品，体现了那个时代的主旋律。稍后的诗人及其作品，虽无强烈的民族思想和家国之痛，但也感叹时世，俯仰人生，写出了风格独特的诗篇。清代诗歌在艺术上不满元诗的纤弱、明诗的肤廓和狭隘，在技巧上兼学唐、宋诗的长处，不断追求创新，改变了元明以来的颓势，出现了新的繁荣。

清初，著名诗人有被称为"江左三大家"的中的钱谦益、吴伟业、龚鼎孳。纳兰性德是这一时期词坛上独具风格的一位作家，他的词写得真挚自然，哀感顽艳。清末龚自珍以其先进的思想，打破了清中叶以来诗坛的沉寂，领近代文学史风气之先。他的诗常着眼于社会、历史和政治的观点来揭露现实，使诗成为现实社会的批判工具。后来的黄遵宪、康有为、梁启超等新诗派更是将诗歌直接作为资产阶级改良运动的宣传载体。

二、原文阅读

（一）唐宋诗选

1. 五绝

春　晓

唐　孟浩然

春眠不觉晓，处处闻啼鸟。
夜来风雨声，花落知多少。

独坐敬亭山①

唐　李白

众鸟高飞尽②，孤云独去闲③。
相看两不厌④，只有敬亭山。

【注释】

① 敬亭山：在今安徽宣城市北。

② 尽：没有了。

③ 独去闲：独去，独自去。闲，形容云彩飘来飘去，悠闲自在的样子。孤单的云彩飘来飘去。

④ 两不厌：指诗人和敬亭山而言。厌：满足。

登 鹳雀楼①

唐　王之涣

白日依山尽②，黄河入海流。

欲穷千里目③，更上一层楼④。

【注释】

①　鹳雀楼：旧址在山西永济县，楼高三层，前对中条山，下临黄河。传说常有鹳雀在此停留，故有此名。

②　白日：太阳。依：依傍。尽：消失。这句话是说太阳依傍山峦沉落。

③　欲：想要得到某种东西或达到某种目的的愿望，但也有希望、想要的意思。穷：尽，使达到极点。千里目：眼界宽阔。

④　更：替、换。

竹　里　馆①

唐　王维

独坐幽篁里②，弹琴复长啸③。
深林人不知，明月来相照。

【注释】

①　竹里馆：辋川别墅胜景之一，房屋周围有竹林，故名竹里馆。

②　幽篁（huáng）：幽深的竹林。

③　长啸：撮口而呼，这里指吟咏、歌唱。古代一些超逸之士常用来抒发感情。魏晋名士称吹口哨为啸。

长　干　行①

唐　崔颢

君家在何处②，妾住在横塘③。
停船暂借问④，或恐是同乡⑤。

【注释】

①　长干行：乐府曲名，是长干里一带的民歌，长干里在今江苏省南京市南面。

②　君：古代对男子的尊称。

③　妾：古代女子自称的谦词。横塘：现江苏省南京市江宁区。

④　暂：暂且、姑且。

⑤　或恐：也许。

行军九日思长安故园①

唐　岑参

强欲登高去②，无人送酒来。

遥怜故园菊③，应傍战场开④。

【注释】

① 九日：指九月九日重阳节。

② 强：勉强。登高：重阳节有登高赏菊饮酒以避灾祸的风俗。

③ 怜：可怜。

④ 傍：靠近、接近。

易 水 送 别①

唐　骆宾王

此地别燕丹②，壮士发冲冠③。
昔时人已没④，今日水犹寒。

【注释】

① 易水：也称易河，河流名，位于河北省西部的易县境内，分南易水、中易水、北易水，为战国时燕国的南界。燕太子丹送别荆轲的地点。

② 此地：原意为这里，这个地方。这里指易水岸边。别燕丹：指的是荆轲作别燕太子丹。

③ 壮士：意气豪壮而勇敢的人，勇士。这里指荆轲，战国卫人，刺客。发冲冠：形容人极端愤怒，因而头发直立，把帽子都冲起来了。冠：帽子。

④ 人：一种说法为单指荆轲，另一种说法为当时在场的人。没：死，即"殁"字。

2. 七绝

春 日

宋　朱熹

胜日寻芳泗水滨①，无边光景一时新。
等闲识得东风面，万紫千红总是春。

【注释】

① 寻芳：春游。泗水：河水名，在山东省的中部。

题 榴 花

宋　朱熹

五月榴花照眼明，枝间时见子初成。
可怜此地无车马①，颠倒苍苔落绛英②。

【注释】

① 可怜：可惜。

② 颠倒：错乱，多指心神纷乱。

③ 绛：大红色。

海　棠

宋　苏轼

东风袅袅泛崇光①，香雾空濛月转廊②。

只恐夜深花睡去，故烧高烛照红妆。

【注释】

① 袅袅：微风轻轻吹拂的样子。泛：透出。崇光：崇，隆重，华美；光，光泽。

② 空濛：雾气迷茫的样子。

元　日①

宋　王安石

爆竹声中一岁除，春风送暖入屠苏②，

千门万户曈曈日③，总把新桃换旧符④。

【注释】

① 元日：阴历正月初一。

② 屠苏：美酒名。

③ 曈曈：形容太阳刚出的样子。

④ 桃：桃符。古时习俗，元旦用桃木写神荼、郁垒二神名，悬挂门旁，为能压邪。

初 春 小 雨

唐　韩愈

天街小雨润如酥①，草色遥看近却无。

最是一年春好处，绝胜烟柳满皇都。

【注释】

① 天街：旧称帝都的城市。酥：牛羊奶中提炼出来的脂肪，即酥油。

清 平 调 词

唐　李白

云想衣裳花想容，春风拂槛露华浓①。

若非群玉山头见②，会向瑶台月下逢③。

【注释】

① 华：同花。

② 群玉山：神话中的女神西王母居住的地方。

③ 瑶台：传说中神仙居住的地方。

客 中 行

唐 李白

兰陵美酒郁金香①，玉碗盛来琥珀光。

但使主人能醉客②，不知何处是他乡。

【注释】

① 兰陵：地名。

② 但使：只要。

绝 句

唐 杜甫

两个黄鹂鸣翠柳，一行白鹭上青天。

窗含西岭千秋雪①，门泊东吴万里船②。

【注释】

① 西岭：西边的山头。

② 东吴：泛指江浙一带。

清 明

唐 杜牧

清明时节雨纷纷，路上行人欲断魂①。

借问酒家何处有②，牧童遥指杏花村。

【注释】

① 断魂：哀伤欲绝。

② 借问：向人询问。

江 南 春

唐 杜牧

千里莺啼绿映红，水村山郭酒旗风①。

南朝四百八十寺②，多少楼台烟雨中。

【注释】

① 山郭：山城。酒旗：古代酒店外面挂的幌子。

② 南朝：即宋、齐、梁、陈四个王朝的总称。它们的都城均设在现在的南京。

社　日①

唐　张演

鹅湖山下稻粱肥，豚栅鸡栖对掩扉②。
桑柘影斜春社散③，家家扶得醉人归。

【注释】
① 社日：古代祭祀土地神的节日。春秋各一次，称为春社和秋社。
② 豚栅：猪栏。鸡栖：鸡窝。扉：门。
③ 桑柘：桑树和柘树。

游园不值①

宋　叶绍翁

应怜屐齿印苍台②，小扣柴扉久不开。
春色满园关不住，一枝红杏出墙来。

【注释】
① 不值：不遇，没有碰见。
② 屐齿：木头鞋子的齿。

滁州西涧①

唐　韦应物

独怜幽草涧边生②，上有黄鹂深树鸣。
春潮带雨晚来急，野渡无人舟自横。

【注释】
① 滁州西涧：俗名上马河，在滁州西。
② 独怜：唯独喜爱。幽：深。涧：两山之间的流水。

初夏睡起

宋　杨万里

梅子流酸溅齿牙①，芭蕉分绿上窗纱②。
日长睡起无情思③，闲看儿童捉柳花。

【注释】
① 梅子：一种味道极酸的果实。
② 芭蕉分绿：芭蕉的绿色映照在纱窗上。
③ 思：意，情绪。

晓出净慈寺送林子方①

宋　杨万里

毕竟西湖六月中②，风光不与四时同③。
接天莲叶无穷碧，映日荷花别样红。

【注释】
① 净慈寺：在今杭州西湖南岸。
② 毕竟：终究，到底。
③ 四时：四季。

有　约①

宋　赵诗秀

黄梅时节家家雨②，青草池塘处处蛙。
有约不来过夜半，闲敲棋子落灯花。

【注释】
① 有约：即邀约友人。
② 家家雨：形容雨水多，到处都有。

山 亭 夏 日

唐　高骈

绿树浓阴夏日长，楼台倒影入池塘。
水晶帘动微风起①，满架蔷薇一院香②。

【注释】
① 水帘动：如水晶般明亮的帘子。
② 蔷薇：落叶灌木，有芳香，除供观赏外，花、果、根等可供药用或制香料。

田　家

宋　范成大

昼出耘田夜绩麻①，村庄儿女各当家。
童孙未解供耕织②，也傍桑阴学种瓜③。

【注释】
① 耘田：除掉田间的杂草。绩麻：把麻搓成线。
② 未解：不懂得。

③ 傍：靠近。

送元二使安西①

唐 王维

渭城朝雨浥轻尘②，客舍青青柳色新。

劝君更尽一杯酒，西出阳关无故人③。

【注释】

① 使：出使。安西：安西都护府的治所，在今新疆维吾尔自治区库车县境内。

② 渭城：古县名。本秦都咸阳县。浥：湿润。

③ 阳关：故址在今甘肃敦煌西南古董滩附近。

枫 桥 夜 泊①

唐 张继

月落乌啼霜满天，江枫渔火对愁眠。

姑苏城外寒山寺②，夜半钟声到客船。

【注释】

① 枫桥：在江苏苏州市阊门外 3 公里处的枫桥镇。

② 姑苏：苏州；寒山寺：在枫桥附近。

（二）唐宋词选

渔 歌 子

唐 张志和

西塞山前白鹭飞①，桃花流水鳜鱼肥②。青箬笠③，绿蓑衣④，斜风细雨不须归⑤。

【注释】

① 西塞山：浙江湖州。白鹭：一种白色的水鸟。

② 桃花流水：桃花盛开的季节正是春水盛涨的时候，俗称桃花汛或桃花水。鳜（guì）鱼：淡水鱼，江南又称桂鱼，肉质鲜美。

③ 箬（ruò）笠：竹叶或竹篾做的斗笠。

④ 蓑（suō）衣：用草或棕编制成的雨衣。

⑤ 不须：不一定要。

忆 江 南

唐 白居易

江南好，风景旧曾谙①。日出江花红胜火②，春来江水绿如蓝③。能不忆江南？

【注释】

①　谙（ān）：熟悉。作者年轻时曾三次到过江南。

②　江花：江边的花朵。一说指江中的浪花。红胜火：颜色鲜红胜过火焰。

③　绿如蓝：绿得比蓝还要绿。如，用法犹"于"，有胜过的意思。蓝，蓝草，其叶可制青绿染料。

菩 萨 蛮

唐　韦庄

人人尽说江南好，游人只合江南老。春水碧于天，画船听雨眠。
垆边人似月①，皓腕凝霜雪②。未老莫还乡，还乡须断肠③。

【注释】

①　垆边：指酒家。垆，旧时酒店用土砌成酒瓮卖酒的地方。

②　皓腕凝霜雪：形容双臂洁白如雪。凝霜雪，像霜雪凝聚那样洁白。

③　未老莫还乡，还乡须断肠：年尚未老，且在江南行乐。如还乡离开江南，当使人悲痛不已。须：必定，肯定。

望 江 南

南唐　李煜

多少恨，昨夜梦魂中。还似旧时游上苑①，车如流水马如龙②。花月正春风。

【注释】

①　上苑：封建时代供帝王玩赏、打猎的园林。

②　车如流水马如龙：意思是车子接连不断像流水一样驰过，马匹络绎不绝像一条龙一样走动。形容车马络绎不绝，十分繁华热闹。

蝶 恋 花

宋　苏轼

花褪残红青杏小①，燕子飞时，绿水人家绕。枝上柳绵吹又少，天涯何处无芳草②。
墙里秋千墙外道，墙外行人，墙里佳人笑。笑渐不闻声渐悄，多情却被无情恼。

【注释】

①　花褪残红：褪，脱去。

②　柳绵：即柳絮。何处无芳草：春光已晚，芳草长遍天涯。

如 梦 令

宋　李清照

昨夜雨疏风骤①，浓睡不消残酒。试问卷帘人②，却道"海棠依旧"。

"知否？知否？应是绿肥红瘦③！"

【注释】

① 疏：指稀疏。

② 卷帘人：有学者认为此指侍女。

③ 绿肥红瘦：绿叶繁茂，红花凋零。

西 江 月

宋 辛弃疾

明月别枝惊鹊①，清风半夜鸣蝉②。稻花香里说丰年，听取蛙声一片。
七八个星天外，两三点雨山前。旧时茅店社林边③，路转溪桥忽见④。

【注释】

① 别枝惊鹊：惊动喜鹊飞离树枝。

② 鸣蝉：蝉叫声。

③ 旧时：往日。茅店：茅草盖的乡村客店。社林：土地庙附近的树林。社，土地神庙。古时，村有社树，为祀神处，故曰社林。

④ 见：同"现"，显现，出现。

相关链接

横穿《诗经》的河流

洪 烛

"关关雎鸠，在河之洲"。掀开《诗经》的第一页，总是那条河流阻挡住我的去路，所以我无法真正进入文字背后的生活。这是一条没有名字的河，记载了古老的爱情与农事，两千多年前的浪花溅湿我苍苔斑驳的草鞋。谁曾经贴着水面行走，并且歌笑歌哭——我们该如何解释这些失传的影子和保留了自由的灵魂？淑女与君子，艄公与过客，母亲与儿女，乃至时光与记忆，隔着同样一条河遥遥相望，构成周而复始的白昼和黑夜。如今，它又借助单薄的纸张间断了祖先的吟唱与后辈的倾听——这条跟血缘、传统、汉语有关的河哟，人间的银河。此岸是高楼广厦，齿轮与车辆，灯火通明的都市，而彼岸呢，彼岸有采薇的村姑、祈雨的礼仪，以及以渔猎为生的星罗棋布的部落……

英国诗人库泊说："上帝创造了乡村，人类创造了城市。"《诗经》在我心目中，尊贵如东方的圣经，记录着农业文明最古老的光荣。在这部边缘泛黄的籍典里呼吸的男女居民，是幸运的，因为他们生活在离造物主最近的地方，门前的原野、山峦、岩石，无一不是造物主最原始的作品，余温尚存。只有阡陌属于自己。于是那些手摇木铎的采诗官奔走于阡陌之上，聆听着大自然苍老的声音和人类年轻的声音，充满感恩的心情。村野气十足的《诗经》象征着一个时代，民歌的时代，那也是人类咿呀学语、蹒跚学步的时代。在大自然的露天课堂里，稚气未脱的书声琅琅。连文盲都可能成为真诚的歌手？只要他用心灵读懂造物主手中的无字天书。甚至可以说，这是一些目睹造物主的指纹而成长的无名诗人，在平凡的劳动、情爱、游猎中获得神秘的智慧。和这些诗兴大发的自然之子相比，我们是苍白的，一生所触及的仅仅是书本、墙壁、道德以及间接的经验。今天的世界已经是被修改了的原稿。在钢筋水泥的城市里，我们很难发现上帝的手迹？灵感的花朵，因为贫血而枯萎，而失去了天真。

七月流火，九月授衣，不读《诗经》，简直无从想象，这块土地上曾经发生过哪些事情？死亡的人物、流亡的事件、中断的对话，伴随坠落的星辰，从纸上重新浮现？借助音乐与文字的力量。耕种、狩猎、婚嫁、祭祀、园艺、兵役……是人类一代又一代遗传的生活方式。哦，七月在野，八月在宇，九月在户，十月蟋蟀入我床下。《诗经》总把我带回农历的年代，我开始低头寻找一把祖传的农具（譬如名称古怪的耒耜），日出而作，日落而息。我仿佛置身于鸡犬之声相闻的村庄，模仿祖先熟稔的农事，刀耕火种。在阅读中我延续着古人的生活？

或许，这是本该继承的宿命？《诗经》里的雷鸣电闪，使一个失去记忆力的人，蓦然想起如此众多的人类的往事。这是一座不上锁的往事的仓库。

风雅颂。赋比兴。《诗经》会将你领进一个河汉密布的地带，弥漫的水雾扑面而来，模糊了你的玻璃镜片。《诗经》本身就是一条河流，一条文字之河，在台灯下读书，你愿意做一尾潜泳的鱼吗？哦，在《诗经》里的掌纹里游动。那苍老的浮云与涛声，遗传在我们的血管里。

我们的血管，业已形成那条河的支流。由于时间的关系，我们永远生活在《诗经》的下游，感受其芬芳，接受其哺养。这是一条没有名字的河，在地图上无法查证的河，可河边的植物却是极其著名的，它叫做蒹葭。这是一种和爱情有关的植物。我们无法忘记它。

蒹葭是因为一位美丽的守望者而出名的。所谓伊人，在水一方。《诗经》时代的爱情，以蒹葭作为标本。我们今天的芦苇，前世都曾经是蒹葭？平民化的身份，也无法篡改其贵族的血统。哦，古老的植物，古老的爱情。正如若干年以后，汉乐府的时代，民歌里的爱情，是以陌上桑命名的（因为一位叫罗敷的采桑女子）。

《诗经》还帮助我们认识了更多古朴的植物，譬如荇菜、卷耳、苤苢、蘩（白蒿）、薇（野豌豆苗）、栩（柞树）、堇葵……我们通过这些生僻的名字，徒劳地追忆某种遥远的生活和已逝的风景。月光如水的夜晚，窗外洋溢着往事混杂的莫名的芳香，我们仿佛洞察到那些静若处子、纤尘不染的植物，重重封锁住道路、篱笆、井台和远方的家园？像一幅饱经沧桑的褪色的插图。哦，昔我往矣，杨柳依依；先民们的起居安息，也隐约散发出温柔的植物的气息。

我们无法回到《诗经》的时代，男耕女织的时代，或者说，我们无法恢复古人的那份单纯与天真。那简直堪称人类的童年。所以《诗经》里回荡着银铃般灿烂的童音，无法模仿。在充斥着欲望、高音喇叭的现实中，这属于天籁了。做天籁的听众，是幸福的。古人以纠缠的音乐的旋律结绳记事，那粗糙的双手搓出来的牧歌，鞭挞着我们世故的灵魂：该往何处去放牧自己失落的童心呢？我们两手空空，一无所有，丧失了原始的浪漫与激情。《诗经》里的那条河，已经流淌两千多年了，沿岸有数不清的读者，饮水思源。这条民间的河流哟。

坎坎伐檀兮，置之河之干兮，河水清且涟漪。岸边的伐木者，面目模糊，背对着我从事永恒的职业。我只注意到一柄闪亮的斧头，被举过头顶。整部《诗经》，都回响着斧头砍伐树木的声音。今天晚上，那柄远古斧头，又在敲击我麻木的耳膜。这是一种提醒：有一群人，仍然在岁月的河边坚持……

思考与练习

1. 找出《声律启蒙》中你喜欢的部分，反复诵读，感受其辞藻和韵律之美。
2. 分别概述中国古诗歌和词的发展史。

第四章

中国传统民俗及文化

第一节 | 中国传统民俗节日及文化内涵

目标导航

1. 熟知中国重大传统民俗节日。
2. 了解中国传统民俗节日的风俗外显。
3. 理解中国传统民俗节日的文化内涵。

一、中国传统民俗节日的文化内涵

我国历代劳动人民创造和传承的传统节日文化，是最具活力、最具民族特色的文化。如春节、元宵节、清明节、端午节、七夕节、中秋节、重阳节等，这些节日集中体现了中华传统文化的核心价值，生动展示了广大民众的精神世界。《全国年节及纪念日放假办法》第二、三次修订后，以国务院令形式将春节、清明节、端午节、中秋节等重大传统民俗节日确定为国家法定假日。中国传统民俗节日历经数千年文化积淀，在传承民族血脉、提升民族精神、强化民族认同、维系民族团结方面发挥了独特文化价值。其文化内涵主要表现为：

（一）天人相谐

我国传统节日是农业文明的缩影，是先人追求天人和谐的产物。我国古代哲学思想注重"顺应天时"，追求"天人合一""天人相应"，寻求人类活动与自然节奏和天地规律的契合。从节日的日期选择到节日游乐、饮食、祭祀活动的安排，都体现着人与自然和谐相生的基本精神。比如春节祭祖敬宗、清明节扫墓踏青、端午节竞舟、中秋节赏月、重阳节登高等，都体现出亲近自然、天人相谐的哲学理念和价值追求，体现了适应自然节奏、人与自然和谐的宇宙观。

（二）亲情凝聚

传统民俗节日的最大生命力、凝聚力体现在对亲情的滋养和呵护。我国传统节日文化一个突出特点是注重"和亲睦族",除了欢庆、娱乐、交往、祈福、驱邪等节日主题外,最内在、最深刻的文化主题就是家庭、团圆、敬老、寻根、孝亲、感恩、共享天伦等。每逢春节、中秋,亿万游子都奔涌回家团聚,体现了中华民族对根的深深认同。传统节日倡导的仁爱美德,由爱亲人出发,推己及人,扩展出与天地万物为一体的爱人利他精神,对民族精神塑造产生潜移默化的影响。

(三)伦理教化

在以家庭为基本单元的传统农耕文化中,家教担负着引导教育子女遵习礼仪礼节、传承伦理道德的基本任务,而传统节日对践习礼仪、淳化风俗有重要作用。在节日进行的祭祖、拜神、城乡交流、集体娱乐等活动中,长辈往往根据具体情况为晚辈讲解关于伦常道德、长幼秩序、待人接物的礼仪知识,伦理观念灌输就在节日的习俗示范作用下实现社会化,不断教化和巩固,社会主流的伦理道德等价值观念通过娱乐活动得到了传承和发扬,从而建构了社会制度的根基。

(四)淑世诉求

传统民俗节日普遍寄托着中华民族对美好生活的憧憬和向往。每逢佳节,人们都会沉浸在普天同庆、万民同乐的气氛中,体现出对乐观喜庆、福寿安康的世俗诉求。如民间流行的祭灶王爷民俗活动,就有明显的淑世情怀烙印;如一些围绕着老人、孩子、女性、恋人等而设的节日,展现出将福禄寿禧和太平团圆、多才多艺的淑世情怀;如春节的放鞭炮、扭秧歌,元宵节的舞龙舟、划旱船,清明节的放风筝,七夕节的赛巧会等,展现出人们欢庆喜悦、追求幸福之情。

(五)信仰皈依

传统民俗节日中有祭祀活动的节日占很大比重,包括对日月天地神灵的崇拜、对祖先的虔敬、对民族英雄的追思等。祭天祀地在节庆活动中现有仍有所保留;对祖先的虔敬更为普遍,春节、清明节、中元节和十月初一等节日,家家户户都隆重举行祭祖敬宗、上坟扫墓等仪式追思先祖。此外,寒食节纪念介之推、端午节纪念屈原等,都反映出对民族英雄、民族理想和民族价值观的敬仰。这些民间崇拜和信仰通过节日形式表达和深化,体现了"有所敬、有所畏"的朴素宗教情感,进而成为民众日常生活的精神支柱。

二、中国传统节日及风俗习惯

(一)春节

春节是农历的岁首,我国自夏朝一直到辛亥革命前将春节称为元旦。元旦一词最早出自南朝梁诗人萧子云《介雅》诗:"四气新元旦,万寿初今朝。"宋吴自牧《梦粱录》卷一《正月》条说:"正月朔日,谓之元旦,俗呼为新年。一岁节序,此为之首。"元旦在古代有不同的称呼:汉代又称"元正",晋代又称"元辰",北齐时又称"元春",唐代又称"元朔"。元旦在哪一天也不尽统一,夏代在正月初一,商代在十二月初一,周代在十一月初一,秦始皇统一中国后,又以十月初一为元旦。汉武帝时又恢复到夏历,以正月初一为元旦，一直延续到辛亥革命前。辛亥革命后，民国元年决定采用公历，遂将农历元旦改为春节，公历 1 月 1 日定为元旦。

除夕：贴对联、除夕之夜的年夜饭是重头戏

鱼、饺子、汤圆、年糕等食物因其美好的寓意而成为年夜饭青睐的对象。除夕拜年，长辈要事先准备好给晚辈的压岁钱。除夕守岁的习俗由来已久。苏东坡《守岁》诗写道："明年岂无年？心事恐蹉跎。努力尽今夕，少年尤可夸。"清代诗人赵翼在 85 岁高龄时曾作《除夕》诗："烛影摇红焰尚明，寒深知己积琼英。老夫冒冷披衣起，要听雄鸡第一声。"

正月初一：拜年

一年之始，万象更新，正月初一、二、三日是大年三天，要祭祀供奉。这三天，一般除了做饭，不做任何其他工作，忌讳说不吉利的话，要拜访至亲。春节从初一到十五，各地还举行各种庙会、社火、乡戏等活动，是传统节日中最为热闹和奢侈的节日。

正月开始占岁，汉代东方朔的《岁占》称岁后八日：一日为鸡日，二日为犬日，三日为猪日，四日为羊日，五日为牛日，六日为马日，七日为人日，八日为谷日。俗传初一为扫帚生日，这一天不能动扫帚，否则会扫走运气、破财，而把"扫帚星"引来，招致霉运。

正月初二

嫁出去的女儿带着夫婿与孩子回娘家，称为"归宁"。拜年时，男方随同女方到岳父家拜年。有些地方男子要去舅舅家拜年。

正月初三

俗称"赤狗日"，这一天不出门，不宴客。初三又叫"小年朝"，应该祭祀祖先和诸神，但不能扫地、起火、打水。

正月初四

有"接神"习俗，家家户户准备牲礼、四果、生仁、炸枣等迎接，烧金纸、神马。此外，初四不动刀、剪。

正月初五

也叫"破五"，民间传说正月初五是财神的生日。初五要吃饺子、放鞭炮、赶庙会，全家庆贺。

正月初六

是"送穷"（有些地区是初五），这是我国民间一种很有特色的岁时风俗，其意是祭送穷神。"扫除屋室尘秽，投之水中，谓之送穷"（《图经》）。唐诗人姚合《晦日送穷三首》中第一首云："年年到此日，沥酒拜街中。万户千门看，无人不送穷。"正是对这一习俗的生动展现。

正月初七

也称"人日""人胜节""七元"。东方朔《占年书》："人日晴，所生之物蕃育；若逢阴雨，则有灾。"正月初七如果天气晴朗，则是吉祥，代表那一年出入顺利，人口平安。正月初七这一天要吃七样蔬菜合煮的菜肴，其中必有寓意勤劳、聪明的芹菜、葱、蒜。据说汉代已有人日习俗，至魏晋后更开始被重视。古人会于人日当天戴上"人胜"（一种头饰），从晋朝开始有剪彩为花、剪彩为人，或镂金箔为人来贴屏风，也戴在头发上。南北朝的薛道衡有《人日思归》："入春才七日，离家已二年。人归落雁后，思发在花前。"

（二）元宵节

正月十五是元宵节，又称上元节。吃元宵，挂彩灯，放焰火，观灯游玩。元宵节起源于两千多年前的汉朝。古时候人们称元宵节为灯节、上元、灯夕或灯期。因为是上元之夜，又称为元夜或元宵。元宵节在唐代成为万民同庆的灯节。宋朝时，灯期由三日延长到五日，到明代更延长到十日。

元宵活动盛大在于有灯会和烟火活动。舞龙舞狮，社戏杂耍，从白天就开始进行，直至深夜。为了保持与民同乐的姿态，这天金吾不禁，金吾就是执金吾，就是守卫皇宫的近卫兵，金吾不禁指在皇宫门前金水桥一带不禁止普通老百姓参观游玩。焰火就设在金水桥附近施放，以便于皇帝和嫔妃在皇城门楼上欣赏。旧时烟火都是由扎在烟火架上的各种爆竹礼花逐次燃烧形成的效果。唐苏味道有诗云："火树银花合，星桥铁锁开。暗尘随马去，流萤逐人来。"生动地总结了元夕的景象。

元夕到来，许多禁锢在深闺里的青年女性、官宦家眷都被破例允许出来观灯，这就为青年男女的接触创造了一个难得的机会，演出了许多爱怨的爱情故事，白话小说里多有描述。北宋欧阳修词《生查子·元夕》："去年元夜时，花市灯如画，月上柳梢头，人约黄昏后。今年元夜时，月与灯依旧，不见去年人，泪湿春衫袖。"写的是元夕不见伊人的相思。

（三）上巳节

阴历三月初三为上巳节。先秦时，这个节日是定于三月的第一个逢巳的日子，曹魏以后，把它固定在三月初三，不管它是否逢巳。《后汉书·礼仪志》载："三月上巳，官民皆絜于东流水上，曰洗濯祓（fú）除去宿垢疢为大絜。"杜甫的《丽人行》写道："三月三日气象新，长安水边多丽人。"

王羲之的《兰亭集序》就是描述一次文人雅士"修禊"的上巳节活动。

在上巳节活动中，最主要的活动是祭祀高禖，即管理婚姻和生育之神。人们通过这种巫教活动，除灾避邪，祈求生育。因此，上巳节又是一个求偶节、求育节。汉代以后，上巳节除了是全民求子的宗教节日，还是游春娱乐的盛会。

青年男女借机谈情说爱，甚至野合。魏晋以后固定在三月初三。后来逐渐与寒食、清明二节合并，行踏青、扫墓、插柳、戴柳、脱柳等民俗活动。

现在多个少数民族，仍以三月三为青年男女聚会、寻找如意伴侣的盛大节日。这才是真正的中国情人节，而不是把七夕女儿节那一天作为情人节。

（四）清明节

每年公历 4 月 5 日前后，是我国传统的节日——清明节。清明是我国农历的二十四节气之一，这时候，我国大部分地区气候转暖，万物欣欣向荣，使人感到格外清新明洁，因而称为清明。

旧俗以清明的前一天（一说前两天）为寒食节。我国各地在这一天都有扫墓、踏青、插柳、寒食等风俗。汉代定为"禁烟节"。唐代诗人韩翃所作《寒食》："春城无处不飞花，寒食东风御柳斜。日暮汉宫传蜡烛，轻烟散入五侯家。"由于寒食节和清明节相距很近，许多地区往往合二为一，以清明节来融合两个节日的内容。

清明节是中国最重要的传统节日之一。它不仅是人们祭奠祖先、缅怀先烈的节日，也是中华民族认祖归宗的纽带，更重要的是认识先辈，看自己的不足，修正自己，带动后人。

（五）端午节

农历五月初五是端午节。"端"是开始、初的意思；"午"与"五"既同音又通用。所谓"端午"就是"初五"。由于午时艳阳高照，阳光灿烂，故又名"端阳"；端午节这天，月、日皆为五，故又称"重五"；端午节用菖蒲避邪，故又称"蒲节"。

端午节的来源众说纷纭。端午节最初为祛病防疫的节日，吴越之地春秋之前有在农历五月初五以龙舟竞渡形式举行部落图腾祭祀的习俗；后因诗人屈原抱石自投汨罗江身死，又成为华人纪念屈原的传统节日；部分地区也有纪念伍子胥、曹娥等说法。

端午节是中国人两千多年来的传统节日，由于地域广大，民族众多，加上许多故事传说，于是不仅产生了众多相异的节名，而且各地也有着不尽相同的习俗。其内容主要有：女儿回娘家，挂钟馗像，迎鬼船、躲午，帖午叶符，悬挂菖蒲、艾草，游百病，佩香囊，备牲醴，赛龙舟，比武，击球，荡秋千，给小孩涂雄黄，饮用雄黄酒、菖蒲酒，吃五毒饼、咸蛋、粽子和时令鲜果等。

（六）乞巧节

农历七月初七，民间称为"乞巧节"。是日晚，妇女们特别是少女和年轻媳妇，向织女星乞求智巧。这一风俗的兴起，由牛郎织女的神话传说而来。

相传，牛郎是民间一个善良穷苦的后生，织女是天宫下凡的一个美丽智巧无比的仙女。他俩凡间相识相爱后，成为一对幸福的夫妻，后来被天上狠心的王母娘娘拆散了。王母娘娘在他们中间划了一条银河，平时不准他们相见，只允许他俩每年的七月七日晚相见一次。人们同情这对夫妻的不幸遭遇，连世间的喜鹊也为他们抱不平，到七月七日这天，普天下的喜鹊都飞到银河两岸，衔木搭起一座鹊桥，让牛郎织女过桥相会。织女是天宫有名的巧女，妇女们便在这天晚上，趁她离开天宫与牛郎见面的时候，向她乞求智巧，所以人们把七月七日称为"乞巧节"。

（七）中元节

农历七月十五是中元节，又叫"七月半""鬼节"等。

每到此时，寺庙里有盂兰菊会，超度亡灵。市场上可以买到冥衣、明菜花、油饼等，用来祭祀祖宗并预报秋收。因七月是小秋，有若干农作物成熟，民间按例要祀祖，用新米等祭供，向祖先报告秋成。宋孟元老《东京梦华录》卷一说："中元前一日，即买练叶，享祀时铺衬桌面，又买麻谷巢儿，亦是系在桌子脚上，乃告先祖秋成之意。"七月小秋作物成熟，讲究孝道的中国人，按例要向先祖报告，并且请老祖宗尝新，所以七月例行祭祀祖先。

（八）中秋节

每年农历八月十五日，是我国传统的中秋佳节。这时是一年秋季的中期，所以被称为中秋。早在唐时中秋就正式成为节日，是中国仅次于春节的第二大传统节日，至今已有千余年历史。2008 年，中秋节与清明节、端午节成为国家法定节假日。

中秋节有许多别称：因为它的节期在八月十五，所以称为"八月节""八月半"；又因八月十五的月亮要比其他几个月的满月更圆、更亮，中秋节的主要活动都是以"月"为内容的，所以又叫做"月夕""秋节""仲秋节""八月会""追月节""玩月节""拜月节"等。中秋节这一天的月亮格外晶亮、圆润，被人们看成是合家团圆的象征，因此，又被人们叫做"团圆节"。据说此夜月球距地球最近，月亮最大最亮，所以从古至今都有饮宴赏月的习俗；回娘家的媳妇是日必返夫家，以寓圆满、吉庆之意。

中秋节"中秋"一词，最早见于《周礼》一书，而真正形成全国性的节日是在唐代。我国人民在古代就有"秋暮夕月"的习俗。夕月，即祭拜月神。到了周代，每逢中秋夜都要举行迎寒和祭月。设大香案，摆上月饼、西瓜、苹果、红枣、李子、葡萄等祭品，其中月饼和西瓜是绝对不能少的。西瓜还要切成莲花状。在月下，将月亮神像放在月亮的那个方向，红烛高燃，全家人依次拜祭月亮，然后由当家主妇切开团圆月饼。切的人预先算好全家共有多少人，在家的，在外地的，都要算在一起，不能切多也不能切少，大小要一样。

中秋佳节我国民间有家家吃月饼的习俗。中秋吃月饼，和端午节吃粽子、元宵节吃元宵一样，是我国民间的传统食俗。

至于中秋节食月饼这一习俗的形成则是在明代。明代文学家田汝成在《西湖游览志余》中写道："八月十五谓之中秋，民间以月饼相遗，取团圆之意。"明代史学家沈榜在《宛署杂记》中描述北京中秋月饼盛况时写道："造面饼相遗，大小不等。饼中以果为馅，巧名异状，有一饼值数百钱者。"书中还介绍了当时的制作工艺，已经达到了很高的水平。北京皇宫中供月使用的月饼"从下至上直径尺余，重有两斤"。后来随着历代的演变，月饼的品种及花样越来越丰富，制作工艺更新，风味更多，八月十五吃月饼已经成为中华民族的一种古老而又非常有意义的传统。

今天，月下游玩的习俗，已远没有旧时盛行。但设宴赏月仍很盛行，人们把酒问月，庆贺美好的生活，或祝远方的亲人健康快乐，和家人"千里共婵娟"。

（九）重阳节

农历九月初九是重阳节。九九重阳的说法，最早见于《易经》，重阳节的月、日恰逢双九，两阳相重，古曰重阳。这一日正逢秋高气爽，是郊游登高望远的好时候。王维《九月九日忆山东兄弟》里写道："独在异乡为异客，每逢佳节倍思亲。遥知兄弟登高处，遍插茱萸少一人。"表现他对亲人真切的思念感情。九月九日佩茱萸草，在风和日丽的日子里，登高坡之顶，饮菊花酒，使人想到生命和自然浑然一体，想到长寿。

（十）腊八节

腊八节的时间是每年农历的十二月初八，十二月称为腊月，所以叫腊八节，古代称为"腊日"，有些地方也称为腊日祭、腊八祭、王侯腊或佛成道日。

过腊八，主要是我国汉族的传统，同时也是佛教的盛大节日。源于古代人民欢庆丰收、祭祀鬼神和驱赶瘟疫等仪式。后来加进了纪念佛教的佛祖于此日得道成佛的成分。

人们有在腊八节这天喝腊八粥的习俗，主要在江南、东北、西北等地，南方地区很少见，关于这一习俗的由来也有很多种说法。此外，很多地方还有祭祀，北方人泡腊八蒜，安徽做腊八豆腐等习俗。

第二节 中国民间传统民俗

🎯 目标导航

1. 熟知中国主要传统民俗。
2. 理解中国主要传统民俗的文化内涵。

中国古代传统民俗是土的、俗的，也是美的。乡土情意、乡土气息蕴含的是劳动人民心底的美；民族风格、民族气派表现的是纯粹的民族精神。而这二者，又恰恰是维系民族感情、民族精神的关键所在。"美不美，乡中水""物离乡美"。传统民俗在维系民族精神、民族感情方面是没有什么能与之相比的。其所以如此，是因它本身就是民族风情的象征。它的红火、热烈的表现形式，本身就是劳动人民淳朴感情最直接、最真诚的表现。中国传统民俗包罗万象，形式多样，本书主要介绍剪纸、风筝、泥塑、面塑、灯谜这五种形式。

一、剪纸

剪纸，又叫刻纸、窗花或剪画。最早关于剪纸的记述是《史记》中的"剪桐封弟"，西周初期成王封姬虞到唐为侯，用梧桐叶剪成"圭"赐给自己的弟弟。

剪纸是一门在民间流传很广的镂空艺术。起源于西汉，发展于南北朝，繁盛于明清时期，复兴于改革开放 30 多年。逢年过节、生辰、婚丧嫁娶、祭神丰收，用纸剪制成各种各样象征吉祥喜庆或缅怀哀悼的图案，装饰在门厅、雅室或放在祀品、祀物上，以增强气氛。剪纸几乎遍及全国各地，是我国民俗文化构成的要素之一。

唐代剪纸已处于大发展时期，杜甫诗中有"暖水濯我足，剪纸招我魂"的句子，以剪纸招魂的风俗当时就已流传民间。现藏于大英博物馆的唐代剪纸均可看出当时剪纸手工艺术水平已极高，画面构图完整，表达一种天人合一的理想境界。2009 年 9 月 30 日，中国剪纸经联合国教科文组织保护非物质文化遗产政府间委员会的审批被列入第四批

《人类非物质文化遗产代表作名录》。

中国民间剪纸是数千年来劳动人民创造积累而成的智慧结晶和宝贵遗产。由于各地区地域习俗、精神文化等的不同，形成了各种各样的剪纸流派，各具一格、各领风骚。

（一）剪纸的类型

专家一般根据地域划分剪纸类别，也可从剪纸家的不同身份人群和不同工艺流程来区分。以河北无极剪纸为例，可分为三个类别，女红剪纸、工匠剪纸和文人剪纸。

1. 女红剪纸

"女红剪纸"使用工具为剪子，适于人群多为民间女性巧手。选材非常广泛，构图很随意，但联接性很强，很注重紧簇、对工、对衬，讲究的是散点透视。"女红剪纸"作品多为"窗花""喜花"及各种针线活的花样子。"女红剪纸"的作品或自剪自赏，或赠送他人从不拿到市上售卖。所以女红剪纸为娱乐型剪纸。

2. 工匠剪纸

过去在民间除了铁匠木匠外还有一种工匠叫"纸匠"。"纸匠"剪子、刻刀两种工具都使用，常被人们请去糊炕厢子，吊顶棚，剪一些墙花、顶棚花，也为一些丧葬祭祀活动剪些纸幡、纸钱一类的东西。另外，每到过年，他们还要用刀刻出大量的挂千、吊挂、窗花一类的剪纸，拿到集市上去卖。"工匠剪纸"的选材和构图多为师承传留的图案，较少创新，但"工匠剪纸"需要批量生产，在技法上比较讲究。所以工匠剪纸为实用型剪纸。

3. 文人剪纸

历代上层统治者对民间剪纸持鄙薄和轻视态度，只有一些落泊的文人才把无处展施的才智用在剪纸艺术上。"文人剪纸"使用刻刀和刻版。技法上，在阴刻断、阳刻连的原则基础上更讲究阴刻阳刻的转换和结合；构图上，巧妙运用散点透视和焦点透视，把写意和写实相结合，借鉴了书法、绘画、雕刻等各类艺术的技法，并把文人对剪纸艺术的理解和感悟融入剪纸作品中，更增强了作品的艺术性和观赏性。所以文人剪纸为鉴赏型剪纸。

（二）剪纸的功用

旧时剪纸用途非常广泛，与人民生活紧密联系。主要功用有：

1. 婚俗喜花

喜花剪纸是我国婚俗常见结婚用品，是寓意吉祥，烘托气氛的载体，如双喜字贴于新房的墙上、柜子、盒子上，表现男女恩爱、幸福吉祥。寿礼剪纸预示福寿无边等。

2. 节令装饰

如正月初一贴窗花，不仅美化生活，更寄托辞旧迎新、接福纳祥的愿望。正月十五闹花灯，灯上贴剪纸，更加绚丽引人。

3. 祭祀敬神

在民间，剪纸的制作及焚烧是人与神灵沟通敬祭的重要方式，如供品上摆衬纸，庙里神龛上张挂剪纸，以求娱神赐福。常见的有财神爷、灶王爷，还有一些像狮、虎、牛、鸡、瓜子娃娃、葫芦以求平安、辟邪消灾。

4. 服饰刺绣

民间妇女称为"刺绣花"，即用于刺绣装饰底样。实用性很强，有鞋花、枕头花、衣袖花、肚兜花、烟袋花等，是剪纸在服饰上的运用。

5. 观赏娱乐

此类剪纸做工精湛，风格高雅，经过装裱或装框放于室内观赏，具有较单纯的审美价值。

相关链接

剪纸与窗花

一提到剪纸人们就自然联想到窗花，许多人误认为，剪纸就是窗花，窗花就是剪纸。其实，过去剪纸在民俗使用中有着非常广泛的领域，如灯笼上贴的"灯花"，糊炕厢子，吊顶棚的"墙花""顶棚花"，春节家家户户门上的"挂千""吊挂"，人们结婚办喜事用的"喜花"，都是剪纸。此外，人们对剪纸的各种风格特点及如何分类在概念认识上也十分模糊。剪纸有"剪"和"刀刻"两种方法，但一些人认为用剪子剪的是"剪纸"，用刀刻的不是"剪纸"。其实这种认识是不正确的。"剪"和"刀刻"都是剪纸，只是不同风格所使用的工具不同而已，如果追溯历史，"刀刻"比"剪"的历史更久远。

二、风筝

据说，清明这天一定要放风筝，而且要有意无意地将线弄断，这叫作"放断线风筝"。传说这种"断线风筝"可以带走放风筝人一年中所遇到的晦气。还有些地区认为风筝是年景好坏的标志，立春日风筝放得越高，年景越好。

风筝，又名纸鸢，俗称鹞子。它的历史，可以追溯到2000多年前。相传历史上的第一只风筝，是春秋时代的匠师鲁班制造的。他曾经"削竹木为鹊，成而飞之"，并"作木鸢"来侦察宋国的军事情况。这是我国古代有关飞行器最早的记载。虽然"木鸢"不等于"纸鸢"，但说"木鸢"是"纸鸢"的前身恐怕没有什么问题。

唐、五代的时候，风筝已成为人们游戏娱乐的工具。唐代诗人元稹曾经写过这样的诗："有鸟有鸟群纸鸢，因风假势童子牵。"这就是描写小孩放风筝。五代后汉的李邺，曾在军营里用纸糊扎成"纸鸢"，让战士们放，以为游戏。后来他对纸鸢加以改进，在上边安上丝弦弓，放起来后迎风能发出像筝一样的响声，所以后来纸鸢才有了"风筝"

这一名称，一直沿用至今。这也是风筝娱乐性加强的一个表现。不过当时风筝仍然有用于军事目的的。《新唐书》记载，临洺守将张伾，在形势危急时曾制作高达百余丈的风筝，临风纵放，向外界求援。

宋代，城市商业空前发展，各种文化娱乐活动丰富多彩，风筝作为一种民间工艺迅速发展起来，许多民间艺人以此谋生。文献记载，当时汴京和临安等大城市中已出现了众多的风筝行市。在西湖，每当芳春时节，许多少年郎在桥上竞放"纸鸢"，互相较量技艺的高低。在农村，放风筝也成为儿童喜爱的一项活动。陆游《观村童戏溪上》诗中有"竹马踉踉冲淖去，纸鸢跋扈挟风鸣"的句子，记载了农村放风筝的情景。宋张石《续博物记》说小孩放风筝，挺胸昂首，极目远望，活动筋骨，呼吸新鲜空气，"引丝向上，令小儿张口仰视，可以泄内热"，这可以看作是当时以放风筝为健身活动的总结。

明清时期，清明放风筝已成为一种民间风俗，不仅小孩，游春士女也都把它看成是一项非常高雅有趣的活动，文人士子更多以放风筝为遣兴之雅，诗文唱和。"清玥近，游人闹，好风光，大家欢笑，风筝糊就到春郊"，十分热闹。放风筝的盛行，也使当时的绘画、戏曲常把它作为艺术创作的题材，上引记述清明放风筝的句子，就是出自戏曲家李渔的《风筝误》。

放风筝的盛行推动了风筝制作技术的发展。清代风筝不仅在质量、数量、花色品种上达到了历史的最高水平，还出现了有关风筝制作的专门著作，这就是清代著名文学家曹雪芹的《南鹞北鸢考工志》。曹雪芹对风筝的制作极有研究，他在书中记载了43种风筝的扎、糊、绘、放的工艺和技法，每种都绘有彩图，并配有歌诀。这是目前仅见的有关风筝制作的专著。相传曹雪芹曾将制作风筝的技艺传给一位穷苦平民，使他赖以度日。他在文学巨著《红楼梦》第七十回中关于风筝的描绘，可以看作是这部风筝专著的补充：

这里小丫头们听见放风筝，巴不得一声儿，七手八脚，都忙着拿出个美人风筝来。也有搬高凳去的，也有捆剪子股的，也有拨籰（yuè）子的。宝钗等都立在院门前，命丫头们在院外敞地下放去。宝琴笑道："你这个不大好看，不如三姐姐的那一个软翅子大凤凰好。"

……宝玉又兴头起来，也打发个小丫头子家去，说："把昨儿赖大娘送我的那个大鱼取来。"小丫头子去了半天，空手回来，笑道："晴姑娘昨儿放走了。"

……宝玉道："也罢。再把那个大螃蟹拿来吧。"丫头去了，同了几个人扛了一个美人并籰子来，……宝玉细看了一回，只见这美人做的十分精致，心中欢喜，便命叫放起来。此时探春的也取了来，翠墨带着几个小丫头子们在那边山坡上已放了起来。宝琴也命人将自己的一个大红蝙蝠也取来。宝钗也高兴，也取了一个来，却是一连七个大雁的，都放起来了。独有宝玉的美人放不起去……黛玉笑道："那是顶线不好，拿出去另使人打了顶线就好了。"宝玉一面使人拿去打顶线，一面又取一个来放。大家都仰面看天上，这几个风筝都起在半空中去了。

一时，丫环们又都拿了许多各式各样送饭的来，顽了一回……，紫鹃……向雪雁手中接过一把西洋小银剪子来，齐籰子根下寸丝不留，咯登一声铰断，笑道："这一去，把病根儿可都带了去了。"

……探春正要剪自己的凤凰，见天上也有一个凤凰，因道："这也不知是谁家的。"

……说着，只见那凤凰渐逼近来，遂与这凤凰绞在一处。众人方要往下收线，……又见一个门扇大的玲珑喜字带响鞭，在半天如钟鸣一般，也逼近来，……与这两个凤凰绞在一处。

仅从这一段详细的描写中，我们就可以见到清代风筝样式之多，有"美人""软翅子大凤凰""大鱼""大螃蟹""大红蝙蝠""大雁""玲珑喜字"诸种，而且风筝的附设装置如"送饭的"（一种能沿风筝线上升、接近风筝时被风筝触发机关撒放纸花、纸片的装置）、"响鞭"等也很齐全。据研究，清代风筝的造型已有下列几类。

鸟形：如鹞、鸽、大雁、凤凰、仙鹤等。

虫形：如蝉、蝴蝶、蜻蜓等。

水族形：如鱼、螃蟹、青蛙等。

人形：各种神话人物、戏曲人物如孙悟空、寿星、哪吒、钟馗、关公、和合二仙、白娘子等。

文字形：如喜字、福字、寿字及吉语。

器形：如花篮、扇子、宫灯、鼎、炉、花瓶等。

几何形：如瓦片、菱形、八卦、五星等。

按其构造，则有硬膀（翅膀上下沿用竹条扎成）、软膀（用一根竹条支撑翅膀上沿，下沿不设竹条，放飞时随风飘荡）、排子（造型平板形）、长串（由若干单元连接成串）、桶形等区别。为了加强娱乐性和趣味性，还可以在风筝上附加一些特殊装置如风琴、笛哨、锣鼓等，这一般都是大型风筝，制作比较复杂。

三、泥塑

泥塑，是中国民间传统手工艺，俗称"彩塑""泥玩"，是我国一种常见的古老民间艺术，以泥土为原料，手工捏制成形，以人物、动物为主。

我国原始社会的先民已经拥有了制作彩塑的经验。秦汉时期，是我国雕塑艺术发展的一个高峰。秦始皇兵马俑和汉兵马俑就是其中最杰出的代表。秦俑与真人真马等高，为数众多的秦俑布局严谨，气势磅礴，造型质朴，表情威严。每个秦俑性格鲜明，风格写实，被誉为"世界第八大奇迹。汉代兵马俑也精彩异常，徐州狮子山兵马俑人物表情机警严肃，气势逼人。成都出土的东汉说唱俑，上身袒露，大腹便便，左臂抱小鼓，右手拿鼓槌，神色欢愉诙谐，富有情趣，具有极高的艺术性。

魏晋南北朝时期，随着佛教的兴盛和发展，我国的雕塑艺术中出现了大量佛造像。佛像以石塑像为主，但也出现了不少泥塑佛像。有些地区因石质松软，不宜塑石像，便用泥塑佛像代替石像。这一时期的佛像开始出现一些较为柔美的富于人间气息的形象，说明佛教开始出现世俗化倾向。

唐代塑像，有的全用泥塑，有的全用彩绘。除了佛教塑像，唐三彩是唐代泥塑的代表样式。唐三彩以人、马为主，形神兼备。其釉色一般为绿、白、黄三色。其色彩鲜艳灿烂，富丽堂皇，具有很高的艺术价值。

辽、宋、金时期，寺庙建筑扩展，泥塑日渐增多。寺庙泥塑体态丰满俊俏，栩栩如生，情态真实，富有生活气息。明清时期，泥塑在继承辽、宋泥塑基础上又获得了进一步的发展，并形成众多的流派。

四、面塑

面塑，也叫面人、面花。在中国几千年的文明进程中，早已成为民间艺术的一个组成部分。它是一种用糯米粉或面粉为原料捏塑动物、人物形象的手工工艺。

我国古代的面塑起源很早，现存最早的古代面塑是新疆地区出土的唐代的面制女俑头和面猪。宋代，民间已开始有节令时制作面塑的习惯。南宋孟元老《东京梦华录》记载，"寒食前一日谓之炊熟，用面造枣锢、飞燕，柳条穿之，插于门楣，谓之子推燕"，"以油面糖蜜造如笑靥儿，谓之果实花样"。据记载，当时面点，有"甲胄"人物，有"孩儿鸟兽"，有"飞燕形状"等。

我国古代面塑不仅好吃好看，还蕴含着吉祥的祝愿。在我国，春节时，有的地区"花饽饽"要做成莲花、鱼形，象征年年有余。小孩过满月，外婆家送十二生肖的大面圈，或"麒麟送子"，以求圆满；婚礼上则送"喜饽饽"，多是龙凤、鸳鸯、石榴等，祝福新婚夫妇幸福美满，多子多福。

制作面塑的模具也十分讲究。自面塑诞生以来，层出不穷，有专门用来祝寿的寿桃模具，在婚礼上用的龙凤喜饼模具，中秋节专用的制作月饼的模具等各种类型，这些模具，都具有极高的艺术性。

捏面人的工具并不复杂，有小拨子、梳子、滚子和剪刀等工具，采用揉、捏、压、搓、碾、切等技法塑造出色彩鲜艳，千姿百态的形象，美轮美奂。

面塑的代表作品菏泽面塑《穆桂英挂帅》如图 4-1 所示。

图 4-1　菏泽面塑《穆桂英挂帅》

五、灯谜

灯谜，又名文虎，猜灯谜，亦称打虎、弹壁灯、商灯、射、解、拆等。现在人们习惯用"灯谜"一称。

（一）灯谜的历史

灯谜最早是由谜语发展而来的，起源于春秋战国时期。它是一种富有讥谏、规戒、诙谐、笑谑的文艺游戏。谜语悬之于灯，供人猜射，开始于南宋。《武林旧事·灯品》记载："以绢灯剪写诗词，时寓讥笑，及画人物，藏头隐语，及旧京诨语，戏弄行人。"猜灯谜是我国传统的娱乐形式，它运用艺术的手法和汉字的规律，着眼于字义、词义的变化，常用一个词句、一首诗来制成谜语，既能达到娱乐的目的，又使人增长知识，为人们所喜闻乐见。

春秋战国时代，宫廷和墨客中出现了"隐语""文义谜语"等文字游戏，这可以说是最早的灯谜。那时一些游说之士出于利害考虑，在劝说君王时往往不把本意说出，而借用别的语言来暗示，使之得到启发。这种"隐藏"的话语，当时叫做"庚词"（庚是隐藏之意），也叫"隐语"。秦汉以后，这种风气更加盛行，西汉曹娥碑后题有"黄绢幼妇外孙齑臼"，射"绝妙好辞"，即是"隐语"。

《文心雕龙·谐隐》指出，"自魏代以来……而君子嘲隐，化为谜语"。唐宋时代，"文义谜语"日渐发展，制谜和猜谜的人多起来。至南宋时，每逢元宵佳节，文人墨客把谜语写在纱灯之上，供人们猜测助兴，灯谜至此已是名副其实的灯谜了。明清两代是灯谜发展的极盛时期，文学家还把猜谜活动写入小说中，《红楼梦》里就描绘了许多贾府猜谜的生动场面。

现在民间猜谜已不限于元宵、中秋、七夕，也成为人们日常文化娱乐的一种形式。

（二）猜字谜技巧

灯谜是利用汉字的形、音、义的各种变化来使谜面和谜底互相扣合的"文义谜"。猜字谜基本方法有：

1. 合成法：由两个以上的字合成谜底

如："一字十八口，一字口十八，十八中有口，口中有十八。"谜底为四个字，每字都由"十""八""口"三字合成，第一句合成为"杏"，其他三句分别为"呆""束""困"。又如："二山穿在一起，猜出没有道理。"前句是借"二""山"两字，"穿在一起"是说谜底由"二""山"合成，写出为"击"。后句是为排除误解而设。

2. 加字法：交代谜底加上一字所组成的字，用以暗示谜底

如："见人就笑。"这是采用一句话揭示谜底，此不能把它作为通常的话来理解。它的意思是谜底加上"人"字就成了"笑"字，由此得知谜底为"竺"。再如："有耳听不见"。是说谜底加一"耳"为"聋"，因此谜底应为"龙"字。

3. 减字法：交代一字减去一字（或两字）即为谜底

如："夫人莫入。"即是夫"字去掉人"字，谜底为"二"。再如："一了百了。"意

思是一"字没有了，"百"字也就不存在了，因此谜底为"白"。减字法的特点是谜底隐藏在谜面中，只需你把应减掉的字减掉，谜底就暴露了。

4. 离合法：拆开两字（或几字）各取一部组成谜底

如："给一半，留一半。"意即拆开"给""留"二字，各取一半组成谜底。写出为"细"。再如："彼此各有一半"。即是拆开"彼""此"，"各"三字，从中各取一部组成谜底。乃"跛"字。离合法的特点是向你提供谜底的各组成部分。

5. 暗示法：交代谜底匿于某字之中

如："走在上边，坐在下边，堆在左边，挂在右边。"意即谜底在"走"字的"上边"，"坐"字的下边，"堆"字的"左边"，"挂"字的"右边"，显示是个"土"字。又如："天没有地有，我没有他有。"是说谜底在"地"和"他"字里。谜底为"也"

6. 附会法：借用某个（或某几个）字，附会谜底字形，启发猜射者思路

如："左是山，右是山，上是山，下是山，山连山，山靠山，山咬山，不是山。"这里是借"山"字附会谜底字形，前两句是交代上下左右都有"山"，后两句又进而说明是"山"字"连""靠""咬"在一起，而不是"山"原来的字形，由此联想谜底为"田"字。

7. 笔画加减法：借用一字（或几个字）的笔画加减暗示谜底

如："心有余，力不足。"这里采用两句话说出了两个字，"心有余"，即"心"字多加一笔，谜底为"必"；"力"不足，即"力"字不出头，谜底为"刀"。这是借一字的笔划加减直接暗示谜底。

还有一种叫做间接暗示，即通过暗示组成谜底的字（因为有的谜底字，是由两个或两个以上的字组成）的笔画加减来揭示谜底。如："加上一直减少一点。"初看不知往哪儿加，在哪儿减，似乎无从下手，实际问题就出在"上"和"少"两字上。意即谜底是由加在"上"上一直（止）和减去"少"中一点两个部分组成的，二者合成为"步"。又如："一个不出头，两个不出头，三个不出头，不是不出头，就是不出头。"这个谜面写得颇有味道，乍看同样不摸头脑，只要你能仔细揣摩，就会从中找出关键。这里重点要抓住"不"字。"不"，出头为"木"，前三句话是交代谜底由三个"木"字组成，写出为"森"。后两句是对前三句的解释，也是进一步把扣子系得更紧，增加猜射的难度。

第三节 中国古代文化传统

目标导航

1. 了解中国古代礼俗文化的相关内容。
2. 了解中国茶文化。

一、中国古代礼俗文化

在古代，礼仪就是指礼节和仪式的总称。而现在，礼仪就是指人们约定俗成，表示尊重的各种方式，这是现代通俗而简洁的解释。源远流长的中国古代礼仪是中国传统文化的重要组成部分，其内容十分丰富，所涉及的范围十分广泛，几乎渗透于古代社会的各个方面。尽管它在历史的演进过程中发生过一些变化或改进，但它始终对中华传统文化、民族生活和个人日常生活产生着深刻影响。中国古代有"五礼"，包括吉礼、凶礼、军礼、宾礼、嘉礼。吉礼，是五礼之冠，主要是对天神、地祇、人鬼的祭祀典礼。凶礼，就是与凶丧有关的一系列礼节，这方面不仅仅包括丧葬之内容，还有其他一些跟灾难有关的礼节。军礼，旧时指军中的礼仪。西周五礼之一，用于征伐，是军事活动方面的礼节仪式。宾礼，是接待宾客之礼，即邦国间的外交往来及接待宾客的礼仪活动。嘉礼，是饮宴婚冠、节庆活动方面的礼节仪式。

（一）汉民族传统婚礼和婚俗礼仪

中国是个"礼仪之邦"，讲究含蓄有礼。这就体现在汉民族传统婚礼和婚俗礼仪之中。在中国古代，结婚讲究"父母之命，媒妁之言"。"媒妁"就是婚姻介绍人，又称"月老""冰人"等。还讲究六合相应，选好日子，六合相应是年月日干支都相合。

中国传统婚礼，从周代起即遵循"六礼"。以后历代大都沿袭周礼，六礼包括纳采（商议婚配）、问名（询问女方姓名）、纳吉（订婚）、纳征（送聘礼）、请期（通告结婚佳期）、亲迎（迎娶）六种礼节，包括了从议婚到完婚的整个过程。纳彩即男方家请媒人去女方家提亲，女方家答应议婚后，男方家备礼前去求婚。问名，即男方家请媒人问女方的名字和出生年月日。纳吉，即男方将女子的名字、八字取回后，在祖庙进行占卜。纳征，亦称纳币，即男方家以聘礼送给女方家。请期，男家择定婚期，备礼告知女方家，求其同意。亲迎，即新郎亲至女家迎娶。纳征和亲迎是"六礼"中最为重要的环节。

婚礼过程中有两个很重要的仪式：拜堂、合卺。合卺是指新夫妇在洞房内共饮合欢酒。卺是一种苦葫芦被破为两半而成的瓢，盛酒于内，新郎新娘各饮一卺，表示要同甘共苦、和睦相爱。

（二）冠礼和笄礼

古代男子二十岁结发戴冠，表示成人，叫"冠礼"。女子十五岁始梳发成髻，加笄（簪子），表示成年。行冠礼后即可取"字"，并履行成人的责任和义务。古时冠礼在"家庙"之中进行，由父亲主持并由指定的贵宾为行加冠礼的青年加冠三次分别代表拥有治人、为国效力、参加祭祀的权力。

（三）日常礼仪规范

1. 拜

古人很讲究礼貌，要求冠正衣洁，举止温文尔雅，不戴冠或戴冠不正是一种失礼的行为。当众免冠则是用来表示请罪、谢罪的动作。交往拜谒时要行礼。由于身份、亲系、场合不同，行礼的动作、轻重都不一样，但统称为"拜"。跪下，两手相拱至地、头伏在手上叫"拜手"。跪拜并伏在地上叫"拜伏"。恭敬地跪下行礼叫"拜倒"。稽首是最隆重的拜礼，跪下，拱手至地，头碰地，多时停留后再起身。"顿首"是跪下叩头，但时间短暂，头触地即可。作揖是最轻的礼，也就是拱手礼，行礼时，立正，身略俯折，双手合抱高举，自上而下，引至胸前为止。古人以左为敬，拱手时，左手在外，以左示人，表示真诚与尊敬。女子行拱手礼时则正好反过来，这是因为男子以左为尊，女子以右为尊。拜见时往往有见面礼物，如刘邦赴鸿门宴时持白璧一双献于项王，玉斗一双献于范增。

2. 坐

古人"坐"的方式为两膝着地，臀部压在脚后跟上。宴饮之时，要求尽量靠前坐以免食物弄脏座席。非宴饮之时，要求尽量靠后坐，以便与别人拉开距离，表示谦恭。坐的时候要保持谦恭之态，往往挺直腰身，端坐，谓之"正襟危坐"。如果把坐姿改为两膝着地，腰股伸直，则为"跪"，这种坐姿往往表示谢罪或对长者的尊敬。"长跪"又叫"跽"，与"跪"意思接近，区别在于长跪比跪时直腰挺身的动作更为明显。

"箕踞"又称"箕坐"，是指臀部着地，两腿前伸叉开成畚状。这是一种轻慢无礼、带有侮辱性的动作。比如《荆轲刺秦王》中"轲自知事不就，倚柱而笑，箕踞以骂"。荆轲在自知刺杀秦王无望，就表现出轻慢倨傲的举止神态。

（四）中国古代饮食礼仪

饮食礼仪在中国文化中占有极重要的位置，在先秦，人们以"以飨燕之礼亲四方宾客"，后代聚餐会饮也常常是一幕幕礼仪活剧。迎宾的宴饮称为"接风""洗尘"，送客的宴席称为"饯行"。宴饮之礼无论迎送都离不开酒品，"无酒不成礼仪"。宴席上饮酒有许多礼节，客人需待主人举杯劝饮之后，方可饮用。所谓："与人同饮，莫先起觞。"客人如果要表达对主人的盛情款待的谢意，也可在宴饮的中间举杯向主人敬酒。在进食过程中，同样先有主人执筷劝食，客人方可动筷。所谓："与人共食，慎莫先尝。"古代还有系一系列进食规则，如"当食不叹""共食不饱、共饭不泽手""毋投骨于狗"等，主客相互敬重，营造和谐进食、文明进食的良好氛围。

从古到今，因为桌具的演进，所以座位的排法也相应变化。总的来讲，座次"尚左尊东""面朝大门为尊"，家宴首席为辈分最高的长者，末席为最低者；家庭宴请，首席为地位最尊的客人，主人则居末席。首席未落座，都不能落座，首席未动手，都不能动手，巡酒时自首席按顺序一路敬下，再饮。

中餐用餐礼仪中，用筷子用餐取菜时，需注意几个问题。

1）要注意筷子是用来夹取食物的。用来挠痒、剔牙或用来夹取食物之外的东西都是失礼的。

2）与人交谈时，要暂时放下筷子，不能一边说话，一边像挥舞指挥棒似地舞筷子。

3）不论筷子上是否残留食物，不要去舔。

4）不要把筷子竖插放在食物的上面。因为在中国习俗中只在祭奠死者的时候才用这种插法。

中餐里勺子的主要作用是舀取菜肴和食物。中餐的碗可以用来盛饭、盛汤，进餐时，可以手捧饭碗就餐。拿碗时，用左手的四个手指支撑碗的底部，拇指放在碗端。吃饭时，饭碗的高度大致和下巴保持一致。

二、中国古代茶文化

中国是茶的故乡，也是茶文化的发源地。中国茶的发现和利用已有四五千年历史，且长盛不衰，传遍全球。茶是中华民族的举国之饮，发于神农，闻于鲁周公，兴于唐朝，盛于宋代，普及于明清之时。中国茶文化糅合佛、儒、道诸派思想，独成一体，是中国文化中的一朵奇葩。

茶文化的内涵其实就是中国文化内涵的一种具体表现。茶文化的精神内涵即是通过沏茶、赏茶、闻茶、饮茶、品茶等习惯和中华的文化内涵和礼仪相结合形成的一种具有鲜明中国文化特征的文化现象，也可以说是一种礼节现象。

茶最早是被人们当作食物饮用的，尤其是在物资匮乏的原始社会，茶更是一种充饥之物。后来随着人类文明的发展，食茶也逐渐成为一种风俗，甚至在一些地区形成了食茶文化。食茶在中国有着悠久的历史，这也是茶文化形成的准备和铺垫。

《晏子春秋》中记载："晏子相齐，衣十升之布，脱粟而食，五卵，茗菜而已。"茗菜就是用茶叶做成的菜羹，这就进一步说明了茶在当时是被当做菜食用的。

茶叶被食用之后，其药用功效逐渐被人们发现和认识，茶叶随之转化为养生、治病的良方。关于茶的药用价值，千百年来为众多的药书和茶书所记载。而且，茶的一些药用功能至今仍为人们所看重。

人们在食茶和把茶作为药物使用的过程中，逐渐发现茶的药性很弱，但是具有一定的兴奋作用，因此茶开始转化为饮料。直到汉代，饮茶才成为一种新的潮流，渗透于社会的各个阶层。

图 4-2 茶与茶具

三国以前是茶文化的启蒙，晋代南北朝是茶文化的萌芽时期，唐代是茶文化的繁盛时期，宋代是茶文化的兴盛期，辽金元时期是茶文化的返璞期，明清是茶文化的普及期。

汉族人饮茶，注重品茶。凡有客到访，沏茶、敬茶的礼仪是必不可少的。当有客来访，可征求意见，选用最合来客口味和最佳茶具待客。茶与茶具如图 4-2 所示。

客来敬茶，以茶示礼之意。无论是过去的以茶祭祖，还是今日的客来敬茶，都充分表明了上茶的敬意。久逢知己，敬茶洗尘，品茶叙旧，增进情谊；客人来访，初次见面，敬茶以示礼貌，以茶媒介，边喝茶边交谈，增进相互了解；朋友相聚，以茶传情，互爱同乐。

茶饮具有清新、雅逸的天然特性，能静心、静神，有助于陶冶情操、祛除杂念、修炼身心，这与提倡"清静、恬淡"的东方哲学思想很合拍，也符合儒佛道的"内省修行"思想，因此我国历代社会名流、文人骚客、商贾官吏、佛道人士都以崇茶为荣，特别喜好在品茗中吟诗议事、调琴歌唱、弈棋作画，以追求高雅的享受。

在中国，饮茶可分为四个层次。将茶当饮料解渴，大碗海喝，称之为"喝茶"。如果注重茶的色香味，讲究水质茶具，喝的时候又能细细品味，可称之为"品茶"。如果讲究环境、气氛、音乐、冲泡技巧及人际关系等，则可称之为"茶艺"。而在茶事活动中融入哲理、伦理、道德，通过品茗来修身养性、陶冶情操、品味人生、参禅悟道，达到精神上的享受，这才是中国饮茶的最高境界——茶道。

"和"是儒、佛、道三教共通的哲学理念。茶道追求的"和"源于《周易》中的"保合大和"。"保合大和"的意思指实践万物皆有阴阳两要素构成，阴阳协调，保全大和之元气以普利万物才是人间真道。儒家从"大和"的哲学理念中推出"中庸之道"的中和思想。在儒家眼里和是中，和是度，和是宜，和是当，和是一切恰到好处，无过亦无不及。儒家对和的诠释，在茶事活动中表现得淋漓尽致。在泡茶时，表现为"酸甜苦涩调太和，掌握迟速量适中的中庸之美。在待客时表现为"奉茶为礼尊长者，备茶浓意表浓情"的明礼之伦。在饮茶过程中表现为"饮罢佳茗方知深，赞叹此乃草中英"的谦和之礼。

三、中国古代医药文化

（一）中医的发展历程

中医承载着中国古代人民同疾病作斗争的经验和理论知识，是在古代朴素的唯物论和自发的辩证法思想指导下，通过长期医疗实践逐步形成并发展成的医学理论体系。

中医产生于原始社会，春秋战国时期中医理论已经基本形成，出现了解剖和医学分科，已经采用"望闻问切"的"四诊"，治疗法有砭石、针刺、汤药、艾灸、导引、布气等。自古以来就有"医道相通"的说法。这种影响最早可以追溯到黄老道家的典籍——《黄帝内经》，它是中国传统医学四大经典著作，也是我国医学宝库中成书最早的一部医学典籍。同时是研究人的生理学、病理学、诊断学、治疗原则和药物学的医学巨著。在理论上建立了中医学上的"阴阳五行学说""脉象学说""藏象学说""经络学说""病因学说""病机学说""病症""诊法""论治"及"养生学""运气学"等学说，后来的中医学和养生学则在先秦道家思想的基础上，开始用阴阳五行解释人体生理，出现了"医工"、金针、铜钥匙等。东汉出现了著名医学家张仲景，他已经对"八纲"（阴阳、表里、虚实、寒热）有所认识总结了"八法"。华佗则以精通外科手术和麻醉名闻天下，还创立了健身体操"五禽戏"。唐代孙思邈总结前人的理论并总结经验，收集5000多个药方，并采用辩证治疗，因医德最高，被人尊为"药王"。唐朝以后，中国医学理论和著作大量外传到高丽、日本、中亚、西亚等地。两宋时期，宋政府设立翰林医学院，医学分科接近完备，并且统一了中国针灸由于传抄引起的穴位紊乱，出版《图经》。金元以降，中医开始衰落。在明朝后期成书的李时珍的《本草纲目》是我国药学的集大成者。自清朝末年，中国受西方列强侵略，国运衰弱。同时现代医学大量涌入，严重冲击了中医发展。许多人士主张医学现代化，中医学受到巨大的挑战，中医学陷入存与废的争论之中。

（二）中医的理论基础

中医具有完整的理论体系，其独特之处，在于"天人合一""天人相应"的整体观及辩证论治。

中医认为人是自然界的一个组成部分，由阴阳两大类物质构成，阴阳二气相互对立而又相互依存，并时刻都在运动与变化之中。在正常生理状态下，两者处于一种动态的平衡之中，一旦这种动态平衡受到破坏，即呈现为病理状态。而在治疗疾病，纠正阴阳失衡时并非采取孤立静止的看问题方法，多从动态的角度出发，即强调"恒动观"。认为人与自然界是一个统一的整体，即"天人合一""天人相应"。人的生命活动规律以及疾病的发生等都与自然界的各种变化（如季节气候、地区方域、昼夜晨昏等）息息相关，人们所处的自然环境不同及人对自然环境的适应程度不同，其体质特征和发病规律亦有所区别。因此在诊断、治疗同一种疾病时，多注重因时、因地、因人制宜，并非千篇一律。认为人体各个组织、器官共处于一个统一体中，不论在生理上还是在病理上都是互相联系、互相影响的。因而从不孤立地看待某一生理或病理现象，头痛医头脚痛医脚，而多从整体的角度来对待疾病的治疗与预防，特别强调"整体观"。

四、中国古代服饰文化

在中国古代，衣有广义和狭义之分。广义的衣指一切蔽体的织品，包括头衣、胫衣、足衣等；狭义的衣指身上所穿的。当衣和裳并举的时候，就单指上衣而言。

古代没有扣子。上衣的左襟压住右襟构成一个"y"形，叫"右衽"。它是古装的一个特点。中国服装一直都是右衽的，把左衽视为蛮夷的风俗。古装的另一个特色是，衣袖上沿和肩膀上沿处于一条水平直线上，由同一块衣料折叠剪裁出来。

服装的款式往往取决于面料。元朝以前，丝绸和麻在中国占主导地位，棉花和羊毛几乎可以忽略不计。恰巧丝绸和麻都是低纺织密度的面料。它们的经纬很容易扯断，不利于布片之间的缝接，这就要求服装款式尽量减少缝接线。

而中国古代礼仪，要求服装必须把人体完全包裹住，尽量不裸露皮肤，但夏季炎热的气候却要求服装必须便于散热。选料、气候和文化传统，制约着"汉服"的样式。商朝时期无论男女都是上身穿右衽短衣，下身穿着裙子。这种形制叫"上衣下裳"。"y"形的衣襟在商代就出现了。商朝服装的袖子很窄，腰间围着宽大的腰带。西周的服装与商代没有太大差别，只是袖子比商朝宽大。三千年以来"汉服"的基本样式在商朝已经完全成型。

春秋时期，人们把上衣和下裙缝在一起，制成连衣裙，出现了"深衣"。深衣很像和服。深衣是上下分开裁剪的。袖子很宽大，遮住整条手臂。

战国、秦、两汉时期以来无论男女都穿深衣，是当时最流行的衣着。深衣按照下沿的形状可分两种：曲裾深衣和直裾深衣（裾是衣边的意思）。曲裾深衣虽然看起来复杂，其实制作简单。直裾深衣是对曲裾的简化。深衣在秦汉时期非常流行，是名副其实的"汉服"。深衣是上衣和下裙分开裁剪的，然后缝接在一起。它是"通裁"出现以前的一种特殊的袍服。

　　魏晋南北朝，深衣退出历史舞台。上衣下裙的服装又恢复为主流，但这一时期的衣裙更为肥大宽松，显得洒脱飘逸，与当时崇尚玄学、浮华萎靡的社会风尚相一致。

　　隋唐开始流行上下通裁的袍服。"通裁"就是上下身服装用同一块布料制成，像今天的风衣一样。之前，无论"上衣下裙"还是"深衣"，都是上下分开剪裁的。

　　唐朝的服装简洁大气，大开大合。男女服装开始有差别。来自游牧民族的"缺胯袍"在隋唐时期开始流行，吸收了其他民族的元素。男性最常见的服装是圆领直身的"缺胯袍"，为了便于骑马，袍子的两边像旗袍一样有开叉。女性最常见的是襦裙，襦是短上衣。裙子位置向上提高到腋下，把整个胸部包住，非常大气。红色的裙子称为"石榴裙"，是唐朝女性最典型的服饰。她们还常在衣裙外加一件"半臂"，是一种穿在外面的短袖上衣。

　　宋朝继承了唐朝的服装。女性的裙子位置向下移动，又回到腰间。女性还常在衣裙外面套一件"褙子"，十分美观（"褙子"读作背子，在明朝也称披风）。男性开始流行穿开襟的长袍，叫做"直身"。它和深衣很像，但"直身"是上下通裁的。

　　宋以后，服装再没有太大变化。元朝和明朝继承了唐宋的服装。宋以后官服都是不开襟的袍服。明朝，"直身"更加流行。男子会在外面套一件"鹤氅"。

相关链接

岐黄之术

　　黄指的是轩辕黄帝，岐是他的臣子岐伯。相传黄帝常与岐伯、雷公等臣子坐而论道，探讨医学问题，对疾病的病因、诊断以及治疗等原理设问作答，予以阐明，其中的很多内容都记载于《黄帝内经》这部医学著作中。后世出于对黄帝、岐伯的尊崇，遂将岐黄之术指代中医医术，并认为《黄帝内经》是中医药学理论的渊源、最权威的中医经典著作。直至今天，凡从事中医工作的仍是言必称引《黄帝内经》之论。

悬壶济世

　　传说世有壶翁（约公元2世纪），不知其姓名，一称壶公。"一说壶公谢元，历阳人，卖药于市。不二价，治病皆愈。语人曰：服此药必吐某物，某日当愈，事无不效。日收钱数万，施市内贫乏饥冻者。"以此观之，壶翁乃身怀医技、乐善好施之隐士医者。因其诊病货药处常悬一壶为医帜，所以人称壶翁，民间传说多有其神话故事。历代医家行医开业，几乎无不以"悬壶之喜"等为贺，或于诊室悬葫芦为医之标志，今仍有不少药店、制药厂等沿以为用。

杏林春暖

　　三国时期，东吴有一位叫董奉的名医，传说有"仙术"。他"居山不种田，日为人治病亦不取钱。重病愈者使栽杏五株，轻者一株。如此数年，得十万余株，蔚然成林。乃使山中百禽群兽游戏其下……后杏子大熟，于林中作一草仓，示时人曰：'欲买杏不须报奉（不用告诉董奉本人），但将一器（容器）谷置仓中，即自往取一器杏去。'

常有人置谷来少而取杏去多者，林中群虎出吼逐之，大怖，急走路傍，倾覆，至家量杏，一如谷多少。或有人偷杏者，虎逐之，到家啮至死。家人知其偷杏，乃送还奉，叩头谢过，乃却使活。奉每年货杏得谷，旋以账救贫乏，供给行旅不逮者（旅客断了盘费的），岁二万余人……"

后来董奉"仙去"了。为了感激董奉的德行，有人写了"杏林春暖"的条幅挂在他家门口。从此，许多中药店都挂上了"杏林春暖"的匾额，"杏林"也逐渐成了中医药行业的代名词。

坐堂医圣

张仲景在任长沙太守期间，正值疫疠流行，许多贫苦百姓慕名前来求医。他一反封建官吏的官老爷作风，对前来求医者总是热情接待，细心诊治，从不拒绝。开始他是在处理完公务之后，在后堂或自己家中给人治病；后来由于前来治病者越来越多，使他应接不暇，于是他干脆把诊所搬到了长沙大堂，公开坐堂应诊，首创了名医坐大堂的先例，他的这一举动，被传为千古佳话。

后来，人民为了怀念张仲景，便把坐在药店内治病的医生通称为"坐堂医"。这些医生也把自己开设的药店取名为"××堂药店"，这就是中医药店称"堂"的来历。

橘井泉香

"橘井泉香"典出《列仙传》之《苏耽传》，清代陈梦雷《古今图书集成》就将其收入《医术名流列传》之中，流传甚广。至今湖南郴州市东北郊苏仙岭上的苏仙观、飞升石、鹿洞以及市内第一中学内的橘井，都是纪念苏仙的遗迹。"橘井泉香"一词与"杏林春暖""悬壶济世"一样，在中医学界脍炙人口。过去医家常常以"橘井"一词或橘、杏并用来为医书取名，如"橘井元珠""橘杏春秋"等，寓意深刻。

卢医国手

扁鹊，春秋战国时代名医，医术精湛，所以人们就用传说中的上古轩辕时代的名医扁鹊的名字来称呼他。《史记》中记载他是渤海郡的一名大夫，而卢医则是指他的出生地在卢国。由此可见，"扁鹊"是古代医术高超者的一个通用名词。秦越人也被称为"扁鹊"，按照古人的传说，医生治病救人，走到哪里，就将安康和快乐带到哪里，好比是带来喜讯的喜鹊，所以，古人把那些医术高超、医德高尚的医生称作"扁鹊"。而这个出生在卢国、名叫秦越人的医生医术高明、学识渊博，走南闯北、治病救人，顺理成章地被人们尊敬地称作"扁鹊"。

青囊

据说，华佗被杀前，为报一狱吏酒肉侍奉之恩，曾将所用医书装满一青囊送与他。华佗死后，狱吏亦行医，使华佗的部分医术流传下来，据此，后人称中医为青囊。

思考与练习

1. 你知道中国有哪些节日和风俗习惯？你的家乡有哪些独特的传统节日？

2. 查阅关于剪纸的教程，用剪刀和彩纸剪出自己心仪的作品。

3. 自己创作几则谜语，分小组交流。

4. 选择你感兴趣的中华传统文化内容，查找相关资料，介绍给同学们。

下编

第 五 章
幼儿园国学教育活动设计

第一节 | 幼儿园国学教育活动设计的原则

目标导航

1. 掌握幼儿园国学教育活动必须遵循的六个原则和基本要求。
2. 能运用幼儿园国学教育活动设计原则进行教育教学。

幼儿园国学教育活动设计的原则是教师设计国学教育活动时必须遵循的基本要求。

一、发展性原则

发展性原则是指幼儿园教育活动必须促进幼儿知识水平和体力、智力、情感、道德、个性等方面的发展，使幼儿从现在的发展区向最近发展区发展，即幼儿在现有发展水平的基础上通过国学教育活动达到一个更高的发展水平。也就是说，国学教育内容应该介于幼儿当前的知识水平和更高水平之间，对于幼儿具有一定的难度，但是幼儿经过自己的努力也可以达到，这样的国学教育活动才能真正促进幼儿知识水平和能力不断向前发展。

发展性原则是教育教学活动过程中教与学、教学与发展统一规律的反映，是培养全面发展的人的需要。人的认识是有限的，会受年龄、时间、环境的影响，但是人的认识潜能是无限的。国学教育活动中教师提出的问题、要求要能跟幼儿头脑中原有的认知观念形成矛盾冲突，这样才会产生幼儿向前发展的动力，也就是我们通常说的"跳一跳，把果子摘下来"。教学要在正在形成的心理功能基础上进行，这样走在发展之前的国学教育活动才是有价值的教学。

贯彻这一原则应注意：

1）了解幼儿的现有发展水平，科学评估幼儿的学习能力和发展潜力。

2）国学教育教学内容要深浅难易适当，充分考虑其可接受性。

3）按照知识的逻辑顺序和幼儿心理发展规律，循序渐进地安排国学教育内容，由浅入深、由易到难、由感知到理解、由已知到未知、从模仿到创造，促进幼儿不断发展。

4）综合运用讲授、示范、展示、直观等多种教学方法，帮助幼儿举一反三，以一知百。

5）根据每个幼儿自身的发展基础、发展速度提出不同的要求，因材施教，量力而行，照顾幼儿的个别情况，争取使每个幼儿在原有基础上获得最大限度的发展。

6）重视国学教材、教法的研究和改革。随着时代的发展，要不断更新国学教学内容与方法，以促进幼儿的智力发展。教学内容不仅要科学还要有趣味性、启发性，能激发幼儿的求知欲，引起幼儿的联想和思考。教法上能启发幼儿的好奇心，鼓励幼儿的创新精神，让幼儿动手动脑，通过实践活动获得知识，增长才干。

二、活动性原则

活动性原则是指幼儿园国学教育活动设计应立足于活动。幼儿是在感兴趣的活动中不断积累经验，调节和更新认知结构而获得发展的，因此，教师应满足幼儿喜欢活动的愿望，通过有目的、有计划地组织各种生动有趣的活动，吸引幼儿参加，使幼儿的身心均处于积极主动的状态中，在活动中学习，促进幼儿全面发展。

贯彻这一原则应注意做到：

1）国学教育活动必须能激发幼儿参与的主动性和积极性。即所设计的活动应能引起幼儿对认知对象的注意和兴趣，能使幼儿从被动地接受变为主动地探索学习。

2）为幼儿提供丰富的物质材料，让幼儿在与这些材料的相互作用中获得发展。

三、适宜性原则

适宜性原则是指幼儿园国学教育活动内容应根据幼儿年龄、学习特点从易到难，循序渐进地安排，这也是一切教学活动的基本通则，同时应根据现代社会现状对国学经典取其精华，去其糟粕。幼儿的好奇心强烈，记忆力奇佳，但是理解能力有限，接受能力较差，因而我们选择的国学教材必须是最易学易记的，使用的教学方式必须是最简单轻松的。只有这样，国学教育才能为幼儿所接受，国学经典才能一点点地渗入幼儿的大脑中，起到潜移默化的影响作用。

贯彻这一原则时应注意做到：

1. 根据幼儿年龄特点，选择合适的国学经典读物

对于年龄在三岁左右的小班幼儿，应该以诵读《弟子规》《三字经》《千字文》（包括《新〈千字文〉》）为主。这几本蒙童读物语句整齐短小，每句仅有三四字，读起来朗朗上口，易于熟读成诵；对于年龄在四岁左右的中班幼儿，可以以诵读《朱子治家格言》《诫子书》《声律启蒙》为主。这几种蒙童读物散句居多，骈句很少，声韵性差，有点拗口，需要反复诵读才能读得流畅，由于中班幼儿已经有了一定的语言基础，因而教师只要指导幼儿准确断句慢慢诵读就可；对于年龄在五岁左右的大班幼儿，可以以诵读《增广贤文》《幼学琼林》为主。《增广贤文》对仗的句子居多，容易熟读成诵，是训练对联的好教材（但是文中哲理性的内容幼儿不易理解，不宜深讲）；《幼学琼林》是一部小史书，教师可以先给幼儿讲讲其中的故事，让幼儿借助故事来读读背背，能简单地了解一些历史知识，这样就达到教学目标了。

2. 学习国学经典以诵读为主

一方面，幼儿由于身心发展水平所限，认知能力还处于较低水平，对于国学经典中的一些现象和物件感到陌生，难以理解。另一方面，幼儿国学经典读物往往语句短小、句末押韵，读起来朗朗上口，如同唱歌一般，带给幼儿无限乐趣和成就感。所以对于国学教育主要采用幼儿诵读的方法。遵循简单轻松的原则，引导幼儿慢慢接触和感受中华传统文化精髓，尽量不要"讲深讲透"，以免幼儿因为认知能力不够而断章取义误解其意。采用多种方式带领幼儿反复念、反复跟读，儿童自然熟读能诵，轻松愉快地记忆大量内容，尤其是生字。

以诵读为主的教学方式，就是让幼儿"不求甚解，只求熟读"。只要幼儿反复诵读，读得流畅甚至背得下来，教学目标就算完成。诵读的难度应该只略高于吟唱。我们要相信，幼儿在反复诵读过程中，总会有一些知识储存在记忆里，等到他们长大成人之后这些记忆就会发酵，中华传统文化精髓就能影响其世界观和人生观，这样，幼儿国学教育的目的就实现了。

幼儿识字量有限，注意力分散，模仿心理强，易受暗示，这些特点决定了使用诵读法开展国学启蒙教育时要形式多样、灵活多变，能够吸引幼儿的注意和兴趣。诵读法根据难易程度可以分为三个阶段，第一阶段是熟读，可以交替使用跟读、指读、领读的方式引导幼儿阅读国学经典，教师要注意使用标准普通话阅读，或者播放录音。第二阶段是理解字义，主要采用语言讲解、图画展示等手段帮助幼儿理解词句含义。重点是将词句的意义跟幼儿生活中的事物、事件、经验、心境相结合，帮助幼儿理解。第三阶段是背诵，可以运用接龙、情境等方式激发幼儿背诵的兴趣，帮助幼儿掌握所学知识。教师可以根据经典内容为幼儿创设相似的情境，让幼儿充分展开想象，积极进行思考，使幼儿在喜欢的、轻松的、自己幻想出来的情境中记住、理解所学知识。诵读法是一种采用多种方式充分调动幼儿参与积极性，理解经典内容，再记忆背诵的教学方法，是一种积极的识记方法，并不是单纯的死记硬背。

3. 选择适合现代文明的经典读物进行教学

在繁杂而浩瀚的国学典籍中有很多是为了适应封建社会的统治需要编撰的，属于文化糟粕，如它主导"三纲五常"，宣扬"尊卑长幼之序"，强化"圣君意识"，这些是两千多年封建专制统治的精神支柱，也是封建王朝统治者用以麻痹与束缚人类的思想武器，是奴役人性的枷锁，是与现代文明所倡导的"平等""民主""法制"背道而驰的。幼儿的心性未定，对学习内容不能自主选择，所以教师要帮幼儿把好关，选择朗朗上口、与幼儿生活相关、便于理解的内容纳入教材，激发幼儿学习经典的兴趣，帮助他们养成诵读经典的习惯。

四、实践性原则

实践性原则是指幼儿园国学教育活动设计应注重知行合一，通过各种活动将知识付诸实践。我们进行国学经典教育的主要目的之一就是让幼儿将知识道理学以致用，否则只会滋长幼儿的虚荣心。教师只有引导幼儿将学与做结合起来（必要时可与家庭形成合力），才能让幼儿具有良好的行为举止，进而养成行为习惯，即所谓的"心高气傲，博学无益；行止不端，读书无益"。好的习惯包括举止文明、尊重他人、礼貌谦让、诚实守信、勤奋学习、知恩图报、勤俭节约、惜时守时等，这些在国学经典中都可以找到。

贯彻这一原则时应注意做到：

1. 抓住教育时机，及时进行现场教育

当幼儿不懂得谦让时，正是教师给幼儿讲"孔融让梨"故事的好时机；当孩子磨磨蹭蹭时，正是父母讲授"父母呼，应勿缓；父母命，行勿懒；父母教，须敬听；父母责，须顺承"的好时机；当父母忙着做事而被孩子打断时，就教孩子诵读《弟子规》中的"人不闲，勿事搅；人不安，勿话扰"；学了国学经典中的孝义，马上教育孩子回家后给长辈们捶背、端水，自己叠被子、盛饭洗碗、穿衣戴帽、打扫房间……这样，就能达到知行合一的教学效果。

2. 保持幼儿家园行为的一致性

3～6岁幼儿还没能够形成稳定的行为习惯，外界环境的变化会引发前后行为不一致的现象。所以要培养幼儿形成稳定良好的行为习惯需要家庭、幼儿园、儿童的紧密配合，实现"三位一体"教育。国学教育如果单靠死记硬背，教育价值将大打折扣，尤其是那些关于做人礼仪的方面，故而国学启蒙教育要靠教师、家长和儿童三方面互动式教学才能实现。在幼儿园，教师要以身作则，为孩子树立学习的榜样；在家里，父母要督促孩子"亲师友、习礼仪"，教会他们孝敬父母，尊敬长辈，做一个诚信、对社会有用的人。家长要转变观念，不强求孩子背诵了多少书，而是看孩子实际做得怎么样，家长要以身作则，所谓上行下效，每天抽出时间与孩子共读经典，不但是最佳的亲子活动，同时自身也会受益。

五、形象性原则

3～6岁幼儿仍然处于具象思维阶段，对事物的认知很大程度上依靠表象，容易感知到鲜明的色彩、美妙的声乐、外形奇异的事物和精彩的游戏。因此，在幼儿园开展国学教育要充分照顾幼儿的年龄特点，遵循生动形象的原则，让幼儿在活泼的氛围中学到知识。这就需要幼儿教师注意选取丰富多彩的图案、生动形象的玩教具、悦耳动听的音乐和有趣活泼的活动来充分调动幼儿学习国学经典的兴趣，让孩子愿意学经典、乐于背经典。

国学经典经过几千年流传记载，主要依靠文本记录的方式保留，内容精练，形式单一，难免严肃呆板，显然不适合幼儿直接学习。广大教育工作者对其认真钻研和反复实践，将经典内容结合幼儿生活经验和喜欢的方式，创造出一些生动形象的教学方式来帮助幼儿理解经典。例如"游戏教学法"，借助游戏的方式将经典内容融入其中，将蕴含的道理通过角色扮演、表演展示加深印象；"儿歌教学法"，旋律优美的音乐能给幼儿带来美的享受和情感熏陶，将《三字经》《弟子规》等配上音符，或者将经典儿童歌曲的歌词改换成国学名句，变诵读为吟唱，让幼儿在美妙音乐的伴奏下自然愉快地唱诵国学；还有"表演教学法"，教师选择适于表演的经典内容，让幼儿以短小的情景剧形式进行表演，引导幼儿在模仿表演过程中，加深对国学的理解。经过实践，这些方法效果非常好。

环境对幼儿的影响是潜移默化和影响深远的，所以幼儿园非常重视环境创设，希望通过环境来帮助幼儿获得生活习惯方面的发展。国学教育可以将经典内容渗透进幼儿园的各个角落，如在"宝宝餐厅"里写上"对饮食，勿挑拣"，在"宝宝卫生间"里写上"晨必盥，兼漱口，便溺回，辄净手"，在"宝宝鞋帽柜"上写上"置冠服，有定位，勿乱顿，致污秽"，在镜子前写上"冠必正，纽必结，袜与履，俱紧切"等。这样做既能帮助幼儿识记国学经典，又能培养幼儿良好的行为习惯。

六、综合性原则

幼儿的发展是不分学科的，每一次活动都是幼儿语言、社会性、认知、情感、美感的系统配合，整体发展。因此每一次活动设计都应该充分发挥活动内容、形式、过程等各因素的功能，同时加强各因素间的协调、配合，发挥其综合效能，从而促进幼儿的整体发展。这就是教育活动的综合性原则。

贯彻这一活动时应注意做到：

1. 实现教育内容的综合

国学内容涉猎的范围很广，涉及传统文化的方方面面。幼儿园开展国学教育既要尊重国学经典本身的系统性，又要符合幼儿各阶段身心发展的规律和特点，建立科学的课程体系。有学者将国学经典分为蒙童读物、文史典籍、诗词名篇、古典音乐、书法作品、传世国画和文明礼仪七个大类，教学过程中根据每个大类的内容、特点进行专门的教学设计，分阶段分层次地逐步授课。但是在幼儿园实际教学生活中又将这七类进行整合，使之与幼儿园一日生活、节假日、本土文化等有机结合，保证幼儿在轻松愉快的环境中接受国学经典所传递的精髓。

2. 实现教育活动形式的综合

国学启蒙教育要在幼儿园一日活动中真正起到"发散孩子思维、发展孩子智力、发现孩子能力、发扬孩子优点、发挥孩子长处"的作用，就必须要在教学形式上具有多样性。不能只是让幼儿读、背、诵，而是要把传统文化融于听、看、说、写、画、唱、舞、演、做等之中，使形式更富有趣味性、活动性、愉悦性和多样性。只有这样，才能激发幼儿学习和参与的兴趣，培养幼儿动手动脑的能力。同时这也是国学经典的主要学习方法——诵读法的要求。

第二节　幼儿园国学教学精品案例与分析

◎ 目标导航

1. 了解国学在幼儿园教育教学中运用的方式。
2. 掌握幼儿园国学教育的基本方法。

传承数千年的国学经典是中华民族文明之根，它博大精深，意存高远。在学前阶段开展国学启蒙教育，学习国学经典，了解国学文化，才能植根于民族传统，掌握优雅、精致的祖国语言，使幼儿成长为既有知识又有文化的现代中国人。本节内容就如何在学前阶段开展国学教育，选取了多个幼儿园国学教育的实践案例，这些案例依据幼儿身心发展特点设计，关注幼儿的学习特点，将国学教育与游戏活动紧密结合，寓教于乐；内容丰富充实，涉及经典诵读、民俗礼仪、民间艺术等国学内容，既有活动设计，又有问题策略，既有活动实录，又有反思评价，对幼儿园一线教师具有较强的指导意义。

一、经典诵读类

（一）中班社会活动：宋濂借书（《弟子规》节选）

用人物，须明求，倘不问，即为偷；借人物，及时还，后有急，借不难。

【设计意图】

诚实守信是中华民族的传统美德，是每个公民的基本道德规范，是个人的立身之本，是社会运行之规。孩子是祖国的希望，民族的未来，幼儿时期正处于人生成长和发展的关键时期，是品德形成和培养的关键阶段，宋濂借书是中华传统美德故事，通俗易懂，内容符合幼儿的年龄特点，易于幼儿理解和接受，通过故事告诉小朋友从小就要严格要求自己，遵守诺言做一个像宋濂一样守时守信的好孩子。

【活动目标】

1）结合故事理解"用人物，须明求，倘不问，即为偷；借人物，及时还，后有急，借不难"的含义。

2）让幼儿知道借了别人的东西要爱护，并能按时归还。

3）借书和还书时能使用礼貌用语。

【活动准备】

图片若干。

【活动过程】

1. 通过谈话，引起幼儿兴趣

师：小朋友如果你有一本好看的图画书，其他小朋友想借来看看，你会怎么做呢？

幼：借给小朋友看。

幼：和小朋友一起看。

2. 结合图片欣赏故事《宋濂借书》，懂得"用人物，须明求，倘不问，即为偷；借人物，及时还，后有急，借不难"的道理

1）教师结合图片讲述故事《宋濂借书》。

师：今天，老师给小朋友们带来了一个好听的故事，名字叫做《宋濂借书》，请小朋友认真听。

2）引导幼儿讨论：为什么主人同意宋濂随时来借书呢？

师：小朋友，故事中主人要宋濂几天还书呢？第十天天气怎样？宋濂来还书了吗？

为什么主人同意宋濂随时来借书呢？

幼：……

师：这个故事告诉我们，借别人的东西不仅要有礼貌，还要讲信用，要及时归还给别人，今后再向别人借，就不难了。

问题情境一：第一遍讲完故事后提问时幼儿的回答有些模棱两可，说明幼儿并没有理解故事内容。

问题对策：边看图片达再次讲述故事，便于幼儿理解故事内容，也可边讲述故事边提问。

问题情境二：讨论为什么主人同意宋濂随时来借书这个问题时，幼儿基本上都只能回答出因为宋濂在第十天还书了，不能更深层次、更深入地理解。

问题对策：教师需加强引导，通过问题层层深入"第十天下着大雪，为什么宋濂还要来？这说明宋濂是一个怎样的人？"

3. 在幼儿理解含义的基础上，教师利用多种形式变化进行诵读

1）教师诵读，幼儿跟读。

师：我们来一起诵读《弟子规》中"用人物，须明求，倘不问，即为偷；借人物，及时还，后有急，借不难"。

师：《弟子规》是一部古代广为流传的儿童启蒙读物，目的就是要对孩子进行启蒙教育。

2）教师和幼儿一起玩句子接龙。

师：现在我们来玩句子接龙的游戏，老师说前一句，小朋友说后一句。

问题情境：在教师和幼儿玩句子接龙时，幼儿有中断现象。

问题对策：教师领诵，幼儿跟读时需向幼儿讲解每句的含义，便于幼儿理解内容，在幼儿理解了内容，并有了一定的记忆的基础上，句子接龙就变得很好玩了。

4. 结合班级实际，对幼儿进行表扬和鼓励

师：小朋友借别人的东西时应该怎样说和做呢？

幼：借和还的时候要使用礼貌用语。要爱护别人的东西，要及时归还。

问题情境：幼儿对借别人物品的生活体验较少，只能根据故事回答出要有礼貌、讲诚信。

问题对策：请幼儿根据情境表演借和还时的言行，巩固经验。

【活动反思】

在执教过程中紧密结合故事内容对幼儿进行诚实守信的教育，让幼儿感受理解"用人物，须明求，倘不问，即为偷；借人物，及时还，后有急，借不难"的含义。

在幼儿理解字面意思的基础上，教师引出"用人物，须明求，倘不问，即为偷；借人物，及时还，后有急，借不难"，向小朋友讲解这句话背后的故事，然后利用多种形式变化诵读。首先，教师领诵，幼儿跟读。在幼儿理解了内容，并有了一定的记忆的基础上，教师和幼儿一起玩句子接龙，通过接龙游戏巩固幼儿的记忆，锻炼幼儿的反应能力。最后通过情境表演，巩固经验。

【活动评价】

整个活动幼儿注意力集中，参与度高，结合故事《宋濂借书》懂得"用人物品，及时归还"的道理，潜移默化地对幼儿进行诚信教育，让幼儿知道借了别人的东西要爱护，并能按时归还，在借东西和还东西时要使用礼貌用语"请、谢谢"等。

（本活动案例由石家庄市第三幼儿园贾君霞、王笑两位老师提供）

（二）中班社会活动：黄香温席（《弟子规》节选）

冬则温，夏则清，晨则省，昏则定；出必告，反必面，居有常，业无变。

【设计意图】

现在的幼儿多是家里的"小公主""小皇帝"，得到父母、长辈无微不至的关爱，但是怎样给幼儿渗透我们中华民族传统美德，让幼儿从情感上、思想上认同"百善孝为先"这一思想。《黄香温席》的故事是中华二十四孝故事之《扇枕温衾》中的内容，该故事通俗易懂，易于幼儿理解，通过故事让幼儿知道孝敬长辈是中华民族的传统美德，小朋友学习黄香，应该从小学会孝敬父母，多为父母做点力所能及的事情。

【活动目标】

1）理解"冬则温，夏则清，晨则省，昏则定；出必告，反必面，居有常，业无变"的含义。

2）让幼儿知道爸爸妈妈每天工作很辛苦，要为他们做一些力所能及的事情。

3）进行传统美德教育，教育幼儿从小关心父母和孝敬长辈。

【活动准备】

PPT。

【活动过程】

1. 图片导入

出示图片，请幼儿观察并提问：这位小朋友在干什么？

师：请小朋友们认真观察图片，说说图片中的小朋友在做什么？

幼：……

问题情境：幼儿的回答语句不连贯，句子不完整。

问题对策：无论幼儿回答内容是否符合图片内容，及时给以肯定、表扬和鼓励，引导幼儿说完整的话。

2. 结合故事内容理解《弟子规》中"冬则温，夏则清，晨则省，昏则定；出必告，反必面，居有常，业无变"的含义

1）看图听故事《黄香温席》，理解内容。

师：黄香小哥哥到底在做什么呢？请小朋友们认真听一听。

2）教师引导幼儿讨论：你觉得黄香是一个怎么样的小朋友呢？

师：你从哪儿看出黄香是一个懂事孝顺的好孩子的？

师：你能为爸爸妈妈做些什么事？

师：怎样做一个让爸爸妈妈放心的孩子？

师：黄香是一个非常懂事孝顺的好孩子，在寒冷的冬天能用自己的身体为父亲暖热被窝，小朋友们的爸爸妈妈每天工作很辛苦，我们要为他们做一些力所能及的事情。小朋友出去玩的时候一定要告诉爸爸妈妈，做一个让爸爸妈妈放心的好孩子。

问题情境一：在回答问题"你能为爸爸妈妈做些什么事"时，很多幼儿人云亦云。

问题对策：及时提示幼儿发表自己不同的见解。

问题情境二：讨论黄香是一个怎样的小朋友时，幼儿只能从故事内容中说他为爸爸暖被窝。

问题对策：通过几个问题层层递进、步步深入，幼儿在自己的思考讲述中，自觉地理解这些道理。

3. 在幼儿理解含义的基础上，教师利用多种形式变化诵读

1）教师诵诵，幼儿跟读。

师：我们来一起诵读《弟子规》中"冬则温，夏则清，晨责省，昏责定；出必告，反必面，居有常，业无变"。

2）教师和幼儿一起玩句子接龙。

师：现在我们来玩句子接龙的游戏，老师说前一句，小朋友说后一句。

3）幼儿自己变换形式诵读。

师：小朋友想一想你想用什么方式来读这句话？（模仿古人摇头读）还想怎样读？（假装照着书读或加上节奏读）

问题情境一：幼儿在跟读过程中有吐字不清的情况。

问题对策：教师诵读时，边诵读边向幼儿讲解含义并及时纠正幼儿读音。

问题情境二：幼儿自己变换诵读形式时，很多幼儿不明白教师的意图。

问题对策：教师让幼儿回忆电视上古人怎样读书，想一想学校里的哥哥姐姐是怎样读书的，发散幼儿思维。

【活动反思】

本活动符合幼儿的兴趣和身心发展规律，幼儿善于表现，气氛活跃，轻松愉快地学到了知识。

导入部分出示图片引导幼儿观察，引起幼儿参与活动的兴趣，集中幼儿注意力，请小朋友们认真观察图片，说说图片中的黄香分别在做什么，为讲述故事做好准备。训练幼儿看图说话的能力，不拘泥于幼儿说的内容是否与图片相符，只注重于幼儿是否说了一句完整的普通话。

结合故事内容理解《弟子规》中"冬则温，夏则清，晨责省，昏责定；出必告，反必面，居有常，业无变"的含义。这是本次活动的重点，也是难点。在看图听故事《黄香温席》时，运用多媒体动画具体直观化，化静为动、化抽象为形象易于幼儿理解故事内容，紧接着教师结合故事内容引导幼儿讨论：你觉得黄香是一个什么样的小朋友呢？你从哪儿看出黄香是一个懂事，孝顺的好孩子的？你能为爸爸妈妈做些什么事？怎样做一个让爸爸妈妈放心的孩子？这几个问题层层递进，步步深入，幼儿在自己的思考讲述中，自觉地理解了这些道理，而不用教师特意地告诉他们。不仅幼儿的思维能力得到了

锻炼，而且积极性、创造性也有所增强，都能发表自己不同的见解。

在幼儿理解的基础上，诵读《弟子规》中"冬则温，夏则清，晨则省，昏则定；出必告，反必面，居有常，业无变"。教师诵读，幼儿跟读。幼儿熟练后，教师和幼儿一起玩句子接龙的游戏，旨在加强幼儿的诵读能力，增加幼儿的语言积累。

【活动评价】

本节活动针对中班幼儿的年龄特点，按照教学目标的要求，在理解故事内容的基础上，懂得"冬则温，夏则清，晨则省，昏则定；出必告，反必面，居有常，业无变"的含义。进行传统美德教育，教育幼儿从小关心父母和孝敬长辈。让幼儿知道爸爸妈妈每天工作很辛苦，要为他们做一些力所能及的事情。本活动符合幼儿的兴趣和身心发展规律，幼儿善于表现，气氛活跃，轻松愉快地学到了知识。通过讨论，让孩子们弄清孝的表现，"孝"并不全是体现在大事上，而是渗透在生活中的细微之处。因此，在幼儿园中实施孝顺父母的教育，着眼点应是从小事做起，从一点一滴做起，在理解中传承传统美德。

（本活动案例由石家庄市第三幼儿园贾君霞老师提供）

（三）中班语言活动：《三字经》节选

香九龄，能温席，孝于亲，所当执；融四岁，能让梨，弟于长，易先知。

【活动背景】

中国传统文化博大精深、源远流长，是中华民族智慧的结晶。《三字经》是中国传统启蒙教材，在中国古代经典当中，《三字经》内容浅显易懂，格律整齐，三字一句，朗朗上口，便于幼儿通过反复诵读，学会做人做事的道理。为了让幼儿感受中国传统国学的魅力，感受传统教育，本活动选取了《三字经》中"香九龄，能温席，孝于亲，所当执；融四岁，能让梨，弟于长，易先知"等句进行活动设计，旨在用生动的故事，告诉幼儿做人的道理，培养幼儿孝顺父母、谦让兄弟姐妹的美好品格，感受中华传统文化，传承传统美德。

【活动目标】

1）通过故事，能够理解并准确诵读内容。

2）初步了解《三字经》，知道《三字经》的文学价值。

3）懂得孝顺父母、关心他人、谦让是中华民族的传统美德，培养幼儿的良好品格。

【活动准备】

故事《黄香温席》《孔融让梨》。

【活动过程】

1. 活动导入

师：如果你看到自己的爸爸或妈妈生病了你会怎么做呢？他们工作了一天很辛苦，你会怎么做？

（给幼儿一点时间讨论）

师：老师这里有一个小故事，一起来看看故事里的小朋友是怎么做的吧！

2. 活动展开

1）教师讲述故事《黄香温席》，理解诵读内容。

师：故事里的小朋友名字叫什么？多大了？他做了件什么事情？他为什么会这样做？

师：古时候有这样几句话描述了黄香温席孝顺父母的事情。

教师诵读内容"香九龄，能温席，孝于亲，所当执"。

师：这句话的意思是说：黄香九岁的时候，就懂得在寒冬的夜晚，用自己的身体先把被子温暖了，再请父亲上床睡觉。因为孝顺父母，是子女应该做的。

幼儿诵读。

2）教师讲述故事《孔融让梨》，理解诵读内容。

师：我们再来了解一位古代小朋友的故事。教师讲述故事《孔融让梨》。

师：故事里的小朋友名字叫什么？多大了？他做了件什么事情？他为什么要这样做？

师：这几句话描述了孔融让梨的故事。

教师诵读内容"融四岁，能让梨，弟于长，易先知"。

师：这句话的意思是说：孔融四岁的时候，就知道谦让的道理，把大的梨让给哥哥，自己吃小的梨。友爱兄长，是做弟弟妹妹的从小要懂的道理。

幼儿诵读。

3）教师带领幼儿完整诵读内容。

问题情境：在诵读的练习中，由于没有其他的形式，幼儿在诵读时没有兴趣，出现了不愿读和不整齐的现象。

解决对策：请幼儿变换节奏诵读，加入比赛活动，将幼儿分组进行诵读比赛。

4）介绍《三字经》。

师：这两句诵读内容有什么特别之处？

师：诵读内容都是三个字一句。

师：这段诵读内容来自于《三字经》，三字经是我国古代影响最大的启蒙读物。因为每一句都是有三个字，所以叫《三字经》，其中讲了许多做人、做事的道理，是古代小朋友必须学习的内容。

5）故事情境表演。

请幼儿根据故事内容，表演《黄香温席》《孔融让梨》。

问题情境：幼儿表演得很认真，但可能是因为在表演故事，感觉幼儿还是不能很好地体会孝敬长辈的含义。

解决对策：教师可以让幼儿讨论自己该如何孝敬长辈，请幼儿将自己想到的做法表演出来，加深对孝敬长辈的理解。

3. 活动延伸

师：请幼儿回家后帮助父母做自己能做的事情。

【活动反思】

1）活动中教师以故事的形式导入，让幼儿生动形象地了解所诵读的内容，同时，通过师幼谈话，帮助幼儿修正自我行为，自觉学习传承中华传统美德。

2）活动中以诵读为主，之后加入情境表演。在诵读过程中发现幼儿兴趣不太高时教师及时进行了调整，调整后幼儿能热情地诵读，在情境表演时也能说出自己的观点进行表演。

3）《三字经》是我国古代经典的读物，内容浅显易懂，幼儿能从中学到很多历史知识和传统美德，是很好的活动设计素材。

【活动评价】

此次活动选取了《三字经》中的一段内容，具体形象、生动活泼，让幼儿在聆听故事的过程中，学习了孝顺父母、谦让的传统美德。活动中，每个幼儿的能力发展水平不同，掌握的快慢也不同，教师尊重幼儿的个体差异，及时调整教育策略，提升幼儿的兴趣，加深幼儿的记忆，激发了幼儿对传统文化的学习兴趣。

（本活动案例由石家庄市第三幼儿园王珊老师提供）

（四）大班语言活动：《笠翁对韵》节选

天对地，雨对风，大陆对长空。
山花对海树，赤日对苍穹。
雷隐隐，雾蒙蒙，日下对天中。
风高秋月白，雨霁晚霞红。

【活动背景】

《笠翁对韵》是一部教儿童掌握声韵格律的启蒙读物。包罗天文、地理、花木、鸟兽、人物、器物等的虚实应对。从单字对到双字对，三字对、五字对、七字对到十一字对，声韵协调，朗朗上口，是中国传统文化的精神瑰宝。幼儿期是一个人语言发展的关键期，大量诵读传统经典，可以让幼儿在感受传统国学文化的同时，得到语音、词汇、修辞的训练，增加幼儿的词汇积累，培养良好语感，发展幼儿的语言表达能力。

【活动目标】

1）通过观察图片，理解诵读内容，知道《笠翁对韵》的内容及作者。

2）反复诵读，了解对韵的特点。

3）感受古文的节奏韵律及趣味，培养幼儿良好的语感。

【活动准备】

图片。

【活动过程】

1. 出示图片，谈话导入

师：小朋友，请认真观察这些图片，你认为哪两张图片可以配成一对，说说你的理由。

2. 理解诵读内容

（1）欣赏诵读内容

师：刚才小朋友们对图片进行了配对，你们知道古时候的人们是怎样把这些内容配对的吗，我们一起来听一听。

师诵读："天对地，雨对风，大陆对长空。山花对海树，赤日对苍穹。雷隐隐，雾蒙蒙，日下对天中。风高秋月白，雨霁晚霞红"。

师：这些内容是怎样配对的？请你看着图片说一说。

（2）介绍作品及作者

师：刚刚我们诵读的内容选自《笠翁对韵》，《笠翁对韵》是一部教儿童掌握声韵格律的启蒙读物。古时候，小朋友学写诗，都要先学会《笠翁对韵》。你们知道笠翁是什么意思吗？

师：这里的笠翁指的是作者李渔。大家知道吗？在古代，学者、诗人，不仅有自己的姓和名，还有名号呢！作者李渔，号笠翁。他是明末清初时期非常杰出的文学家。那对韵是什么意思呢？

师：对韵就是对对子，《笠翁对韵》中有一字对、二字对、三字对和五字对。你能找出来吗？

师：你能找出一字对、二字对、三字对、五字对吗？

（3）幼儿诵读

师：请小朋友跟随老师一起读一读。

一字对：天对地，雨对风。

二字对：大陆对长空，山花对海树，赤日对苍穹，日下对中天。

三字对：雷隐隐，雾蒙蒙。

五字对：风高秋月白，雨霁晚霞红。

问题情境：在诵读过程中，为了让幼儿区分出一字对、二字对、三字对、五字对，所以将原文拆开诵读，但是在诵读过程中发现幼儿不能很好地将整段对韵的内容连接在一起诵读。

解决对策：教师将所有图片都拍出来，整段内容一起看着图片诵读，然后请幼儿自己找出里面的一字对、二字对、三字对、五字对。

（4）巩固练习，感受古文的韵律节奏

师：读古文要读出节奏和韵律，请小朋友边拍手打节奏，边诵读。

师：现在我们分成两组，以对歌的形式有节奏地诵读。

对歌要求：

1）对歌就是你唱一句，我和一句。

2）两组比赛读，哪组读得准确、流利哪组获胜。

问题情境：诵读活动本身有一些枯燥，在活动中加入游戏和不同的形式，可以提高幼儿的兴趣。在进行分组活动时，刚开始时还有兴趣，后来就没有那么高的兴趣了。

解决对策：在分组练习时，可以增加不同的难度，让幼儿以比赛、闯关、不同节奏的形式进行练习，这样就不会觉得只有一种形式了。

3．游戏——对对联

师：对联是我国的传统经典文化。大家想试一试对对子吗？请小朋友找出对应图片，边摆边对对子。

4．活动延伸

请小朋友和爸爸妈妈一起收集对联。

【活动反思及建议】

1）经典诵读是一个语言感受的过程，可以让幼儿在诵读的过程中感受到传统国学的语言魅力，《笠翁对韵》从单字对到双字对、三字对、五字对、七字对、十一字对，声韵协调，使幼儿在反复诵读中得到语音、词汇、修辞等方面的训练。活动中，幼儿对"风高秋月白，雨霁晚霞红"这一诵读内容的理解还有困难，教师可以结合图片进行概括总结，帮助幼儿理解掌握。

2）活动过程中，教师借助了图片配对的形式，让幼儿通过观察理解图片内容，进而开展配对游戏，帮助幼儿理解记忆诵读的内容，符合幼儿的认知特点，提升了幼儿的活动兴趣。

3）对对联的活动，幼儿掌握起来有困难，个别图片内容不突出，对比不明显，造成幼儿对画面信息把握不准确。

【活动评价】

本次活动选取了《笠翁对韵》中的经典段落。内容形象具体，声调韵律和谐，教师运用图片找对子的游戏形式，帮助幼儿理解对对子的含义，即找到同类别事物相对，易于被幼儿理解和接受，活动效果较好。虽然容易理解，但实际运用起来还是有点难度的，所以幼儿练习对对子时使用的图片，一定要借助生活中熟悉的事物，并且是对比强烈的事物来帮助幼儿理解和记忆。

活动中，教师注重以幼儿为主的学习方式，避免硬性枯燥的灌输，通过出示图片请幼儿观察、理解并大胆表达自己的想法。主张幼儿自我学习、自我理解，带着问题思考，发挥了幼儿学习的主动性，尊重幼儿的学习方式。

《笠翁对韵》是语言的艺术，需要反复诵读，才能感受到古文的韵律节奏，培养幼儿良好的语感。活动中，教师使用多种游戏的方式，让幼儿尝试看图对对子，分组对对子，寓教于乐，在游戏中掌握诵读内容。

（本活动案例由石家庄市第三幼儿园王珊、高丽两位老师提供）

（五）大班语言活动：古诗《江南》

【活动背景】

古诗在中华文明灿烂的历史长卷中是绝妙的华章，也是人类文化瑰宝。对幼儿实施古诗教学，不仅能让幼儿品味诗的优美意境，加强幼儿对语言的鉴赏能力，还可以陶冶他们的情操，启迪智慧，增加幼儿对中国传统文化的了解和认识。

《江南》是一首汉代乐府诗，一首采莲歌，反映了采莲时的情景和采莲人欢乐的心情，在汉乐府民歌中具有独特的风味。民歌以简洁明快的语言，回旋反复的音调，优美隽永的意境，清新明快的格调，勾勒了一幅明丽美妙的图画，让人领略采莲人内心的欢乐，并激发幼儿对江南美景的热爱。

【活动目标】

1）学古诗《江南》，了解古诗内容。

2）诵读古诗，感受古诗韵律之美。

3）喜欢诗中美景，激发对江南美景的热爱。

【活动准备】

1）古诗《江南》课件。

2）教学挂图。

3）表演道具若干。

【活动过程】

1. 谈话导入

师：小朋友，你们知道夏天会盛开什么花吗？

幼：有百合花、兰花、荷花。

师：小朋友说得很多，夏天是荷花开得最灿烂的季节，特别是在江南水乡，比如宁波，荷花开得非常漂亮，今天我们一起来学习一首关于荷花的古诗。

2. 介绍古诗、作者

师：小朋友先听老师朗诵一遍古诗。

> 江南可采莲，莲叶何田田，鱼戏莲叶间。
> 鱼戏莲叶东，鱼戏莲叶西，鱼戏莲叶南，鱼戏莲叶北。

师：这是一首汉代的乐府诗，是古时候人们唱歌的歌词。

3. 学习古诗

师：我们一起来看图片。

师：你看到了图片上有什么？

幼：绿绿的荷叶，粉色的荷花，大大的莲蓬。

师：你猜猜荷叶下面藏了什么？

幼：嬉戏的鱼。

师：小鱼在干什么？

幼："小鱼真可爱！""小鱼在水里游来游去真可爱！""小鱼正在水里你追我，我追你，它们在做游戏呢！"

师：小鱼在莲叶的什么地方游戏呢？

幼：莲叶的中间和东西南北。

师：鱼儿嬉戏的情景，一会儿游到东面，一会儿穿到西面，一会儿钻到南面，一会儿滑到北面，他们在水中是那样的自由与快乐！

小结：这首古诗描绘的是夏日荷塘里的茂盛景象，人们在采摘新鲜的莲蓬，荷塘的水里有鱼儿在嬉戏，大家和谐而快乐。

4. 学习诗歌，用多种形式诵读

师：我们一起来朗诵这首古诗，我朗诵一句，小朋友跟着朗诵一句。

师：我们一起朗诵一遍好不好？

幼：好。

师：我们一起再跟着音乐朗诵一遍。

师：除了这样朗诵还可以怎样来朗诵？一起试一试。

幼：可以男生朗诵一遍，女生再朗诵一遍。还可以女生一句，男生一句，还可以分组朗诵。

师：小朋友很棒，想出这么多方法，咱们一起来尝试一下吧。

问题情境：幼儿对这首古诗的意境美感受得不是很深。

解决对策：可能是刚刚学习这首古诗，而且采莲在幼儿的生活中不常见，所以幼儿对古诗的意境感受不是很深，通过多种方式，如看介绍江南的书及有关江南的电视节目等，让幼儿了解江南的景色、江南的风情，引发幼儿的共鸣，慢慢感受这首古诗的意境。

5. 表演古诗

师：现在班里是荷塘的情景，小朋友可以是小鱼、莲叶、荷花。哪个小朋友想选择自己喜欢的角色表演一下？

幼：我们来表演小鱼，我表演荷花，我表演莲叶。

问题情境：在情景表演时，幼儿都积极参与，但有个别幼儿不能大胆表现自己，表演时会忘记古诗，或忘记动作。

解决对策：幼儿对古诗还不是很熟悉，通过情景表演让幼儿感受到古诗意境，所以投放背景墙和表演道具让幼儿平时多表演、多感受。

6. 活动延伸

1）投放描写江南美景的诗词供幼儿对比诵读。

2）投放"江南"主题的背景墙及表演道具供幼儿表演。

3）欣赏古诗歌曲《江南》，让幼儿感受音乐古诗的韵味，体验古诗的另一种表现形式。

【活动反思】

古诗是中国传统文化，这首《江南》描绘的是江南水乡人们采莲的情景。诗句生动活泼，通俗易懂，插图色彩鲜明，形象逼真，展现了一幅荡舟采莲、莲叶田田、鱼戏莲叶的美丽画卷。可谓有景、有情、有韵，孩子们读来心情愉快，朗朗上口，便于在诵读中陶冶美的情操。

诗歌先介绍了江南是个采莲的好地方，后写了鱼儿在荷叶下嬉戏。江南水乡的美景被一一展现。为了使幼儿体会到这种美，可以让幼儿看图片、看画面理解诗句。教第二句时，我主要抓住一个"戏"来细细推敲。首先进行过渡，引导幼儿大胆地说出鱼儿的情景，并通过幼儿边表演边诵读，感受这首古诗的意境。

教师通过创设情境，引导鼓励幼儿自主学、个人悟，自由地表达自己的观点和情感，幼儿通过读读、想想、演演的学习方式理解、再现、创造诗歌的意境，并进入角色扮演体验"小鱼"的快乐，以演促读，以演促思。教师尊重幼儿在学习过程中的独特体验，给他们创造无拘无束的探究天地。

【活动评价】

整节活动，幼儿很感兴趣。幼儿通过观察挂图来感受古诗《江南》的优美意境，幼儿通过语言表达画面，提高了想象力和语言表达能力。

这首古诗旋律优美，歌词源自古诗，浅显易懂，句句押韵，尤其适合大班幼儿学习。在学习古诗时，要大声诵读，感受诗词的画面感。"东""西""南""北"四个方位词有力地表现了鱼儿在莲花、莲叶间自由自在嬉戏的情景。最后结束环节，幼儿在情景表演中，也感受到了欢快的情绪。

（本活动案例由石家庄市第三幼儿园刘青、王笑两位老师提供）

（六）大班语言活动：古诗《枫桥夜泊》

【设计意图】

古代诗词是中国传统文化的瑰丽结晶，它具有语言简练、意境优美等特点。对幼儿进行古诗文教学，可以增加幼儿对中国传统文化的了解和认识，加强幼儿对语言的鉴赏能力和对美的感受能力。

《枫桥夜泊》这首诗中，诗人精确而细腻地讲述了一个客船夜泊者对江南深秋夜景的观察和感受，勾画了月落乌啼、霜天寒夜、江枫渔火、孤舟客子等景象，有景有情有声有色。此外，这首诗也将作者羁旅之思、家国之忧，以及身处乱世尚无归宿的顾虑充分地表现出来。

这首诗句句形象鲜明，可感可画，内容通俗易解，非常适合大班幼儿。

【活动目标】

1）理解诗意，学习有感情、有起伏地吟诗。

2）感受诗中情景交融的艺术意境。

【活动准备】

诗歌图片、纸、笔。

【活动过程】

1. 出示图片，引发幼儿兴趣

师：这是什么地方？你发现了什么？

幼：……

问题情境：幼儿注意到画面的主要内容，对细节观察不仔细。

问题对策：引导幼儿观察画面所反映的时间、地点、人物、景物、季节，鼓励幼儿把自己的发现小声与身边的同伴交流。

2. 感受古诗的韵律美，了解作者及古诗结构

教师配乐示范朗读。

师：听这首诗，你心里有什么感觉？

幼：……

师：《枫桥夜泊》这首古诗是唐代著名诗人张继路过寒山寺时所写的千古名篇，共四句，每行七个字，这种格式的诗叫"七言绝句"。

问题情境：幼儿对听诗后的感受不知从何回答，只是觉得很好听。

问题对策：再次欣赏，引导幼儿结合图片理解古诗的意境。细化提问：这首古诗描

写了怎样美丽的景色？诗人当时的心情是怎样的？

　　3．分句理解古诗

　　1）月落乌啼霜满天——月亮落下了，远处传来几声乌鸦的叫声，寒气阵阵，秋霜仿佛满了天地间。

　　2）江枫渔火对愁眠——望着岸边的枫树和江面上渔船的灯火，诗人想起家乡，难以入睡。

　　3）姑苏城外寒山寺——姑苏城外那座寒山寺传来了沉闷的钟声。

　　4）夜半钟声到客船——半夜里，钟声传到了诗人乘坐的客船上。

　　师：在一个秋天的晚上，弯弯的月亮落下了。诗人坐在船上听着远处传来乌鸦低沉的叫声、寒山寺沉闷的钟声，望着岸边的枫树和渔船的灯火，诗人思念家乡、思念家乡的亲人，他久久不能入睡。

　　问题情境：幼儿很难感受到诗人抒发的思乡之情、思念亲人的感情。

　　问题对策：结合图片请幼儿认真观察图片上的月亮、乌鸦、寒山寺、小船等景物，感受诗人的孤独。

　　4．学做小诗人

　　1）感受古诗的韵味。

　　教师抑扬顿挫地、有感情地吟诗。

　　2）集体吟诵古诗，在诵读中体会古诗的韵味和意境。

　　3）请个别幼儿诵读。

　　4）古诗接龙。

　　5）分组诵读，比一比哪组读得最好。

　　问题情境一：幼儿诵读不出古诗的韵味和意境。

　　问题对策：教师诵读时注意抑扬顿挫，特别是诗的节奏、语调，来感染幼儿。

　　问题情境二：请个别幼儿诵读时，幼儿有时记不清诗句。

　　问题对策：结合图片，教师可以和幼儿一起边看图片边诵读。

　　问题情境三：分组诵读比赛时幼儿有大声喊叫的现象。

　　问题对策：教师提醒幼儿用最好听的声音诵读，注意感受古诗的韵律和意境。

　　5．为古诗配画并把幼儿的绘画作品贴在墙上，供幼儿欣赏、诵读

　　师：刚才我们做了一回小诗人，现在我们来当个小画家，让我们听着配乐诗画出江南水乡秋夜的美景。

　　问题情境：幼儿的绘画内容有些可能与古诗无关。

　　问题对策：幼儿可以根据想象自由作画，发展幼儿思维。

　　【活动反思】

　　通过本次活动幼儿能够在潜移默化之中受到中国传统文化的熏陶，为幼儿一生的修养打下良好的基础。幼儿了解了七绝唐诗的文学作品形式，大部分幼儿能准确地朗诵古诗，感受诗中美好的意境，体会诗人的感情。

在第一次欣赏古诗时，幼儿很难感受到诗人抒发的思念故乡、思念亲人的感情。教师结合图片请幼儿认真观察，感受诗人的孤独。月亮落山了，乌鸦在哇哇地叫着，整个大地都被大雾笼罩着。江边的枫树映衬着点点渔火，诗人张继独自站在船头，难以入眠，只听到姑苏城外寒山寺的钟声在耳畔萦绕，通过情景带入让幼儿感受诗人此时的孤独、凄凉、寂寞。在理解诗句的基础上，进一步理解古诗所表现的思想情感。

诗是读出来的，缺少诵读的古诗教学犹如空中楼阁，一切都是虚无缥缈的。通过学做小诗人的环节，在理解诗意的基础上，运用跟读、集体读、个别读、接龙读、分组读等形式，引导幼儿诵读古诗，调动了幼儿的积极性，幼儿主动参与，在教师抑扬顿挫饱含感情的诵读引导下，幼儿对诗的节奏、语调有了更深的认识，从而更好地理解了诗人的感情。

【活动评价】

《枫桥夜泊》这首古诗语言简练、意境优美，是七言诗的代表作之一。通过活动让幼儿理解诗意，并能有感情地吟诵诗歌。根据自己对诗歌的理解画出心目中神往的秋夜美景。增加幼儿对中国传统文化的了解和认识，加强幼儿对语言的鉴赏能力和对美的感受能力。

（本活动案例由石家庄市第三幼儿园贾君霞老师提供）

二、民俗礼仪类

（一）大班社会活动：年的传说

【活动背景】

春节是中华民族的传统节日。经过世代的沿袭，在过年时逐渐形成了各种各样的风俗习惯，如贴对联、贴窗花、穿新衣、吃团圆饭、放鞭炮、邻里亲友互相拜年、长辈给晚辈压岁钱、吃饺子等，幼儿感受过年的热闹气氛，但是幼儿对过年的来历并不了解，因此结合主题活动"过新年"，设计本次活动。通过参观展览、观看课件、绘画创作等形式，帮助幼儿了解过年的来历，学习中华民族的传统文化，并在活动中感受过年的欢乐气氛。

【活动目标】

1）通过欣赏故事，了解"年"的来历，知道我国过年的几种习俗。

2）充分运用各种感官感受过年热闹、喜庆的气氛。

3）乐意参与活动，能大胆地表达自己的想法。

【活动准备】

1）课件："年"的来历。

2）收集有关过年的各种庆祝活动的图片（贴对联和福字、放烟花、买年货、穿新衣、压岁钱、拜年、包饺子、放鞭炮、全家团聚吃年夜饭、看春节联欢晚会等），并把这些图片集中布置在教室里。

3）音乐：《喜洋洋》。

4）幼儿操作材料：记号笔、纸。

【活动过程】

1. 参观"过年"图片展，了解我国过年的几种习俗

师：今天，带小朋友们去参观一个展览。大家可要认真、仔细地看。

1）幼儿自由参观展览，放背景音乐《喜洋洋》。

（在喜庆的音乐声中幼儿自由参观图片展览。各种喜庆、热闹的图片成了孩子们谈话的中心。他们边看边聊："包饺子我奶奶会的。""这是'福'字，我家门上也贴过的。""这张图片讲的是，大家在超市里买过年用的东西。""我知道照片上说的是过年的事情。"……）

2）说说自己参观后的感想，说说自己最喜欢过年时的哪项活动？

问题情境：对于幼儿来说，请他们说出自己的感想可能有些困难，不知从哪些方面去说。

解决对策：教师可将问题具体化，问题一："谁看出来了，今天我们参观的展览的主题是什么？"（过年）这个问题在参观过程中有些幼儿已经发现了：图片中记录的都是过年的时候人们做的事情。接着抛出第二个问题："过年了，大家是怎么庆祝的？"同时引导幼儿围绕自己刚才参观时看到的内容并结合自身的经历进行讲述。因为图片内容是幼儿熟悉的生活经验，所以，大家都非常愿意发言。

2. 看课件，了解过年的来历

1）"可是，很久很久以前，人们可没有过年这个习惯。每年的这个时候是人们最痛苦、最害怕的日子。你们知道为什么吗？""到底是什么原因呢？我们来看一段有趣的动画。"

问题情境：幼儿们缺乏此方面的相关知识储备，难以理解本来过年是一件快乐、幸福的事情，为什么在过去却成为人们最痛苦、最害怕的日子呢？

解决对策：教师组织幼儿讨论，鼓励他们发表意见与想法，有的幼儿想到是因为当时人们没有钱；有的幼儿说是因为过年的时候很冷，人们怕冷；特特的猜想是因为有妖怪——他是个"孙悟空"迷，所以想象也和妖怪联系起来了。幼儿想法奇特，这充分说明他们的思维活跃，有主见。接下来，幼儿们带着各自的猜想在课件中寻找答案，所以观看的过程中鸦雀无声。

2）继续看课件，了解人们战胜"年"的故事。

师：我们一起来继续看下去，看看是谁帮助了这些人？"白胡子老爷爷。""白胡子老爷爷是用什么办法对付'年'这个怪兽的呢？为什么他用这些办法？"

问题情境：当幼儿明白了过去的人为何会害怕过年的原因后，对怪兽"年"的憎恨和对人们的怜悯之情溢于言表，借此契机，请幼儿们想办法，怎么对付"年"这个怪兽。

解决对策：观看课件有助于幼儿对故事的理解。因此对教师提出的问题，幼儿思维活跃，想象丰富。幼儿毕竟是幼儿，很快被漂亮的动画带入了故事情境。一个个都积极地献计献策，为打败怪兽"年"而开动着小脑筋。

3）"怪兽'年'最害怕红色、灯光、响声，所以白胡子老爷爷用穿红衣服、贴红对联、放爆竹、点灯的方法来对付它。""从此以后，每年过年的时候，人们都穿红衣服、贴红对联、红福字、放爆竹、亮灯，一家人团聚在一起守岁。过年的风俗就由此而来。"

3. 引导幼儿根据生活经验讲述过年的热闹气氛

1）幼儿用画的方式将知道的活动记录下来。

师："现在，过年的庆祝活动越来越丰富，越来越热闹。小朋友，你们知道过年时还有哪些庆祝活动吗？""这些活动，有……好吃的，有……好看的，还有……好玩的，真热闹！你最喜欢哪些活动呢？请你把它画下来。（幼儿讨论、回答，教师根据幼儿的回答出示图片。尊重幼儿的兴趣爱好，鼓励幼儿将自己喜欢的庆祝活动用绘画的形式记录下来。孩子们的兴趣爱好不同，有的喜欢穿新衣服，有的喜欢买好吃的东西，更多的孩子喜欢过年时放鞭炮、烟花。）

2）将幼儿的绘画作品加入展览，幼儿第二次参观过年图片展。

师："每个人都把自己过年时最喜欢的活动画了下来，我们班的图片展览更丰富了。带着你的朋友再去参观吧。"

4. 游戏"放鞭炮"

组织幼儿开展相关游戏"放鞭炮"，以此加深幼儿对本活动主题的印象和对年的相关元素的理解。

5. 活动延伸

1）将"年"的故事讲给家人听。

2）美工区：制作对联、鞭炮等。

【活动反思】

春节俗称"年节"，即农历新年，俗称过年，一般指除夕和正月初一。春节是中国最盛大、最热闹、最重要的传统节日之一，也是中国人所独有的节日。它也是中华文明最集中的表现。故事《年》就讲述了一个关于"过年"的传说。

本节活动的重点在于引发幼儿对中国传统文化的兴趣，知道过年的由来，说说过年时的欢乐气氛和喜悦心情，体验节日的快乐，激发幼儿对新年的积极情感体验，从而健康愉快地过新年。

根据幼儿爱玩、爱唱、喜欢做游戏的天性，本次活动我采用了创设情境—观察—想象—思考—记忆—讨论—交流—归纳的方法进行教学，首先我创设过年图片展，激发幼儿对活动内容的兴趣，使其全身心投入到活动中，拉近教师和幼儿的距离，并且明确了本活动的学习内容与过年有关，随后通过看视频让幼儿了解过年的来历，培养幼儿的观察力和理解能力，最后了解到人们为什么穿红衣服、贴红对联、放爆竹、点灯。

幼儿从活动中感受浓浓的中国情、中国味。通过谈话使幼儿回忆过年时还有哪些庆祝活动。幼儿讨论、回答，教师根据幼儿回答出示图片，并鼓励幼儿将自己喜欢的庆祝活动用绘画的形式记录下来，与同伴共同分享快乐。然后，请幼儿欣赏自己画的新年喜庆的图画，来激发幼儿对过年时的欢乐气氛的感悟，激发幼儿运用语言表达自己的情感，培养幼儿的表现力，激发幼儿与人交往的意愿。

【活动评价】

整个活动幼儿都处于积极、兴奋的状态中，和教师配合得较为默契。最满意的是幼儿对故事的理解力强，他们都想讲、敢讲、爱讲，在回答问题的同时幼儿也认识到了过年喜庆气氛的来历，对我国的传统节日——"春节"有了进一步了解。

最后的结束环节，根据大多数孩子的兴趣，安排了游戏活动，将活动推向了高潮。噼里啪啦的鞭炮声感染着每一个幼儿，欢乐、喜庆的氛围在活动中体现得淋漓尽致。

（本活动案例由石家庄市第三幼儿园王莎莎老师提供）

（二）大班社会活动：端午节的由来

【活动背景】

端午节是中华民族的传统节日，大班幼儿对中国的传统节日（如中秋节、春节、清明节）已有一定的知识经验。临近端午节，超市、广告到处是关于粽子的宣传，幼儿对形状各异、不同口味的粽子产生了浓厚的兴趣和强烈的好奇心，一系列问题随之而来"为什么要吃粽子？""什么是端午节？"就此契机设计并组织了有关端午节的主题教育活动，是为了让幼儿更好地了解端午节，感受端午节丰富的文化内涵，激发初步的爱国主义情感。端午节有着独特的风俗，如吃粽子、赛龙舟、佩香囊、悬艾草、挂菖蒲、饮雄黄酒等，以此来增进幼儿对中国传统文化的了解和兴趣，同时，端午也是纪念屈原的特殊日子，可以借端午节，缅怀先辈，传承民族精神。

【活动目标】

1）了解端午节的名称、来历和有关习俗，知道端午节是中国的传统节日之一。

2）通过编彩带、做香囊、画彩蛋等有趣的活动，体验端午节特有的习俗。

3）感受中国民间节日特有的韵味。

【活动准备】

1）端午节的习俗视频。

2）各种形状的粽子（长的、棱角的、扁的）。

3）编彩带、做香囊、画彩蛋等活动的相关材料。

【活动过程】

1. 了解端午节的名称及时间

出示粽子实物，引发幼儿的兴趣。

师：看，老师今天给你们带来了什么？你们吃过粽子吗？什么节日的时候我们会吃粽子呢？

教师小结：五月五，是端午，端午节吃粽子。端午节是我们中国的传统节日。

2. 引导幼儿了解端午节的来历

1）教师讲述端午节的故事。

2）提问帮助理解。

师：小朋友们听完了这个故事，你们现在知道我们端午节包粽子、赛龙舟是为了纪念谁了吧。

小结：端午节是为了纪念伟大的爱国诗人屈原，吃粽子、划龙舟、忆屈原。

问题情境：关于端午节的来历，幼儿对于古代的国与国的概念不是很清楚，听得有点含糊，但是对故事的大致思想还是有一定的感受的，对屈原这样一个历史人物并不十分感兴趣。

解决对策：通过音像资料、图片，给幼儿讲述屈原爱国的故事，加深孩子们对屈原的认识。

3. 集体感知端午节吃粽子和划龙舟这两种主要习俗

1）从幼儿自身经验来感知吃粽子的风俗。

从粽子的味道、形状、粽叶等方面让幼儿体验端午节吃粽子的风俗。

师：小朋友，你们吃过粽子吗？粽子长什么样呀？

幼：圆圆的、有角的、长长的。

师：老师今天也带来了许多的粽子，请小朋友们摸摸看，这些粽子都是什么形状呢？（教师按小组分发粽子，供幼儿观察）

师：现在老师再请小朋友们告诉你身边的小朋友，你吃过的粽子都是什么味道的？是甜的、咸的，还是辣的？

幼儿与旁边的小伙伴轮流讲述。

教师小结：看来粽子的味道不同，形状和颜色也有很多种呢。

2）玩赛龙舟游戏，体验端午赛龙舟的快乐。

师：端午节除了吃粽子人们还要进行一项很热闹的活动。（赛龙舟）

组织幼儿进行"龙舟大赛"。船头的幼儿头戴龙的头饰，其余儿童排成一列坐在龙舟里，按锣鼓节拍作划船动作。也可两舟之间开展竞赛，哪队动作整齐哪队为胜。

教师小结：看来赛龙舟不仅能锻炼身体，还能给大家带来快乐呢！

4. 引导幼儿了解其他有关端午节的习俗

小朋友们，你们知道在端午节时还有哪些庆祝活动吗？自主探索，通过编彩带、做香囊、画彩蛋等有趣的活动了解端午节的其他习俗。

1）提供实物、录像等，幼儿分组探索端午节的常见习俗。

2）幼儿交流探索结果。

教师小结：这些活动不仅是为了纪念屈原，还有人们希望一家团聚、生活美满的心愿呢！

问题情境：在"做香囊"的环节中，由于一些需要的活动内容设计得不够全面，幼儿感受的过程没有得到充分的发挥，制作环节存在困难。

解决对策：

1）因为本班幼儿已经具备了一定的识图能力，所以配以步骤示意图，让幼儿先看图再尝试着制作。

2）在制作的材料上，教师按照制作的方法画上折痕。

3）教师亲自操作、示范制作香囊。

5. 结束活动，儿歌总结

1）教师念儿歌总结。

2）去教室里继续寻找端午节的其他活动。

6. 活动延伸

美工区：用彩色纸折粽子，尝试编蛋网兜，同时继续学习包粽子，编彩带、做香囊、画彩蛋等。

【活动反思】

本次活动是一节社会领域的活动，活动的重点放在让幼儿通过了解端午节的来历及传统习俗，激发其对民族文化的兴趣。大班阶段的幼儿观察力、语言表达能力较强，愿意大胆表达自己的看法，通过一系列的活动，有利于幼儿更好地了解端午节，感受端午节丰富的文化内涵，激发初步的爱国主义情感。

引导幼儿通过学习以多种表现形式创造端午节气氛。在活动设计上，整个教学内容安排紧凑也有一定的条理，首先出示大多数幼儿认识的粽子作为课题切入点，来激发幼儿的学习兴趣。在活动中设计了以多种形式表现端午节来开阔幼儿眼界，增加幼儿的学习热情，比如，编彩带、做香囊、画彩蛋、划龙舟等。在今后的活动中，会更加全面地了解幼儿的认知以及知识上的储备，为幼儿们量身定做，制作合理的教学计划，促进其发展。

【活动评价】

其实这样的活动不仅有利于幼儿的发展，同时也对老师的信息量和知识量提出了一定的挑战，因此在本次活动前，需要收集关于端午节的资料，制作课件，通过这些资料，让幼儿更好地获取到有关端午节的知识。

纵观整个活动，涵盖的知识量比较大，所以并没有把每一个点都挖得很深很透，以免难度过大对幼儿造成负担。从幼儿的表现来看，他们的兴趣很高，能够投入到活动中，通过这个活动，他们知道了屈原，了解了相关的习俗，这两个点是他们比较关注的，如果把这些环节设计成几个小活动，可能会更好，毕竟对于幼儿来说，在一个活动中解决太多的问题是有很大难度的。

（本活动案例由石家庄市第三幼儿园王莎莎、王笑两位老师提供）

（三）大班社会活动：开笔礼

【活动背景】

开笔礼，是中国传统中对少儿开始识字习礼的一种启蒙教育形式。在古代，学童会在"开笔礼"，即开学的第一天早早来到学堂，由启蒙老师讲授人生最基本、最简单的道理，并教读书、写字，然后参拜孔子像，才可以入学读书。这一做法目的是用博大精深的儒家文化熏陶孩子，激发他们求学求知的欲望，培养他们对知识及传统文化的神圣感情。大班下学期的幼儿即将步入小学，开始小学生活，一个隆重的仪式，将使幼儿们把上学求知看成一个神圣的使命，增强学习兴趣。同时，蕴含深厚中华文化的"开笔礼"，还能让幼儿感受到中华民族尊师重教的传统文化，激发幼儿对知识和传统文化的美好情感。

【活动目标】

1）了解古代开笔礼的内容及动作，培养幼儿对传统文化的神圣情感。

2）激发幼儿对小学学习生活的美好愿望。

【活动准备】

"正衣冠""朱砂启智""击鼓明智""启蒙描红""启蒙教育""古榕树下许愿"相关视频。

【活动过程】

1．谈话导入

1）师：小朋友们即将成为小学生了。你们知道小学生的开学典礼上都有哪些内容吗？（请幼儿回答）

2）师：你知道古代的小朋友入学时有什么仪式吗？

2．了解古代开笔礼

师：在古代，新生入学也有隆重的开学仪式，叫做"入学礼"，也叫"开笔礼"。"入学礼"和成人礼、婚礼、葬礼统称为人生四大礼。"开笔礼"一直流传下来，我们一起看一看"开笔礼"，都会有哪些内容呢？

（1）幼儿观看视频，了解开笔礼的内容

1）教师播放"正衣冠"视频，请幼儿说一说视频中的内容。

师：请你看一看画面中的人，他们在干什么？

师：在古代，老师被叫作先生。古代开学仪式的第一课即是"正衣冠"。古人认为："先正衣冠，后明事理。"入学时，新生要一一站立，由先生依次帮学生整理好衣冠。然后，"衣冠整齐"地排着队到学堂前集合。恭立片刻后，才能在先生的带领下进入学堂。

2）教师播放"朱砂启智"视频，并讲解其中含义。

师：你知道什么是朱砂吗？（教师出示朱砂并讲解）

师：这是开学仪式中的一道程序。具体做法是先生手持蘸着朱砂的毛笔，在学生眉心处点上一个像"痣"一样的红点。因为"痣"与智慧的"智"谐音，意为开启智慧，变得更加聪明。希望学生以后的学习能一学就会。

3）教师播放"击鼓明智"视频，讲解其中含义。

师：视频中的小朋友在干什么呢？

师：击鼓声寓意为希望学生能耳聪目明。

4）播放"启蒙描红""启蒙教育""古榕树下许愿"视频。

师：请小朋友观看这三段视频，试着说一说视频中的内容。

师：启蒙描红是让学生在老师的指导下学写"人"字。希望学生学会做人，知道做人首先要堂堂正正地立身，要像"人"字那样顶天立地。启蒙教育是为刚入学的学生上第一课。最后，孩子们要将写着自己美好愿望的条幅系在红绳上，挂到古榕树上许愿，希望自己美好心愿能实现。

（2）幼儿根据六段视频内容说出"开笔礼"的程序

问题情境：幼儿对于遥远的古代"开笔礼"十分陌生，单单通过文字的讲述，不能够理解。

解决对策：动画视频是幼儿的最爱，通过有趣的动画影像学习"开笔礼"，幼儿很容易接受，能起到事半功倍的作用。

3. 学一学

对照视频内容，请幼儿角色扮演，学一学儿童开笔礼的动作和程序。

小结：开笔礼是中国传统中对少儿开始识字习礼的一种启蒙教育形式。在古代，学童会在开学的第一天早早来到学堂，由启蒙老师讲授人生最基本的道理，并教读书、写字，然后参拜孔子像，才可以入学读书。这一仪式俗称"破蒙"。古时，"开笔礼"是极为隆重的典礼，对读书人来讲有着重大的意义。

【活动反思】

本节活动教学模式清晰，内容丰富多样，从幼儿身边熟悉的"开学典礼"作为谈话内容导入—通过观看视频了解"开笔礼"的程序—幼儿尝试说出"开笔礼"的程序—幼儿进行"开笔礼"的表演。同时，根据幼儿年龄特点，在教学设计方面注重趣味性、游戏性，来吸引幼儿的兴趣，课堂气氛很好，让幼儿通过趣味学习来记住知识，懂得道理，感受学习传统文化的乐趣。

【活动评价】

传统礼仪对幼儿来说是一种很陌生的活动，作为一种教育活动进行教学，对幼儿来说是枯燥的、不能很好地理解其中的含义。所以在教学中加入现代的、比较贴近幼儿生活的方式进行教学，可让幼儿更进一步理解和记忆。运用幼儿喜爱的动画形式并加上相应的动作进行模仿、表演，使幼儿能形象记忆，更好地理解掌握"开笔礼"。

（本活动案例由石家庄市第三幼儿园王莎莎老师提供）

（四）小班社会活动：大茶壶、小茶杯

【活动背景】

中国是茶树的原产地，中国茶文化博大精深。茶文化来源于劳动人民，既可反映劳动人民的勤劳和智慧，又能让幼儿在观察、模仿等活动过程中对中国茶文化有一个清楚的认识，从而使孩子们从小对我国的民间文化有深刻的印象和深厚的感情。

幼儿对茶的认识是模糊的、混沌的，需要教师引导其进行有意义的学习。茶作为贯穿整个活动的情境脉络，让幼儿以一种知觉重组的方式去了解茶文化时，他们会十分兴奋地发现茶文化竟是如此的丰富多彩，与自己的生活竟联系得如此密切。

【活动目标】

1）初步了解泡茶过程，学习用礼貌用语接待客人。

2）乐意用肢体动作表现大茶壶、小茶杯的样子。

【活动准备】

1）水壶、茶托、茶壶、茶杯、茶叶等泡茶用具。

2）背景音乐：儿歌《大茶壶》、歌曲《大茶壶》。

【活动过程】

播放音乐《大茶壶》，教师带领幼儿跟随音乐做动作入场。

导入语：

师：欢迎小朋友来到文老师家做客，（鼓掌）小朋友请坐，（谢谢老师）小朋友想喝点什么呢？（幼儿自由回答，牛奶、果汁、咖啡……）对不起！老师没有准备果汁和牛

奶，但是，老师给小朋友们准备了非常好喝的水果茶，你们想喝吗？（想）但是呢？要想喝到美味的茶，就需要小朋友用你聪明的小脑袋学习一下我们美味的茶是怎么来的？老师去你家的时候你也给老师泡美味的茶好不好？（好）

（1）认识泡茶工具

师：小眼睛看这里，看看这是什么？（茶壶）

1）观察茶壶、茶杯的外形特征。

师：（茶壶）分别观察壶身（鼓鼓的、圆圆的、大大的）、壶盖（像顶帽子）、壶把（弯弯的，方便人们抓握）、壶嘴（尖尖的、翘翘的）。茶壶是用来做什么的？（泡茶）

（拿起茶杯）这是什么？（茶杯）它长什么样子？（圆圆的口、大大的肚子，有的有把，有的没有把）茶杯是用来做什么的？（喝茶的）

2）引导幼儿观察对比茶壶大、茶杯小。

通过目测方式，巩固对大小概念的理解，培养幼儿的观察力。

师：茶壶和茶杯放在一起，比一下谁大？（茶壶大、茶杯小）哦！这是大茶壶，这是小茶杯。

3）这是茶叶，美味的茶叶，这是开水，咕噜咕噜的，很烫，注意安全哦！

小结：泡茶用具主要有：茶壶、茶杯、茶叶、开水。可以用茶具泡茶，让人品尝茶水。

（2）演示泡茶过程

师：那谁知道怎样泡茶？（幼儿分别回答）

师：请你们看看张老师是怎样泡茶的？

教师按照放茶叶—洗茶—泡茶的程序泡茶，边操作边讲解。

师："先把茶叶放入茶壶中，然后倒入水，摇一摇、洗一洗后，把水倒掉，这叫洗茶。再第二次加水，泡一泡才能喝，这叫泡茶。"

泡茶时需用开水，要请大人帮忙，对幼儿进行安全教育。

泡茶需要2～3分钟，请小朋友耐心等待，老师要考一考小朋友了。

1）刚才我们是怎样泡茶的？

（先把茶叶放入茶壶中，然后倒入水，摇一摇、洗一洗后，把水倒掉，这叫洗茶。再放入第二次水，泡一泡才能喝，这叫泡茶。）

2）小朋友回答得真不错，看看我们的茶泡好了吗？

师：啊！好香啊！今天，文老师家也来了很多的客人老师，我们也请客人老师喝茶好不好？（好）

好！请小朋友们依次来端茶送给客人，别忘了对客人说："请喝茶"。

请幼儿依次端茶送给客人，进行礼貌教育。

请小朋友把茶杯放回这里。

小结：小朋友请坐，刚才你们给客人老师送茶时怎么说的？（请喝茶！）那客人老师是怎么说的？（谢谢！）所以，我们招待客人时要说"请"，别人招待我们时要说"谢谢"，这才是一个有礼貌的孩子。

（3）鼓励幼儿用肢体动作表现茶壶、茶杯

老师又泡了一壶茶，小朋友你想不想喝美味的茶。（想）好！那我们进行一个比赛，看看谁表演大茶壶、小茶杯表演得最像、最认真。我们就把茶奖给他喝，好不好？（好）听我口令，大茶壶、小茶杯、大茶壶、小茶杯。表演得都不错，我们来跟随音乐让大茶壶、小茶杯跳个舞吧。

（4）播放音乐《大茶壶》

小朋友表演得都很棒，小手变成小鸭子鼓励一下自己，（哈哈）老师把茶奖给所有的小朋友，请小朋友一人拿一杯，请喝茶，谢谢老师！

咦？刚才张老师用千里传音告诉我，她也想喝美味的茶，我们乘上小火车，到外面去给更多的人倒茶好吗？

【活动反思】

本节教学活动设计通过生活当中熟悉的待客场景的"喝点什么？"以及音乐《大茶壶》进入"茶"的主题，并通过认识茶工具、演示泡茶过程和表演大茶壶、小茶杯的舞蹈展开活动，整个活动关注幼儿认知发展水平。在教学设计方面注重生活性、游戏性来吸引幼儿表演的好奇心，活动过程自然流畅，通过最后茶的舞蹈表演让整个活动气氛活跃，让幼儿真正体验到了中国的传统"茶"文化，并学会了如何礼貌热情地接待客人。

【活动评价】

中国茶文化博大精深，源远流长，是劳动人民勤劳智慧的结晶，幼儿对茶的认识既熟悉，又陌生，如果处理得当，作为一种教育活动进行教学，对幼儿来说，应该能很好地理解其中的内涵。所以在教学活动当中，教师通过生活中的接待客人这一熟悉的场景展开，便于幼儿更加形象地理解。

（本活动案例作者为文家街道幼儿园文爱云老师）

（五）中班礼仪活动：围餐的礼仪

【活动背景】

幼儿期是习惯养成的关键期，这一时期良好习惯的养成，将影响着孩子今后一生的发展。幼儿的发展最主要的是要有健康的心灵和体魄，而健康的第一步主要取决于从小养成良好的饮食、进餐习惯。而中华民族有传统美德，良好进餐习惯的培养可同现代文明相结合寻求理论指导，可同时进行爱惜劳动成果，诚实、勤劳等教育，培养幼儿养成良好的行为习惯。

【活动目标】

1）通过围餐，让幼儿认识中国的饮宴礼仪，认识围餐的上菜顺序。

2）在进餐过程中实践所学的礼仪，从而培养幼儿良好的进餐习惯。

3）让家长配合，在家进餐时也让幼儿"练习"，让幼儿养成良好的行为习惯。

【活动过程】

1. 进餐前，介绍中国传统的饮宴礼仪

（1）介绍上菜的顺序

上菜顺序，中餐一般讲究：先凉后热，先炒后烧，咸鲜清淡的先上，甜的、味浓味厚的后上，最后是饭菜。

凉菜：冷拼、花拼。

热炒：视规模选用滑炒、软炒、干炸、爆、烩、烧、蒸、浇、扒等组合。

大菜：（不是必需的）指整只、整块、整条的高贵菜肴，比如一头乳猪、一只全羊、一大块鹿肉等。

甜菜：包括甜汤，如冰糖莲子，银耳甜汤等。

点心：一般大宴不提供饭食，而以糕、饼、团、粉、各种面、包子、饺子等代之。

水果：爽口、消腻。

（2）讲解进餐礼仪

1）客人入席后，不要立即动手取食。而应待主人打招呼，由主人举杯示意开始时，客人才能开始，客人不能抢在主人前面。

2）夹菜要文明，应等菜肴转到自己面前时，再动筷子，不要抢在邻座前面，一次夹菜也不宜过多。使用筷子不能交叉；夹菜应先拣离自己最近的菜下箸，夹菜时不要在碗碟里乱翻找。

3）要细嚼慢咽，这不仅有利于消化，也是餐桌上的礼仪要求。决不能大块往嘴里塞，狼吞虎咽，这样会给人留下贪婪的印象。不要挑食，不要只盯住自己喜欢的菜吃，或者急忙把喜欢的菜堆在自己的盘子里。

4）用餐的动作要文雅，夹菜时不要碰到邻座，不要把盘里的菜拨到桌上，不要把汤泼翻。不要发出不必要的声音，如喝汤时"咕噜咕噜"，吃菜时嘴里"叭叭"作响，这都是粗俗的表现。不要一边吃东西，一边和人聊天。嘴里的骨头和鱼刺不要吐在桌子上，可用餐巾掩口，用筷子取出来放在碟子里。掉在桌子上的菜，不要再吃。进餐过程中不要玩弄碗筷，或用筷子指向别人。不要用手去嘴里乱抠。

5）汤和食物如果太热，不可用嘴吹。等汤和食物凉了，再去吃。

2. 进行围餐，在进餐过程中教师不断地指导

3. 进餐后，教师奖励做得好的幼儿，让他们在以后的进餐中也能有更好的礼仪

（本活动案例来自于网址 http://data.06abc.com/20090511/34550.html）

三、文化工艺类

（一）大班语言活动：汉字溯源

【活动背景】

汉字是中华民族最宝贵的文化遗产，汉字也是世界上现存最古老的文字之一，自发明的那天起，直到现在一直被中国人使用。汉字中的象形文字，是人类祖先通过揣摩实物形状而发明的古文字，它不但有固定的读法，而且是一幅幅有趣的图画。生活中处处有汉字的存在，大班幼儿对图书和生活中的文字符号感兴趣，希望了解文字表示的一定意义。让幼儿了解认识汉字文化，在了解一些有趣的象形文字的同时，体会汉字丰富的形象内涵，也是让幼儿了解中国的传统文化，激发幼儿的民族自豪感和对传统文化的热爱。

【活动目标】

1）了解文字的起源，对文字产生兴趣。

2）利用象形文字进行大胆想象，并添加成画。

3）感受象形文字的神奇以及想象创作带来的乐趣。

【活动准备】

1）关于仓颉造字的视频。

2）象形文字的图片。

3）写好的象形文字人手一份、范画。

4）作画工具：油画棒、勾线笔、油画棒等。

【活动过程】

1. 了解仓颉造字

师：今天我们一起观看一个视频，小朋友要认真看，看完后说一说中国的文字是由谁发明的？

提问：中国的文字是由谁发明的？

幼：仓颉。

小结：中国的汉字是一种有特点的文字，每个字都有它独特的、可以理解的形状，写出来也很美，可谓是一件艺术品。用刀刻在龟甲兽骨上的甲骨文是现在所知最早的文字，它的字形有大有小，其中一部分就是象形字。中国纳西族先民创造的纳西象形文字至今仍有人在使用，因而被公认为是世界上唯一"活"着的古文字。

2. 初步感受象形文字

师：今天老师带来了很多象形文字的图片，小朋友看一看它有什么特点？先看第一张。

幼：像一弯月亮。

师：很对，这个就是"月"字。再看一张图片，小朋友猜猜它是什么？

幼：这个是"鱼"字吧，有鱼头、鱼尾。

师：是的，象形字就是纯粹利用图形来作文字使用，而这些文字又与所代表的东西，在形状上很相近。一般而言，象形文字是最早产生的文字。用文字的线条或笔画，把要表达物体的外形特征，具体地勾画出来。

问题情境：幼儿对象形文字很不了解。

解决对策：多让幼儿观看中国传统文化象形文字的视频、图片，让幼儿多了解文字的由来，以及文字的演变过程。

3. 游戏"变一变、说一说"

师：今天我还带来了好朋友，请小朋友看一看吧！图片上面是什么？（出示图片象形字"山"）

幼：山。

师：这是象形文字"山"，今天我们要和它玩一个"变变变"的游戏。怎么变呢？老师请"山"字变个身，从这个角度看看像什么？再从这个角度看看像什么？（边说边转）把字拿起来转一转，再转一转，换着不同的方向看看，添加上几笔后，可以把它变成什么呢？

幼儿说一说自己的想法。

师：请小朋友每人拿一张卡片。你来说说你的象形文字是什么？像什么？

师：从不同的角度看看，你想把你手中的字变成什么？幼儿说一说。

小结：原来象形文字可以变成某个东西或者是某个动物的部分。

4. 教师示范讲解，提出要求

师：那老师来给它变一变，如变出身体，又变出了四肢，变出了头发？还有眼睛，边说边画，并总结这些字可以在旁边再加上其他的东西，就更加有情节了，出示完成涂色的示范画。

小结：把象形文字变成图画的方法有很多，可以在各个位置添画、连接、包围、延长等。

5. 幼儿作画，教师巡回指导

引导幼儿大胆地将自己的想法变出来，并要鼓励幼儿变出和别人不一样的。

问题情境：有的幼儿不能大胆地画出来，并且有相同的画。

解决对策：引导幼儿大胆地将自己的想法变出来，并要鼓励幼儿变出和别人不一样的作品。可以说他构图非常大胆，动作非常快，马上变出主体物了；请你们在你的画旁边再加上其他的东西，就更加有情节了；已经画完的小朋友把画拿上来展示，可以欣赏一下别人的作品，也可以跟别人介绍你的作品，没有画好的小朋友要加油……

6. 展示作品，互相评价

请幼儿介绍自己的作品：你用这个汉字变成了什么？

7. 活动延伸——欣赏艺术字，感受现代汉字的奇妙

师：象形文字这么奇妙，可以变成美丽的图画。

【活动反思】

历史悠久的汉语，是世界上使用人数最多的语言之一；古老的汉字是世界上使用时间最长的文字之一。丰富、发达、历史悠久的汉字不仅是中华文化的载体，其本身就是一种灿烂的文化。那么如何将幼儿领入这一片底蕴深厚的领地呢？面对这个问题，教师以象形字为切入口，以"从图画到文字"为主题来开展大班主题活动。象形文字作为汉字中的一小部分，它纯粹利用图形来作文字使用，而这些文字又与所代表的东西，在形状上很相近。作为最早产生的象形文字，它用文字的线条或笔画，把要表达物体的外形特征，具体地勾画出来。由于象形文字字如其形的特征，使幼儿能直观地理解文字的内涵，同时富有趣味性的图画又能强烈地激发幼儿参与活动的趣味性及探索的欲望，这些都为大班幼儿提供了一种学习契机与动力。

此次活动幼儿参与性都很高。通过看视频幼儿了解了仓颉造字，看到了幼儿对象形字的好奇，在说象形字像什么的时候，幼儿很积极地说出不同的答案。这节活动让幼儿大胆地画出自己想象的内容，在活动中还应该及时鼓励幼儿，提醒幼儿把象形文字变成图画的方法有很多，可以在各个位置添画、连接、包围、延长等，使幼儿学习不同的图画技巧。

【活动评价】

整节活动不仅让幼儿了解了中国传统文化，还提升了孩子的绘画能力。让幼儿在纸上用颜色笔将汉字涂画出来，或者进行整体的素描、涂画。幼儿还可以重新组合这些汉字拼接成一幅属于自己的作品，然后根据自己喜欢的颜色进行涂画，不仅可以巩固孩子对色彩的敏感度，还可以提升孩子的绘画能力、书画美术鉴赏与艺术创新能力。甲骨文象形字定位成书法与美术的完美结合，甲骨文书画也是书法界一种非常流行的书法艺术，具有很高的艺术审美价值。让幼儿从小临摹绘画甲骨文不仅是一种书法艺术的熏陶，也为幼儿将来在书画能力及艺术创作方面有所突破与创新，种下一颗良好的种子，还提高了幼儿想象力、创造力、语言表达能力。这节活动小朋友很大胆地画出了自己想象的东西，并且给大家介绍了自己画的作品，幼儿想象力很丰富，在他们的画笔下勾勒出一个个不同的故事，很棒！

（本活动案例由石家庄市第三幼儿园刘青老师提供）

（二）中班美术活动：民间艺术——捏泥人

【活动背景】

捏泥人是中国传统民间工艺之一，幼儿通过欣赏古代、现代各地区泥塑的艺术特色，运用传统的泥塑造型方法，塑造喜欢的人物形象，来了解祖国民间艺术文化，提高审美情趣。本次活动不仅是寓教于乐的手工活动，也是幼儿尝试自主创作的活动。幼儿利用油泥这一简易可操作的材料进行自主创作，在活动中体验创作的乐趣，培养幼儿的动手能力、想象力和创造力。

【活动目标】

1）了解中国传统民间艺术。

2）欣赏多种泥人作品，尝试说出不同泥人的色彩、表情、动作。

3）观察同伴的肢体形态特征，运用揉、搓、捏、连接、拉伸等方法创作泥人。

【活动准备】

1）关于中国传统民间艺术的视频。

2）不同的泥人图片。

3）各种小泥人作品、彩泥、牙签。

【活动过程】

1. 了解中国传统民间艺术

1）师：今天我们一起观看一个关于中国传统文化的视频，小朋友要认真仔细地看。（在观看中小朋友自由说出，"我见过这个是剪纸，他剪得好漂亮。""捏泥人，我在庙会上见过，彩色的很漂亮，有孙悟空、猪八戒，捏得特别像。"）

2）教师：在视频中你看到了什么？有什么感受？

问题情境：有的幼儿不知道从哪方面说出自己的感受。

解决对策：多让幼儿观看一些关于传统文化的视频、图片，因为幼儿了解得比较少，所以不知道说什么。有的幼儿虽然在生活中见过，但对民间工艺作品不是很了解。可以让幼儿在家搜集一些视频、图片到幼儿园共同分享。

3）小结：这些都是中国传统民间工艺，历史悠久，内容丰富多彩，有泥塑、剪纸、布艺、年画、纸编画、陶瓷、灯彩等不同的种类。有的小朋友在庙会上或者集市都见过，没有见过的小朋友可以和爸爸妈妈一起搜集资料或通过其他方式了解一下。

2."泥人张"的故事

1）师：小朋友刚才看到了不同的民间工艺作品，接下来老师讲个故事，小朋友认真听，听一听他是谁？

2）从前有个人叫张明山，人们称他为"泥人张"，他在天津出生，由于家庭很贫穷，很早就不上学了，8岁就开始帮助父亲制作泥塑玩具，13岁就开始彩塑制作，平时他除了读书写字之外，也常常到处云观察人们的神态，提高自己的创作水平。经过长时间的刻苦学习，他捏的人物很形象，并且把人物性格、思想和感情，都能表现出来。"泥人张"名气越来越大，并且创办了工作室，进一步把泥塑艺术发扬光大，为国家培养了很多彩塑人才。

3）师：听完这个故事，小朋友说一说他是谁呢？

幼：泥人张。

4）师：小朋友说得很正确，今天咱们一起来尝试捏泥人好不好？

幼：好。

3.幼儿观察泥人

1）师出示一个泥人：小朋友，这是一个泥人，认真观察一下，它是什么样子的？（引导幼儿仔细观察泥人，从泥人的结构、色彩、动作、表情等几个方面进行讲述。）

2）教师出示图片：这里还有一些好玩的泥人，看看它们都是什么样子的？（引导幼儿欣赏。）

4.幼儿制作泥人

1）师：今天，请你们给自己的好朋友捏一个泥人像，该怎么捏呢？（启发幼儿根据自己的经验进行讲述。）

2）幼儿讲述后教师小结制作步骤：①先用粉色的彩泥团成球做头，再用同色的油泥搓出一个小小的球，粘在头的中间位置作为泥人的小鼻子；然后用牙签刻画出好朋友的五官；最后用黑色的彩泥团圆压扁，贴在头顶位置。②用和同伴衣服相似颜色的彩泥，做成圆柱状的身体，在两肩处捏拉出两条胳膊，搓两个相同大小的粉色小球做小手。③用和同伴裤子相似颜色的彩泥，搓成两条圆柱作为腿，在末端稍弯曲压扁一些作为脚。④最后用彩色的泥、牙签进行进一步的装饰，如衣服扣子、鞋子等，使泥人更加细致生动。

3）教师提出要求：请小朋友为好朋友捏像，要仔细观察好朋友的样子，他穿什么服装，什么发型等。

4）幼儿制作，教师巡回指导。

教师指导幼儿观察、表现同伴的身体结构，鼓励幼儿大胆表现同伴的特征。

问题情境：个别幼儿没有掌握拉伸的方法。

解决对策：通过老师个别指导和同伴帮助的方法，鼓励幼儿大胆尝试，掌握拉伸的技能。

5. 幼儿大胆讲述自己的作品

6. 活动延伸：情景表演

将幼儿的作品布置在区角，幼儿可以拿作品进行表演，讲述不同的故事。

【活动反思】

民间艺术是中华民族文化艺术的瑰宝，几千年来，它始终代表着中华民族的一大特色，在一代代民间艺人中不断传承发展。本节活动首先让幼儿了解了不同的中国传统民间工艺，通过讲"泥人张"的故事激发幼儿捏泥人的兴趣。

教师让幼儿捏自己的好朋友，是因为幼儿对好朋友很熟悉，便于观察，降低制作难度。这节活动让幼儿学会用揉、搓、捏、连接、拉伸等方法创作泥人，让幼儿大胆地动手捏出身体、四肢等简单的造型。

幼儿在活动中，通过细致的观察，运用各种方法，尝试进行创作，利用制作泥人的手法来表现人物的形态特征，实现色彩的搭配与应用。这次活动幼儿的积极性很高，活动氛围比较好。

本次活动在内容的选择和组织形式上都充分考虑活动的趣味性，让幼儿在愉快的玩的过程中学到知识。泥工所用的材料本身就是一个立体材料，孩子在玩的过程中无论怎么改变泥的形状，它本身的立体结构还是不会改变的，因此泥最后所呈现出来的形象总是立体的。泥工强调可塑性，能充分培养孩子的空间造型能力。泥工所采用的泥黏合力强，柔软可塑，符合孩子爱玩泥的天性。制作过程变化多端、富有趣味性，这些都具有很大的吸引力，促使幼儿对民间工艺泥塑产生巨大的兴趣。

【活动评价】

幼儿一直很有兴趣地参与整个活动，不仅对民间艺术有了一定的了解，而且通过捏泥人的教学，对培养幼儿技能技巧、提高幼儿素质、开发幼儿智力也起到了独特的教育作用。幼儿在泥工教育活动中，不仅制作出了一些富有个性的作品，更重要的是通过这种实践，将学到的知识得到自由广泛的运用，极大地发挥了自己的想象力、创造力，愿望变为现实，从而引导幼儿积极创造、勇于求异。

本次活动延伸也很有趣，幼儿一起拿上自己制作的好朋友泥娃娃进行情景表演，把平时发生的故事表演出来。幼儿参与性很高，对提高了幼儿语言表达能力有帮助。

（本活动案例由石家庄市第三幼儿园刘青老师提供）

（三）大班手工活动：制作风筝

【活动背景】

风筝是我国传统民间艺术表现形式之一。两千多年前，中国人发明了风筝。时至今日，风筝以它优美的造型、鲜艳的色泽、在空中盘旋的舞姿，深深吸引了大人和孩子。每到春天来临、阳光明媚时，在户外都可以看到家长带着孩子放风筝。看到风筝，孩子们都很好奇，七嘴八舌，你一言、我一语：风筝为什么会飞呢？风筝是怎样飞上天的呢？

风筝是用什么做的？为什么风筝不一样呢？

利用孩子的求知欲望，结合本园的美工特色教学，重新设计了"制作风筝"这一美工活动。让孩子既体验到合作创作的乐趣，发展了动手能力，又能在看看说说、做做玩玩中了解更多有关风筝的知识，感受到民间传统文化的艺术美，激发其民族情感以及对精神文化产品的兴趣。

【活动目标】

1）了解风筝的由来和感知风筝的对称美，激发民族自豪感。

2）学习用不同的线条做花纹，装饰风筝，完成风筝的制作。

3）体验合作创作带来的乐趣。

【活动准备】

1）收集各种造型和颜色的风筝，布置"风筝展览会"。

2）相关课件，已制作好的风筝样品一个。

3）风筝套装人手一件，水粉颜料、水粉笔、分类盒、胶棒、线绳若干。

【活动过程】

1. 通过猜谜带领幼儿进入活动室，导入活动

师：小朋友们，今天老师要请大家猜个谜语："天上一只鸟，用线拴得牢，不怕大风吹，就怕细雨飘。"是什么呢？（风筝）

分析：教师以神秘的语气让幼儿猜谜，调动了幼儿的好奇心，一下子将幼儿带到了情境当中。

2. 欣赏风筝，感受风筝的对称美

（1）欣赏不同造型的风筝

师：老师用你们带来的风筝布置了一个风筝展览会，我们一起看看吧！

分析：这么多色彩鲜艳、造型各异的风筝经过精心挑选布置，产生了强烈的视觉效果，幼儿的创作兴趣一下子被调动了起来。

师：你看到了什么风筝？最喜欢哪一个？为什么？

分析：提问具体，符合大班幼儿的年龄特点，幼儿在回答时很踊跃，都想把自己看到的说出来。通过这个环节，幼儿欣赏了各种各样的风筝，为下面设计风筝图案做了铺垫。

自由讨论。

（2）感知风筝的对称美

出示蝴蝶风筝，引导幼儿感受风筝对称图案的特点。

师：小朋友们，我们来看这个蝴蝶风筝。它的左右两边有什么相同的地方？

观察其余风筝。

教师小结。

分析：在引导幼儿感受风筝对称美的时候，教师选取最具代表性的蝴蝶风筝，有利于幼儿在教师一步步引导下发现"对称"。再请幼儿观察其余风筝，知道"对称"是所有风筝的共同特点。整个环节中幼儿积极参与，投入活动，体现了良好的师幼互动。

3. 播放风筝课件，了解风筝的由来，激发幼儿的民族自豪感

（1）观看风筝课件

师：你们知道风筝是怎么来的吗？由谁发明的？老师准备了几幅图片，我们一起来看看吧！

① 两千多年前，中国人发明了风筝。

② 最初的风筝是人类模仿鸟的样子做的，叫做鸢或鹞。

③ 到了唐朝叫风筝。

④ 莱特兄弟根据风筝升高的原理，发明了飞机。

⑤ 美国华盛顿宇航博物馆的大厅挂着中国风筝，在它旁边写着："人类最早的飞行器是中国的风筝和火箭"。

⑥ 每年4月20日到25日，国际风筝节在中国潍坊举行，潍坊被称为"鸢都"。

（2）组织幼儿讨论

师：这些图片中都说了些什么？看过后，你有什么感受？

幼1：是中国人发明了风筝，中国人真了不起。

幼2：风筝挂在美国，我觉得很骄傲，很想升国旗。

幼3：风筝是人类最早的飞行器，我觉得中国人很聪明。

分析：由于画面的直观效果，加上画面清晰，再配以简洁的配乐说明，给幼儿留下了较深刻的印象，幼儿争先恐后说出感受，话语间洋溢出民族自豪感。

（3）教师总结

分析：加深巩固幼儿的民族意识，进一步激发幼儿的民族自豪感。

4. 设计制作风筝，体验小组合作创作的乐趣

（1）学习在风筝上画水粉画，并用线绳装饰风筝

1）出示已制作好的风筝样品。

师：这个风筝和我们在店里买的风筝有什么不一样？我的风筝是用什么材料做的？上面的图案呢？

2）播放制作风筝的课件，学习制作风筝的方法。

① 在风筝面上绘画对称的图案和花纹。

② 用水粉绘色，留出一些图案的花纹。

③ 用线绳装饰图案和花纹。

分析：通过教师讲解，图片说明，幼儿很快掌握了风筝的制作方法，并且跃跃欲试。

（2）调动幼儿创作的积极性，激发创作欲望

师：风筝这么美丽，想不想自己也做一个？今天我们就来小组合作共同制作一个风筝。现在请每一组小朋友讨论一下，你们要画一个什么图案？怎么分工？

分析：在幼儿动手制作之前，先让幼儿想一想要设计一个什么图案，这是基于大班幼儿正从形象思维向抽象思维过渡来考虑的。心中有画，纸上才有画，避免了盲目下笔。同时，让幼儿自己协商、分工，充分尊重了幼儿的主体地位。

（3）讲解制作要求

分析：在创作前，教师就对称的要求、颜料操作习惯、线绳装饰的特点、画面的大小等几个需要注意的方面做了强调。这些对幼儿是否能成功制作出一个风筝都是很重要的。

（4）幼儿操作，教师巡回指导

5. 分组展示作品，请幼儿相互欣赏、交流

分析：在展示作品时，看到自己制作完成的风筝，一个个脸上洋溢着快乐、自信的笑容，充分体验到了创作、合作的乐趣。

6. 活动延伸：到室外放飞风筝，体验制作成功的乐趣

【活动反思】

在这一手工活动中，有个新的操作重点，那就是对称图案。要求在空白的风筝上创作出自己喜欢的图案，于是在创作对称图案前，先让幼儿充分感受风筝的对称美，并且在操作前、操作中加强指导。从幼儿展示的作品中可以看出，幼儿掌握得较好，让幼儿有一种强烈的满足感和自豪感，同时发挥了他们的创造力。

在之前的活动中，幼儿已充分了解线绳贴画的操作方法和技巧。因此在后面的操作过程中，幼儿大胆进行线绳贴画装饰，使作品更富层次感和多样性，并充分锻炼了手指肌肉，发展了幼儿的抽象思维。

除了提高幼儿的美术欣赏能力和美术技巧外，在活动中还有一个教学重点，那就是激发幼儿的民族自豪感，使其初步产生爱祖国的情感。于是在活动的第四部分，精心筛选了一部分关于风筝的图片制作成课件，让幼儿观看并讨论，了解风筝的由来、历史等，从幼儿的回答中可以看出，孩子们初步有了民族意识和热爱祖国的情感。抓住这一教育机会，在有关传统文化的教学活动中，激发幼儿热爱祖国的情感。正如《幼儿园教育指导纲要（试行）》中指出：要充分利用社会资源，引导幼儿实际感受祖国文化的丰富与优美，激发幼儿爱家乡、爱祖国的情感。

同时在活动中我还注重让幼儿畅所欲言，如在欣赏各种不同造型的风筝时，老师问："你看到什么风筝？最喜欢哪一个？为什么？"每一个幼儿都有想说的欲望，于是设计了自由讨论这一环节，让幼儿有足够的表达空间。在这样自由、宽松的环境中，幼儿的口语表达能力、美术欣赏能力得到了提高，同时他们在畅所欲言中得到的启发，都会在后面的制作中体现出来，让人觉得妙趣横生！

（本案例来自于网址 http://www.guaiguai.com/zaojiao/8722.html）

（四）大班手工活动：剪窗花

【活动目标】

1）引导幼儿继续学习用正方形纸折剪窗花，并学习粘贴窗花的方法。（活动重点）

2）培养幼儿对剪纸的兴趣，引导幼儿喜爱民间剪纸艺术和培养幼儿对窗花的欣赏情趣。

3）发展幼儿手部动作的灵活性。

【活动准备】

1）各种窗花的范样。

2）正方形彩色纸若干、剪刀、糨糊、装纸屑的塑料筐。

【活动过程】

1. 导入活动，引起幼儿兴趣

1）教师出示剪贴好的窗花范样或图片。

师：小朋友，看，这是窗花。这是怎么制作的呢？

师：这是用剪纸的方法制作的。剪纸是我们中国人发明的。从前中国人过年就用红纸剪出好看的图案，贴在窗户上，这就叫窗花。

2）师：看，朱老师手上还有好多剪纸窗花呢！好看吗？今天我们一起来学习剪窗花。

2. 引导幼儿观察了解折剪窗花的方法

1）师：请小朋友先想一想，怎么折叠窗花？（请幼儿根据已有经验说一说。）

2）教师讲解示范剪窗花的方法。

① 把正方形的纸角对角折三次后再剪。

② 剪的时候要注意：在最长的边和打不开的短边上剪出各种形状可形成窗花的中间的纹样。在能打开的短边上剪上各种形状以形成窗花漂亮的花边，剪中心点的角能使窗花的中心部分变得很漂亮，剪另外两角会使正方形窗花变成其他形状。可以剪各种图形但是不能剪断，也不能把一边全部剪掉。剪好摊开就成了一张漂亮的窗花。

3. 交代要求，幼儿操作，教师指导

1）提出活动要求。在我们的桌子上有白纸和彩色纸，窗花剪成后把它贴在另外的纸上。可以用白纸剪窗花，贴在彩色纸上，也可用彩色纸剪窗花贴在白纸上；或者深色纸剪窗花，贴在淡色纸上；或用淡色纸剪窗花，贴在深色纸上。

总之记住要让人们看得更清楚些，贴的时候，要把窗花放在报纸上刷糨糊，再拿起来贴在选好的纸上。

2）先请幼儿观察画面上折剪的窗花图样再让幼儿操作，教师巡回指导。注意幼儿剪的部位和方向，鼓励幼儿大胆地、有创造性地折剪，注意粘贴窗花的方法。

4. 结束部分

1）请幼儿互相欣赏，并选出有创造性、层次分明的窗花。

2）展览窗花。

【活动反思】

根据幼儿喜欢动手操作这一特点，本活动特地选择了剪纸作为活动内容。大班幼儿已经掌握基本的剪纸方法，在原有剪纸的基础上，特意选择了孩子们喜欢的图案让孩子来模仿，整个过程主要是通过演示和示范的形式展开，然后让幼儿自己动手操作，老师在旁边给予及时的指导，剪纸结束后让幼儿互相欣赏各自的成果，在选择图案时应非常了解现阶段孩子剪纸的水平，图案不能选的太难，否则孩子就失去了参与的兴趣。

【活动评价】

本节教学活动为大班美术剪纸活动，剪纸是中国的一项民间传统艺术，该活动设计通过对幼儿生活当中非常熟悉的"窗花"进行引导，符合大班幼儿的身心发展特点，活动内容大班孩子比较熟悉，所以整个活动思路清晰简洁，给了幼儿充分的自己动手操作的空间和时间，起到了非常好的教学效果。

（本活动案例来自于网址 http://www.jy135.com/kinder garten/jian zhi/2013/0615/48291.html）

（五）大班科学活动：神奇的中草药

【活动背景】

中草药是我国医学的宝贵财富，是我们健康的守护神，也是幼儿从小感受中华医药博大精深的好教材。幼儿在生活中接触过中草药，如喝过枸杞熬的粥、菊花茶等，生病时吃过中药，幼儿有一定的感性经验。《幼儿园教育指导纲要（试行）》指出："引导幼儿对身边常见事物、现象、特点，产生兴趣和探究欲望。"要求我们培养幼儿对身边事物感兴趣。本节活动根据幼儿直觉形象思维的学习特点，运用视频、选取生活中常见的中草药，引导幼儿感知观察、探索体验，从幼儿感兴趣的中草药入手，让幼儿了解中草药的神奇、萌发对中草药的兴趣。

【活动目标】

1）知道菊花、枸杞、胖大海等几种生活中常见中草药的名称和特征，了解它们简单的保健、治病作用。（活动重点）

2）观察并说出中草药的神奇之处，尝试根据药方简单配药、泡药、尝药。（活动难点）

3）感受中草药的神奇，以及与人们健康生活的关系，激发幼儿对中草药的兴趣。

【活动准备】

1）经验准备：提前请家长与幼儿交流，了解有关常见中草药的知识。

2）物质准备：视频《鹿茸救母》《神奇的中草药》《走进大药房》；课件《常见的中草药》《这些药材哪里来》《老中医互动》等；幼儿操作材料：杯子、勺子每人一份；常见的中草药菊花、枸杞、胖大海、炒山楂、莲子心、陈皮若干。

【活动过程】

1. 观看《鹿茸救母》的视频，感受鹿茸的神奇，引导幼儿产生对中药的兴趣

1）教师引出故事视频，幼儿观看并感受鹿茸的神奇作用。

2）引导幼儿回忆《鹿茸救母》的故事，教师提问：故事中发生了一件什么事情？是什么治好了母亲的病？

教师小结：七彩鹿的鹿茸熬制的中药把奄奄一息的母亲治好了，鹿茸真神奇。

2. 运用多种感官探究操作，认识菊花、枸杞、胖大海等几种生活中常见中草药的名称、特征及来源

1）请幼儿运用看、捏、闻、尝等方法观察中草药，引导幼儿说出中草药的名称、外形、味道等特征。

2）结合课件《常见的中草药》相互交流自己的发现，讲述菊花、枸杞、胖大海等中草药的简单特征。教师提问：你发现了哪些中草药？它是什么样子的？什么味道？

教师小结：中草药中有红有绿；有的捏上去软软的，有的是硬硬的；味道有甜的也有酸的，有的闻起来还有清香味呢。

3）播放课件《这些药材哪里来》，感受普通的植物经过加工能变成中草药的神奇性。教师提问：你发现它们是用什么做的？

教师小结：生活中一些普通植物的花、果实等，经过加工居然可以做成中药，真神奇。

3. 和"老中医"互动，知道中草药的保健、治病作用，并根据药方尝试配药、泡药、尝药，感受其与人们健康生活的关系

1）请幼儿咨询"老中医"，结合课件介绍枸杞、胖大海等常见中草药的作用。

2）幼儿回忆自己生病、治病的经历，观看"药材搭配图"，知道药材相互搭配能治病的作用。

教师小结：身体不舒服的时候，配几付中药，就可以治好病，中草药真神奇。

3）展示"老中医的药方"，引导幼儿看懂药方，尝试配药、泡药。

要求：根据药方准确配药；泡药时，把握好水的位置；泡好后，仔细观察中草药在水里的变化。

4）幼儿观察、品尝、相互交流中草药在水中的变化，了解中草药的保健作用。

教师小结：中草药中有的是可以泡水的，是保健药。但有些中草药是不能随便泡水喝的，更不能乱吃。

4. 观看视频《神奇的中草药》，了解几种奇特的中草药，感受中草药的神奇，激发幼儿对中草药的兴趣

1）观看视频《神奇的中草药》，了解几种中草药的奇特之处。

2）引导幼儿说出人参、蜈蚣、蝉衣等几种中草药在外形、毒性、蜕皮等方面的奇特。

教师小结：中草药不仅有植物药、动物药，还有一些石头矿物也是珍贵的中草药，因为植物药最多，所以中药也叫中草药。

5. 视频演示《走进大药房》，引导幼儿进一步萌发对中草药的兴趣

1）观看视频《走进大药房》，了解存药、抓药、配药、包药、熬药等情景，使幼儿萌发对中医药文化的兴趣。

2）简单了解中医药文化的悠久历史，进一步感受神奇的中草药与人们健康生活的关系。

【活动评价】

首先，该活动内容的选择和目标的制定都很适合幼儿。幼儿对中草药并不陌生，很多孩子都喝过中草药，但孩子们对它的认识却并不多，仅限于知道它是一种药。所以选择这样一个活动内容既贴近幼儿生活，又是对幼儿已有生活经验的挑战。活动目标都是从幼儿的角度来表述的，说明老师将幼儿放在了主体地位，而且活动目标的制定也是从幼儿的认知、情感、技能等方面入手的，确保了目标服务于幼儿的全面发展。再就是活

动目标制定得较具体，避免了笼统和空泛的表述。其次，活动中多媒体课件运用得较好。通过多媒体课件，孩子们更直观、形象地了解了中草药的相关知识。特别是开始的故事课件，让孩子们一下子就沉浸其中，自然而然地关注起了中草药。再次，活动中教师多次运用了皮亚杰的建构主义理论。他为孩子们提供了多种中草药，让他们充分运用多种感官去认识中草药，并要求孩子泡药、配药、尝药，让他们自己去探索发现中草药在水里的变化。孩子们通过观察、操作等方式会很容易地了解中草药的相关知识，这种教学方式是非常有效的。最后，活动环节设计得环环相扣、循序渐进、由易到难。从开始的了解中草药的名称、特征、来源到配药、泡药、尝药再到了解中医药文化的悠久历史，这个过程是一个循序渐进、由易到难的过程。

（本活动案例来自于网址 http://y.3edu.net/dbkx/95885.html）

思考与练习

1．请根据本章第一节介绍的任一活动设计原则，对《弟子规》中"父母呼，应勿缓；父母命，行勿懒；父母教，须敬听；父母责，须顺承"四句话进行教学活动设计，写出其中一个片段。

2．请以"端午节"为主题，参考本节案例格式，设计一个国学教学教案。

第六章

幼儿园国学教育的实施与评价

第一节 | 幼儿园国学教育的实施

◎ 目标导航

1. 幼儿园国学教育课程的构建策略。
2. 幼儿园国学教育课程的传播策略。
3. 幼儿园国学教育课程的实施策略。

一、幼儿园国学教育课程的构建策略

课程与文化密切相关，课程是现代社会人们进行文化传播的重要基础性手段。英国著名课程论专家劳顿（D. Lawton）说过"课程在本质上是社会文化的一种选择"。德国哲学家卡西尔认为，人与动物的根本区别在于人有文化而动物没有，文化是人的本质。人类社会在任何时候都有个共同的需要，即把社会文化遗产传递给年轻的一代。教育是保存、传播、重建和创造文化的强大工具。课程作为教育的核心，能够将知识、信仰、态度、价值系统的内容经过科学组织与编排，一代一代地传递下去。文化决定着课程的设置，课程也实现着对文化的选择，课程是文化传承的媒介，也是人的一种文化实践方式。

科学有效的国学教育必须经过课程化方能实现。儿童在幼儿园接受教育的时间有限，其思考力、学习精力有限，国学教育在幼儿园系统性教育板块结构中的比例亦有限，所以只能集中在少量且重要的目标上，即从国学深厚的文化积淀中挑选出最优秀的部分，同时也是与幼儿身心特点、接受能力相一致的部分进行有目的、有计划、有组织、有评估的教育，即构建幼儿园国学课程目标、课程内容、课程组织、课程评价体系，为开展国学教育打下坚实基础，提供有力的引领和保证。

（一）幼儿园国学课程构建必须符合科学性

"课程"一词在我国始见于唐代。唐代孔颖达在为《诗经·小雅·巧言》"奕奕寝庙，

君子作之"句作疏时提到："维护课程，必君子监之，乃依法制。"宋代学者朱熹在《朱子全书·论学》中多次提及课程，如"宽着期限，紧着课程"，"小立课程，大作工夫"等。在西方，1918 年博比特（Bobbitt）率先发表《课程》一书，从此以后，许多学者发表大量有关课程问题的著作文章，提出了各种定义。

当前影响比较大的课程观有五种：

1）课程即学习的科目。如辞海"课程"词条："课程即教学的科目。可以指一个教学科目，也可以指学校或一个专业的全部科目，或指一组教学科目。"

2）课程即学习者的经验。卡期韦尔等人认为课程不是学科群，而是"儿童在教师指导下获得的全部经验"。我国学者虞永平认为："幼儿园课程是从幼儿身心发展的特点和特定的社会文化背景出发，有目地地选择、组织和提供的综合性的、有益的经验，这些经验的初始形式可以是主题、单元、学科、领域等，但它们最终都将转化为经验的形式，即以感性的、具体的、活动的形式对幼儿的身心产生作用。"

3）课程即目标或结果。约翰逊（M. Johnson）认为"课程关心的是产生了什么结果，而不是关心发生了什么"。

4）课程即有计划的学习。塞勒（J. G. Saylor）指出："我们把课程定义为向受教育者提供一系列学习机会的计划。"我国学者傅淳认为，幼儿园课程是"幼儿在幼儿园有目的、有计划的安排与教师指导下，为达到幼儿教育目标而进行的各种有程序的学习活动"。

5）课程即儿童在幼儿园各种活动的总和。我国著名幼儿教育专家张宗麟认为："幼稚园课程者，由广义的说之，及幼稚生在幼稚园一切之活动也。"学者冯晓霞认为，幼儿园的课程是"幼儿在幼儿园教育环境中进行的，旨在促进其身心全面和谐发展的各种活动的总和"。

以上五种观点每一种都有其独特性和局限性，但综合起来实施，就更接近课程的本质了。

根据幼儿的身心特点，幼儿园国学课程的构建应遵循以下原则。

1）经验性。将幼儿园课程的重心放在儿童身上，突出儿童作为学习者的主体地位，将课程直接指向儿童的整体发展。

2）动态性。把课程理解为动态的活动，即儿童在幼儿园所有活动的总和。

3）涵盖性。将发生在幼儿园一切时间、地点、条件下的课程现象纳入课程之中，既包括严密计划与组织的正规的显性课程，也包括对幼儿无形之中发生影响的非正规的、计划外的隐性课程。

（二）幼儿园国学课程必须树立正确的价值观

《完善中华优秀传统文化教育指导纲要》指出，要"坚持优秀传统文化教育与培育和践行社会主义核心价值观相结合，坚持历史唯物主义和辩证唯物主义的立场、观点和方法，深入挖掘和阐发中华优秀传统文化讲仁爱、重民本、守诚信、崇正义、尚和合、求大同的时代价值"。"加强对青少年学生的中华优秀传统文化教育，要以弘扬爱国主义精神为核心，以家国情怀教育、社会关爱教育和人格修养教育为重点，着力完善青少年学生的道德品质，培育理想人格，提升政治素养"。对于幼儿园教育而言，以上目标有重要的指导意义。但幼儿园教育毕竟不同于学校教育，有自己独特的、适应幼儿身心发展特点的文化和教育使命。对幼儿园而言，其国学教育的使命在于，通过与幼儿身心发展相适应的传统文化启蒙教育，让幼儿置身于中国传统文化的氛围中，耳濡目染，亲身体验中华文明的博大精深，初步了解一些优秀文化的常识，培养幼儿对传统文化的亲切情感与感受性，初步养成良好的行为、习惯和技能。具体途径为：通过诵读浅近的古诗，获得初步的情感体验，感受语言的优美；通过诵读蒙学篇章，初步了解中华民族灿烂文化和悠久历史，初步了解传统礼仪，引导学生孝敬父母、尊敬师长、友爱同学、礼貌待人，养成勤俭节约、吃苦耐劳、言行一致的生活习惯和行为规范。

（三）幼儿园国学课程教材必须符合教学实际

在教材的组织上应注意以下五点。

1）启蒙性。选入的国学经典应是一些启蒙性的经典读物，故事化、趣味化、生活化较强，便于儿童理解。

2）趣味性。尽力将国学经典内容形象化、生动化和趣味化，提供大量与主题密切相关的精美插图帮助幼儿理解学习，编制情景模拟游戏，激发幼儿学习兴趣。

3）开放性。国学教育在幼儿园没有统一版本的教材，需要学校和教师根据自身的特点进行课程资源的开发，不断自我调节和更新，形成相对稳定而又灵活的实施机制。

4）应机性。结合对内容整体的把握施教，教师更应根据天时（季节、节日、天气）、地利（建筑、山河、草木）、人和（亲情、感恩、友爱）开展当下应机性国学教育。

5）循序渐进性。针对儿童认知特点，国学内容在教学中的呈现形式也是循序渐进的，内容的编排也从图文并茂、通俗易懂的主题形式逐渐过渡到稍复杂的体裁，符合儿童思维发展的特点。

（四）幼儿园国学课程师资的必备条件

无论是幼儿园国学课程的组织实施，还是教学方法的选择运用，其最终成效如何，关键在师资。幼儿国学教育中最薄弱的一个环节即是师资尤其是优秀师资的匮乏。国学课程文化含量较高，但我国幼儿园教师群体的学历水平相对较低，2014年全国幼儿园专任教师184万人，专科以上学历教师为66%，在教师序列中学历水平最低。据调查，幼儿园教师在全日制教育阶段读过"三百千"即（《三字经》《百家姓》《千字文》）的不足20%。许多专科毕业的幼师生国学基础不扎实，甚至看不懂《千字文》。幼教机构和计划引进国学课程的幼儿园，普遍存在少儿国学教师短缺、国学教学方法欠缺、国学课程和教材开发设计经验不足等诸多问题，这些问题不解决，将直接影响国学教育的未来发展。解决的途径，一是强化国学教育师资职前培养，在幼师院校开设国学课程，使幼师生认真学习国学经典文化，增强国学素养。二是进行有针对性的幼儿教师培训，除教师自身加强学习研究外，开展专门的国学教育师资培训，请专家讲座，举办培训班，重点培养国学教育带头人、骨干教师。在强化国学教育师资职前培养职后培训一体化的同时，强化教育培训，更新幼儿教师的教学理念，使国学教育成为师生间双向交流，意义的不断建构的过程。同时要强化教学技能培训，使教师能够进行国学教学的实操演练，寓教于乐，做中学，学中做。

（五）幼儿园国学课程必须深入研究幼儿

不应把幼儿园国学课程视为单纯的学科或科目，而应把幼儿具体的、敏感的生命经验作为课程实施过程的基点，把课程视为一个包含复杂的个人感知、主观体验以及价值倾向在内的"混合体"。只有充分珍视幼儿的个体经验才能帮助幼儿顺利实现自我的建构。在实施国学教育之前，应首先从感知觉、注意力、记忆力以及思维发展等几个方面去了解他们的已有发展水平，根据他们的发展状况因材施教。感知方面，幼儿基本上是靠直觉观察世界的，理性的逻辑思维开始萌芽。注意方面，幼儿以无意注意占优势，有意注意开始发展。记忆方面，幼儿记忆以从无意识记忆为主。在思维发展方面，幼儿的思维以具体形象思维为主，对事物的掌握和理解总要借助于一定的具体形象。此外，幼儿求知欲较强，喜欢提问题并积极寻求解答；乐于完成力所能及的任务，能合群，爱与小同伴交往，对人有同情心和友好行为，有自尊心和一定的自信心。对称赞感到高兴，对批评、指责感到羞愧，希望做受人欢迎的事，不愿做遭人责骂的事；在有安全感的基础上比较勇敢等，这些是实施国学教育的起点。

（六）幼儿园国学课程建设必须强化组织

幼儿园国学课程的建设是一项系统工程，要成立国学课程领导团队，明确幼儿园每个教师都是课程人，构建开发国学课程共同体。领导团队应该发挥专业权威和精神领袖作用，起着引领、支持和保障作用，在课程规划、设计、开发、引领、评价等整体基础上实施高位管理，课程建设团队应密切合作，在课程理念、课程内容、课程特色等方面体现先进的理念。课程开发要遵循教育规律，针对幼儿的年龄和身心特点展开，切合实际，加强针对性。要注重师生互动，幼儿园、家庭和社会三者之间的互动，形成教育合力。要注重实效，有明确的制度保障、完善的内容设置、切实可行的考察方法、细致具体的评价方法。

相关链接

在课程建设和课程标准修订中强化中华优秀传统文化内容。围绕中华优秀传统文化教育的主要任务，适时启动课程标准修订和课程开发的研究论证、试点探索和推广评估工作。

鼓励各地各学校充分挖掘和利用本地中华优秀传统文化教育资源，开设专题的地方课程和校本课程。

（资料来源：教育部《完善中华优秀传统文化教育指导纲要》）

二、幼儿园国学教育课程的传播策略

（一）幼儿园国学课程的传播

国学教育课程是包含教学思想、目的、方法、评价、师生及教学大纲、教科书、辅助材料等内容的科学体系。国学教育课程初步开发完成，到传播、采纳、推广，需要经过一系列的科学程序。

为证明课程的可行性和有效性，纠正不足缺憾，积累经验教训，提高工作质量。在课程实施传播前，一般要实施课程的原型评价和课程试验。

1. 原型评价

原型评价是工业界、科技界常用的一种评价手段，通常在新产品进入试验阶段前或正式投入批量生产前进行，目的是确定新产品的可行性和有效性，从而进一步改善产品质量，避免正式投产后可能遇到的麻烦和浪费。国学教育课程的原型评价应安排在课程试验阶段前进行，邀请专家负责实施。原型评价的范围包括课程目标、教学目标、课程的构成要素、课程的呈现形式、课程内容组织等诸多方面，通过专家对课程原型的评价，评定课程质量，及时发现和确定需要补充和修订的方面。

2. 课程试验

国学课程试验的主要目的在于：了解国学课程在幼儿园环境中成功实施的可能性；了解国学课程在幼儿园环境中成功实施的基本条件，如教学设施、校舍状况、师资力量、幼儿水准等，具体地说，这一阶段需考察下列内容：

幼儿是否欢迎国学课程？

幼儿能否就国学教育实现与教师的交流互动？

教师是否能胜任国学课程？

一段时期后实施国学课程的班与其他班有何不同？

要在试验的基础上，进一步完善国学课程。

3. 课程传播

在多数情况下，课程必然要从"点"向"面"传播开来，也就是说，从本园个别教师传播到部分教师或全体教师，或者从本园"发源地"传播到兄弟园或周围地区。

课程传播一般有网络传播模式、中心—基层直接传播模式和中心—基层逐级传播模式三种。

1）网络传播模式。这种模式由教师自发进行，根据这个模式，教师系统被看作是一个由许多教师个体组成的复杂网络，某位或几位教师进行国学教育课程教学探索，课程教学就沿着这个网络传播开来。在这个传播过程中，课程的形式和内容常常由于各人的不同观点、兴趣和偏好而发生调整或变更。

2）中心—基层直接传播模式。这种传播方式由幼儿园组织领导，然后以园方为中心，直接传播到全体教师手里。

3）中心—基层逐级传播模式。这种传播模式也适用于由幼儿园组织领导。由园方传播给骨干教师或少数教师，然后传播到普通教师或全体教师，国学教育课程逐级传播到课堂教师手里。

我们认为，中心—基层逐级传播模式是更有效的传播。园方可以通过骨干教师举办示范课、培训班或讲习班对其他教师进行有关知识和技能的培训，从而使他们能够更自觉地接受和实施国学教育课程。

（二）幼儿园国学课程的实施取向

课程实施即教师依据课程计划组织课程活动的过程,课程实施对于课程开发活动十分重要。一般来说,课程实施有三个基本价值取向:忠实取向、相互适应取向与创生取向。

1）忠实取向:指的是把课程实施过程看成忠实地执行课程计划的过程。忠实取向像是建筑施工。课程计划是一张建筑设计图,课程实施则是具体施工。

2）相互适应取向:指的是把课程实施过程看成课程计划与实践情境在课程目标、内容、方法、组织模式各方面相互调整、改变与适应的过程。相互适应取向像是球赛:课程计划是一场球赛方案,但完成这项方案则需要教练与球员在场上随时作出明智反应。

3）创生取向:指的是把课程看成教师与幼儿联合创造的教育经验,课程实施本质上是在具体教育情境中创生而成,课程计划只是供这个经验创生过程选择的工具而已。忠实取向把课程视为线性实施预定的课程计划的过程,使课程变革成为一个机械的、技术化的程序,抹杀了师生的主体价值。创生取向具有浓厚的理想色彩,对师生均有较高的主体性要求,在幼儿园教育实践中很难达到。相互适应取向综合考虑了课程计划与具体实践情境,比较适合幼儿园国学教育实际。

（三）幼儿园国学课程的实施原则

国学教育课程的顺利实施进行不仅需要教师、幼儿、教材三者之间的有效配合,同时还需要有相关的教育理论来作为思想指导。交往理论认为教学的本质是教师和幼儿围绕特定主题的交往过程,教师和幼儿在相互尊重的前提下,教师根据幼儿的差异性展开持续地交往并发生交互作用,从而形成一个和谐稳定的"学习共同体"。在"学习共同体"中教师和幼儿之间、幼儿和幼儿之间彼此平等、相互尊重,在和谐愉快的氛围中展开自由的交往和民主平等的对话。这样的课堂教学环境就如同编织了一个真正的生活世界,在这个编织的生活世界中教师和幼儿的创造性都可以得到充分的发挥。"愉悦性、情境性、差异性、自主性、鼓励性、实践性"六大原则对于保证学习共同体的构建,有效对话的形成具有重要意义。

1. 愉悦性

对于幼儿来说,国学学习应是一个愉快的开端。我们应强调"兴趣大于知识""意境大于意思""积累大于理解"。正如陶渊明式的读书法——"好读书,不求甚解",只要幼儿能够有一种"每有会意"便"欣然忘食"的愉快学习体验即可。不必让幼儿逐字逐句的理解经典内容,只要让他们在吟咏诵读中培养出语感、增加经典积累、体验到经典的魅力,在潜移默化中受到道德修养的熏陶即达到了目的。

2. 情境性

对于幼儿来说,生理、心理发展特点及其学习特点决定了只有在活动中的学习才是有意义的学习,只有以直接经验为基础的学习才是理解性的学习。他们必须借助于具体的情境、具体的事物,在参与、探索和交往中学习,离开了幼儿与环境相互作用的各种具体活动及情境，教育就没有了鲜活的生命力。因此，国学教育的实施，关键在于为幼儿创设丰富的活动情境，通过活动中获得直接经验。

3. 差异性

对于幼儿来说，国学教育的学习不应理解为一种标准化学习，而应根据每个幼儿的差异进行教学，确保每个幼儿都能够学有所获。要通过吟咏诵读教学、情境化教学以及生活化教学等丰富多彩的形式让不同层次的幼儿都参与其中，尽量使他们各有所得、各得其乐。皮亚杰曾提出，儿童发展的较慢速度也许有利于其最后更大的发展；杜威也提出，在教学中要尊重幼儿的差异性，明了"等待"的意义。因此，在进行国学教育的过程中，尊重幼儿的差异显得尤为重要。

4. 自主性

幼儿是具有独特个性的个体。幼儿学习知识是为了丰富自身和使自己更好地存在，如果用知识和道德来泯灭幼儿独特的个性，这将是教育最大的悲哀。卢梭在《爱弥儿》一书中指出"学生是有他特有的看法和感情的，如果用我们的想法和感情去代替他们的想法和感情，那简直是最愚蠢的事情"。教师不应该把幼儿当作物来看待，不应该仅仅把知识灌输给幼儿，不应该把自己的意志强加给幼儿，让幼儿被动地、单方面地去接受，而是要充分发挥幼儿在国学教育活动中的主体地位，允许幼儿选择自己喜欢的国学篇目，允许幼儿有自己的见解。

5. 鼓励性

教育绝不是单纯的文化知识系统传递过程，教育真正的核心在于它是一个"唤醒"受教育者人格心灵的过程。在国学教学过程中，应以鼓励幼儿为主，适时给予鼓励性评价，使幼儿不断得到成功的快乐，受到正向激励，激发学习国学的积极性，能够浸润其中，不亦乐乎。

6. 实践性

国学教育的最终意义是要幼儿养成良好的思想品性，使幼儿行为好转，心地向善，修养提高。因此幼儿国学教育中要强调"知行合一"，不仅要让幼儿在认识上弄清道理，更要引导幼儿在行为上身体力行，把所学的国学知识内化为自己的情感体验、思想认识和行为准则。

三、幼儿园国学教育课程的实施策略

（一）幼儿园国学教育实施基本策略

1. 原典诵读

所谓原典，即原汁原味的国学经典原文，不是翻译成现代白话文或经过改编的现代文本。国学经典翻译成白话文或经改编后，思想和艺术水平往往大打折扣，国学教育应当学习原典，这是教育界的共识。诵读教学在我国传统语文教育中源远流长。自古以来，中国就强调诗教传统，主张吟诵涵咏，熏陶渐染。南怀瑾说，"不论是四书五经，还是其他古书，任何一段，教小孩子像唱歌一样，很轻松愉快地背诵，……这样背下去以后，一辈子都有用，一辈子都忘不掉"。德国医学博士林助雄医师论证说：人类有两大学习能力，即记忆力和理解力，记忆犹如电脑资料的输入和保存，理解犹如程序的设计和应用。没程序空有资料，则资料是死的，没资料空有程序，程序是虚的，二者缺一不可。但记忆力与理解力，在人生成长过程中的发展曲线是不同的。依据人类学家和心理学家研究，一个人的记忆力发展是自 0 岁开始，1～3 岁即有显著发展，3～6 岁，其进展更为迅速，6～13 岁，则为一生中发展的黄金时代，至 13 岁为一生记忆力的最高峰，以后最多只能保持此高点，往往 20 岁以后，心境一不平衡，便有减退可能。而理解力的发展，与记忆力大不同，理解力也是自零岁开始酝酿，1～13 岁总是缓慢上升，13 岁以后方有长足的发展，18 岁以后渐渐成熟，但依然可因经验及思考的磨炼，而一直有进步，直到终老。13 岁以前儿童正处于记忆力黄金时期，因此，我们提倡儿童读经教育，是要利用他儿童期的记忆力，记下一些永恒的东西，受益终身。

2. 故事教学

国学课程内容即便如《三字经》《千字文》这些初级文本，对于幼儿而言也是深奥难懂的。故事教学策略能够有效地将深奥的内容简易化，使之成为幼儿可接受的文本。据统计《三字经》里有"孟母三迁""孔融让梨""周处悔过"等 50 余个故事，《千字文》中有"盘古开天""牛郎织女""神农传说"等 70 余个故事，这些故事是《三字经》《千字文》的骨架，多为神话传说和历史人物故事。掌握了这些故事也就掌握了《三字经》《千字文》的基本内容。传说故事具有传奇、殊异、壮美、绚丽等特点，能给儿童一个驰骋想象的特殊时空，能产生一种强烈的吸引力、感染力，激发儿童强烈的自主学习兴趣。教师查找资料，发挥想象，结合儿童心理，将国学课程内容改造为学生喜闻乐见的故事，把故事讲得生动形象、情节引人，将极大提高教学效果。

3. 场景唤醒

国学篇章源于特定的历史场景和生活场景，在教学中需要借助一定手段进行场景复现，将原典唤醒，使之成为有生命感召力和感染力的文本。《三字经》《千字文》系列故事已被广泛画成绘本，拍摄成系列动画片，可帮助幼儿直观感看原典发生的场景。角色表演是场景唤醒的重要方法。儿童具有一定的表演能力，在表演中，儿童有一种"一切都是真实的"的带入感，会本能地把自己的行动经验和思想感情加到角色身上，当特别喜欢某一角色时，还会经常模仿角色的语言、行为、表情等，并带入到自己的生活。《三字经》《千字文》故事表演不但能帮助幼儿深刻理解人物的思想感情，使之受到感染，更能使人物成为儿童模仿的榜样，深刻影响儿童的成长。

4. 艺术变形

背诵古诗词对于幼儿是一项艰巨任务，如果根据古诗词内容、意境谱上音符，使之成为优美的歌曲，让幼儿既学唱曲又学古诗，在欢乐的同时还能培养乐感，则简单易行得多，容易为幼儿模仿和接受。如果再配以古诗词图画、视频等，将古诗词变体为优美的听觉、视觉综合艺术，使幼儿得到艺术享受陶冶，将会更有效地激发幼儿的学习兴趣。

5. 活动融入

幼儿园是以游戏为主要活动的保教机构，儿童天生喜欢游戏。蒙台梭利认为，幼儿"听过了就忘记了，看见了就记得了，做过了就理解了"。教师应充分利用儿童的这个特点，精心设计诸如"愚公移山""岳飞抗敌"等国学小游戏，让儿童在愉快的情绪中、毫无压力的环境下、不知不觉的玩乐中习得经验。儿童有强烈的好胜心，可以组织"我当小老师"活动，让儿童自告奋勇当小老师，乐此不疲地带领其他小朋友诵读国学。可以组织国学故事比赛，评选"故事大王"。可以在中国传统节日开展专题课程，介绍节日由来、诗词、习俗等。可以带儿童到大自然中去，三月份在河畔的柳树下咏诵《咏柳》，十月份在公园的菊花前咏诵《咏菊花》。可以通过评选幼儿园"国学小书童""文明小天使"等活动，让幼儿在自我展示与激励中感受到学习践行国学文化的乐趣。

6. 生活践行

杜威强调"教育的过程就是生活的过程，而不是将来生活的预备"，国学教育的使命就是塑造幼儿的精神世界，养成良好的性情习惯。《弟子规》等篇目实践性很强，一定要融入幼儿实际生活。例如，幼儿园小女孩喜欢和同学攀比漂亮衣服，就重点带她学习《弟子规》里的"惟德学，惟才艺，不如人，当自励。若衣服，若饮食，不如人，勿生戚"。若男孩子玩玩具后忘记放归原处，就重点带他学"列典籍，有定处；读看毕，还原处"。在每天午餐前或吃点心时，让孩子们诵读"对饮食，勿拣择，食适可，勿过则"，效果会非常好。要进行家园互动，与家长一起，培养孩子"朝起早、夜眠迟、老易至、惜此时、晨必盥、兼漱口、便溺回、辄净手、冠必正、纽必结、袜与履、俱紧切、置冠服、有定位、勿乱顿、致污秽"的良好日常生活习惯。

7. 文化熏陶

幼儿园国学课程不仅体现在有目的、有计划的教育活动中，幼儿园的一砖一瓦、一草一木，教师的一言一行、一举一动无不潜移默化地作用于幼儿，影响幼儿的发展。幼儿园文化是一所幼儿园独特气质和办园特色经过长时间的积淀而形成的特定的精神环境和文化氛围，它包括建筑设计、园内景观、绿化美化等物态化形态和幼儿园的传统、学风、集体舆论、人际关系、心理氛围、各种规章制度等，它体现在幼儿园生活的方方面面。要把国学教育纳入幼儿园文化建设体系之中，在幼儿园核心理念构建中融入国学内容，在建筑设计、校园景观中体现国学气韵，在廊道、教室等场所张挂国学名画、经典格言；在幼儿上下园、午餐时，放国乐名曲让幼儿放松身心。总之，要创设一种能使幼儿领悟国学内涵的物质环境和精神环境。让每一面墙壁会说话，让一草一木都育人。

8. 家园合作

儿童在幼儿园的时间有限，成功实施国学教育，家长的合作至关重要。幼儿园要主动与家长联系，使他们明白国学教育的重要性，理解支持幼儿园的国学教育。要针对性地组织家长进行国学培训，开展家长国学征文、诗词接龙比赛、亲子游戏、诗画创作等家园互动活动，使家长热爱国学，有学习国学知识的主动性，乐于陪伴儿童一起学国学。

从而实现课堂读与课外读相结合，幼儿园读与家庭读相结合，教师教与家长教相结合。

（二）实施幼儿园国学课程需注意的问题

1. 教育理念偏差

部分幼儿园片面强调国学篇目等外在的、物化内容的重要性，以"幼儿能背过多少国学篇目"为评价标准，这是违背国学教育、违背现代幼儿教育精神的。儿童的主体地位是现代教育和传统教育分野的根本标志。就现代教育的精神而言，通过培养幼儿对传统文化的亲切感和初步的感受性，从而为幼儿主动吸取和学习传统文化奠定基础，这才是现代幼儿教育对优秀传统文化教育的根本诉求。幼儿园的一切国学教育活动，是为了培养幼儿对优秀传统文化的兴趣，在轻松的活动中，在潜移默化中，进行内在精神的习得和传递。过于强调"背过多少国学篇目"，强制儿童生吞活剥式地死记硬背大量不理解的材料，是舍本逐末，断断不可取的。

2. 内容缺乏剔决

国学经典是历史的产物，其中的精华具有普适性，是中华民族优秀的文化遗产；另一方面，国学既然是历史的产物，就难免具有历史的局限性，甚至存在一些封建性的糟粕。例如《三字经》中的"三纲者，君臣义"，带着浓厚的君主专制色彩；"父母在，不远游"，在当代社会很难做到。《千字文》中的"乐殊贵贱、礼别尊卑""妾御绩纺，侍巾帷房"讲的是尊卑观念，"学优登仕，摄职从政"讲的是官本位思想。《论语》中的"唯女子与小人难养也，近之则不逊，远之则怨"有性别歧视，《增广贤文》中大量诸如"在家由父，出嫁从夫""命里有时终须有，命里无时莫强求""谁人背后无人说，哪个人前不说人""书中自有千钟粟，书中自有颜如玉""逢人且说三分话，未可全抛一片心"等封建唯心、庸俗市侩思想，让幼儿囫囵吞枣地消化吸收，肯定不利于其形成正确的价值观。国学教学必须结合实际，有选择，有分析，有甄别，有扬弃，真正把民族传统文化中最优秀的部分传递给幼儿。

3. 教学方法陈旧

当前很多幼儿园举办的读经班或者开设的读经课使幼儿痛苦不堪，饱受家长和社会批评，原因在于采取了"填鸭式"的传统文化教育方式，不管儿童是否能够接受，一味灌输，让学生死记硬背。这种填鸭式教学已经在中西方的教育变革中深受批判。心理学家和教育学家认为，死记硬背对儿童是有害的。苏联研究记忆的权威心理学家斯米尔诺夫指出：成绩较差的学生往往采用死记硬背的方法，他们思维消极，不习惯于探索钻研，死记硬背与其说是他们的记忆特点，还不如说是他们的人格特征。鲁迅认为填鸭式的死记硬背的读经的文化是造就奴才的文化。"中国的文化，都是侍奉主子的文化，是用很多人的痛苦换来的"。蒋梦麟幼时在私塾读过经，他认为那种读经生活只是"给小孩子添些无谓的苦难"，"我怕许多有前途的孩子，在未发现学问的重要以前就给吓跑了"。列宁在批判旧学校缺点时，用了八个字"呆读死记，强迫纪律"。儿童正在"长知识、长身体"的时候，利用他们记忆力强的特点，引导他们多背一些诗文，随着年龄的增长，知识经验的丰富，逐步加深理解是可以的，但必须尊重幼儿身心发展规律，教学内容要浅易、便于理解，在教学中要坚持玩中学，学中玩，以人文情怀和精神关怀，在保证儿童快乐童年的同时，用优秀的传统文化知识，丰盈儿童的心灵，提高儿童的生命质量。

相关链接

幼儿园教学活动容易出现以下三个方面的偏差：

第一，把教学活动完全演变为以语言为媒介的讲授活动，即把教师的讲解、提问、解释等言语活动变成幼儿获得知识、理解知识的唯一途径。

第二，把集体教学活动方式作为进行教学活动的唯一组织形式。

第三，让幼儿长时间的静坐听讲，并把这种不太符合幼儿身心发展特点的行为，称为"守纪律"。

应该说，教学活动的游戏化或幼儿心理化，是幼儿园教学活动的新的规定性。它具有以下特征：教学情境生活化、教学内容综合化、教学过程操作化（活动化）、教学组织形式多样化。

（资料来源：王春燕. 2014. 幼儿园课程概论. 北京：高等教育出版社：113）

第二节　幼儿园国学教育的评价

目标导航

1. 教育评价的基本理念。
2. 国学教育评价的实施过程及要项。
3. 学生评价和教师评价。
4. 对当下幼儿园国学教育活动的反思。

　　"国学热"是中华民族面对西方文化强盛、民族精神薄弱、国民信仰缺失的大背景下进行反思产生的，是国民寻得以往民族自信心和自豪感的一种途径，也是对国学自身魅力的一种追求。在此背景下，幼儿园对培养全面发展的自信自立自强幼儿的渴望，家长对国学中倡导的礼、孝的期待，催生了幼儿园国学教育的产生，并且呈现与日俱增的态势。马克思主义唯物辩证法认为，任何事物都有两面性，国学教育亦然。当下幼儿园国学教育成果突显，人们的注意力更多地放在借鉴成功经验，探索自身幼儿园的国学实施途径上，还来不及去评判国学教育中的问题，例如如何做好国学与五大领域的结合，对国学教育"成功"的界定，实施过程中的成本的大小，成效的显著性以及持续性，以及教师该具备哪些能力才能担任国学"传道授业解惑"的责任等。所以在幼儿园国学教育如火如荼实施的过程中，需要教育评价这把标尺，去恰当引导、及时纠正、提升幼儿园国学教育的质量。

同时，《幼儿园教育指导纲要》指出：教育评价是了解教育的适宜性、有效性，调整和改进工作，促进每一个幼儿发展，提高教育质量的必要手段。所以，对幼儿园的国学教育进行评价势在必行。

一、教育评价的基本理念

评价一词在《辞海》中定义为"泛指衡量人物或事物的价值"。评价是关于价值的判断，与价值判断相对的是事实判断。事实判断是对事物的现状、属性与规律的客观描述。如在玩完玩具后，幼儿会主动将玩具归还原处，这个行为在该幼儿身上发生就是事实判断。事实判断的基本要求是它的客观性，即真实地反映事物的本来面目。价值判断则是在事实描述的基础上根据评价者的需要和愿望对客观事物作出的评判，这其中有很大的主观成分，会因为不同评判者的经历、政治、经济地位、意识、情感、习惯和爱好等的不同而存在差异。他们可能会对同一件事物、同一个人作出完全不同的甚至截然相反的"价值判断"。这种主观性、不一致性是绝对的。如上例中，如若这种行为刚好是在幼儿学习了"列典籍，有定处；读看毕，还原处"之后出现的，那就有人认为是国学教育的结果，而有的人则认为可能是上节社会课里讲到的"秩序"的结果，甚至有的人认为可能只是孩子看到了教师的眼色才这么做的。美国学者格朗兰德（Gronlund N. E）为评价进行了定义：评价是在量或质的记述的基础上进行价值判断的活动。对此，我们对评价的定义为：评价是依照一定的标准对客观事物进行观察并作出价值判断的过程。

按照马克思的观点，价值反映着主客体的关系，是客体对主体需要的满足。教育作为一种有目的、有意识的社会活动，也同样反映着主客体需要之间的关系。这里的客体是教育活动本身，而主体则是教育个体及社会，我们在进行教育评价时要考虑二者需要的结合，不仅要满足个体的发展需要还要满足社会发展的需要。换句话说，教育评价就是在进行教育活动时满足个体及社会需要程度的价值判断。我们将教育评价界定为按照一定的教育价值标准，对教育活动及其相关因素进行系统描述，并作出价值判断的活动。

由此概念我们可对国学教育评价做以下描述：

第一，国学教育评价的本质是对幼儿园的国学教育活动作出价值判断，能否满足社会和幼儿的双重需要；

第二，一定的国学教育价值标准是进行国学教育评价的依据；

第三，对幼儿园国学教育活动的系统描述是国学教育评价的基本过程。

（一）教育评价方法

教育评价是在对教育活动进行事实判断的基础上进行的，这就需要我们首先搜集教育活动中的"事实"，对其进行系统描述，然后再做相关的分析，最后还要对描述和分析的方法进行再评价，确保评价最大程度地反映事实本身，保证客观性。

1. 收集教育评价信息的方法

1）测验法。测验是教育评价中最常用的一种收集信息的方法，它用各种测量工具（教育、心理测验和其他量表）测定被评价对象的某些重要特性，从而收集到有关评价信息的方法。测验法不仅可以用来测量学生的学业成就，还可以测量学生的智力、人格、品德等，不一定与教育制度存在密切的联系，如智力测验、人格测验、态度测验、兴趣测验等。幼儿园不同于中小学，它的主要任务不是筛选，而是教养，保证幼儿获得全面的发展。该方法可用来测量幼儿的气质类型、人格特质、兴趣爱好、学习偏好等方面，开展丰富多彩满足不同儿童需要的教育活动，保证国学教育的顺利进行。

2）观察法。观察法是指评价者在一定时间内，对被评价对象在自然状态下的特定行为表现进行观察、考察、分析，而获得第一手事实材料的方法。它也是教育评价中常用的一种收集资料的方法。观察法最适用于了解评价对象的行为、动作技能、情感反应、人际关系、态度、兴趣、个性、活动情况等，它往往能获得其他方法所收集不到的信息。根据不同的分类标准，观察法可分为几种类型：根据事前是否确定具体观察项目和记录要求，分为"有结构观察"和"无结构观察"；根据观察者是否直接参与被评价者所从事的活动，可分为"参与性观察"和"非参与性观察"；根据观察内容范围大小，可分为完全观察和取样观察。实施观察法主要包括三个方面的工作即观察设计、观察资料的记录、观察资料的整理和分析。观察法非常适合幼儿教学和科研工作，由于 3～6 岁幼儿自身的生理特点，他们的行为更能表达他们的心声，所以非常适用于国学教育活动评价。在集体教育活动时，评价者不参与活动，而是按评价的分类原则，根据某个活动领域的总要求，重点观察在目标的确定、内容的选择、方式的运用对幼儿发展的适宜性，还存在的问题，以及思考解决问题的策略。在进行游戏和生活活动时，评价者可以参与活动，重点观察幼儿具有明显特点的自然表露的行为，来了解、分析幼儿，帮助教师找准幼儿的最近发展区，以利教师组织行为的优化。

3）访谈法。访谈法又称谈话法，它是通过与被调查对象进行交谈而获取有关信息的方法。访谈法具有双向交流的特点。它适用于调查对象较少的场合，对访谈人员的能力要求较高。

根据不同的分类标准，访谈法可分为几种类型：根据访谈提问和反应的结构方式，分为有结构访谈（如焦点访谈）和无结构访谈（如闲谈）；根据被访谈人数的不同，分为个别访谈和集体访谈；根据是否借助中介物，分为直接访谈（面谈）和间接访谈（电话访谈）。访谈法的实施包括访谈设计、访谈人员的选择与培训、访谈实施和记录。在集体教育活动时，与教师的谈话可以采用直接问答的方式，重点是教师对活动的自我反思，主要谈目标确定、内容选择、方式运用、偶发事件处理。在游戏和生活活动中，与幼儿的谈话一般采用自然的谈话方式，注重多提一些开放性的问题，诱导幼儿说出自己对活动的真实想法、感受、体验，以确定教师对活动的组织行为是否有效。在运用谈话方法时，评价者应当注意自己的态度、语气、谈话的艺术，尽量做到不带任何倾向，这样才能搜集到客观的信息。

4）问卷法。问卷法是以精心设计的书面调查项目或问题，向被评价对象收集信息的方法。问卷法既可以了解被评价对象的态度、动机、兴趣、需要、观点等主观情况，也可了解被评价对象的客观性信息。根据问卷的方式，可以分为封闭式（如：您觉得幼儿园进行国学教育是否必要？A．有必要；B．没必要）和开放式（如：您希望幼儿园从哪些方面进行国学教育？）。编制问卷一定要重点突出、结构合理、问题明确、数量适当、便于处理。在进行国学教育评价时，可以针对教育目的、方式、内容、环境等方面对教师和家长进行问卷调查，了解他们对国学教育实施的看法。问卷的具体形式，见表6-1。

表6-1 国学活动课堂教学调查问卷

国学活动课堂教学调查问卷

本问卷的答案没有正确与错误之分，根据您的真实情况回答即可。（问卷中的问题，没有特别注明"多选"均为单选题，请在相应选项前面的序号上打√；填空和选择"其他"的题目，请在横线上填写符合您情况的答案。

您填写的任何信息，我们会严格保密。感谢您的参与！

第一部分 您的看法

1. 您对国学了解程度如何？
   A．精通   B．有所研究   C．了解   D．不太了解

2. 您认为教授国学的最好方式是？
   A．学生阅读   B．讲经典故事   C．放影视节目   D．文艺表演   E．其他

3. 你读过下面哪类国学著作？（多选）
   A．哲学思想类   B．传统医学医术类   C．传统音乐戏剧类

   D．风水星相   E．书法绘画

4. 如果您有兴趣让孩子学习国学，您可以付出多少时间？
   A．每周三次，每次1.5～2小时   B．每周末一次，每次1.5～2小时

   C．每月一次，每次较长时间   D．其他

5. 您在课堂教授过下面哪些国学经典？（多选）
   A．《三字经》   B．《弟子规》   C．《笠翁对韵》 D．《大学》   E．其他

6. 您认为课堂秩序应该是什么样的？
   A．安静   B．热烈   C．有秩序

7. 如果课堂纪律不好，您会采取什么措施？
   A．惩罚违纪者   B．容忍   C．只是提醒

8. 您认为学习国学经典对孩子成长的作用是？（多选）
   A．学习古圣先贤的无穷智慧

   B．感受中国传统文化的魅力，学习待人接物的礼仪

   C．增加识字量，开拓视野，增强记忆力及注意力

   D．社会快速发展，没什么作用

9. 您认为学校开展的国学教育可以在哪些方面进行改善？（多选）
   A．开设专门的国学课程

   B．适当增加国学经典范文、诗词的比重，优化教学内容

   C．与现代教育相结合，学以致用

   D．其他

续表

10. 您怎样检验课堂教学成果？ 　　A．课堂提问　　　　B．作业反馈　　　　C．学生自陈 **第二部分　您的建议** 1. 您认为如何有效推进国学课堂教学？ 2. 您认为课堂教学的意义是什么？

2. 处理教育评价信息的方法

美国学者格朗兰德为评价进行了定义：评价是在量或质的记述的基础上进行价值判断的活动。简述为评价＝测量（量的记述）或非测量（质的记述）＋价值判断。对收集的资料从分析、处理的具体方式出发，可以把处理方法分为定量分析和定性分析。定量分析是指用数值形式以及数学、统计方法反映被评价对象特征的信息分析、处理方法。其目的是把握事物量的规定性，客观、简洁地揭示被评价对象的可测特征。适用范围：对群体的状态进行综述；评比和选拔；从样本推断总体；对可测特征的精确而客观描述。例如，从同年级的甲乙两个平行班里各随机抽取 10 名幼儿进行经典诵读、礼孝行为观察、文学作品展示等国学相关活动，如若两组幼儿行为表现差异显著，甲班的 10 名幼儿的表现明显优于乙班的 10 名幼儿，则可以推断甲班的国学教育活动实施情况优于乙班。定性分析是用语言描述形式以及哲学思辨、逻辑分析揭示被评价对象特征的信息分析、处理方法。其目的是把握事物质的规定性，形成对被评价对象完整的看法。适用范围：对发展过程的原因探讨；对被评价对象优缺点的详细描述；对典型个案的深入研究；对评价对象内隐的观念、意识分析；对文献档案信息的汇总和归纳等。例如，前例中，我们可以做进一步具体对比，寻找原因，可以从两个班级的教师学历水平、兴趣爱好、活动方式、幼儿家长职业、幼儿的性格特质等方面入手，经过对比，改进教学，提高全园教学质量。由此可见，在实际运用中，定量和定性分析方法并不能截然分开。量的差异在一定程度上反映了质的不同，同时由于量的分析结果比较简洁、抽象，通常还要借助于定性的描述，说明其具体的含义。

在处理评价信息时，评价者应当选择最适当的方法。在选择方法时，评价信息的特性是应当考虑的重要因素，但并不是唯一因素。同时，还应当考虑采用何种方法处理信息能更好地为评价目的服务。经验表明，如果评价信息主要用于帮助被评价者改进工作时，定性的分析比定量分析更有价值。当评价主要目的是比较、评比时，定量分析的价值才能充分体现。因此，评价者应当尽可能结合使用两种方法，从质和量两个侧面把握被评价者的本质特性，在此基础上做出符合实际的综合判断。

3. 教育评价的再评价

与其他专业活动一样，教育评价在其实施过程中不可避免地会出现一些偏差，如提出不适当的评价问题、对评价结论解释不当、得出不明确或有争议的结论、评价信息得不到充分的利用等。这些偏差的存在不仅使评价所花费的资源（时间、人力、物力等）不能收到应有的成效，更为严重的是，低劣的评价还可能提供错误的信息，产生误导作用。因此，教育评价自身也应成为评价对象，以保证教育评价工作的质量，提高评价的效用。这种对教育评价进行的评价被称为再评价，也称为元评价。

要进行再评价，首先必须制定出判断教育评价质量的标准，这些标准是良好的教育评价必须满足的条件和特征。然后才能在实施评价时，对照这些标准，规范评价工作，提高评价质量。

（二）教育评价功能

当前幼儿园国学教育活动中，评价活动没有得到足够的重视，进行得也不够系统，远远没有发挥应有的作用。原因在于人们没有认识到教育评价具有的巨大功能。

1. 诊断功能

在评价活动中，对一段时期搜集到的幼儿园国学教育信息资料进行整理分析，常能发现评价对象（如国学教育方案、课程计划、教师工作、教学方法、学生学习等）的优缺点及存在的问题。

2. 改进与形成性功能

评价不但能发现诊断问题，而且对有效的国学教育计划、课程方案，或是有效的教学方法、教材、教具等的设计、改进和形成发挥积极作用。

3. 区分优良和分等鉴定功能

通过评价，人们可以区别、鉴定组织（如学校）、方案（如课程方案）或个体（如教师、学生）等对象的某些方面或各方面水平的优良程度，确定其有无价值与价值的大小，衡量其是否达到了应有的标准、是否能实现国家和社会赋予它的目的和任务，为他们评定相应的等级。科学、合理、公正的评价所区分的优良和鉴定的等级，是教育管理科决策科学化的基础。教育行政管理部门特别重视评价的这种功能。

4. 激励功能

评价通常要区分出水平高低、评定等级。由于评价结论往往直接影响到评价对象的形象、荣誉和利益等，评价笔能激发被评者的成就动机，使他们追求好的评价结果，激励他们全力以赴做好有关的各项工作，创造更大的教育成就。如果评价和其他一些管理措施结合起来，如在评价结论的基础上进行表扬、奖励、资助、批评、处罚等，评价的激励功能就会得到更好发挥。在评价中，若能在肯定成绩和优点的同时，诚恳地、富有建设性地指出他们存在的缺点和问题，则更会激励他们进一步改进和完善有关的工作。

5. 导向功能

教育评价是根据一定的价值标准进行的价值判断活动。在评价活动中，评价者常以国家和社会的价值和需要为准绳，设计一套评价指标和评价标准。被评者为追求好的评价结果或达到其他目的，就会致力于满足评价标准的要求。因而，评价指标和评价标准就像"指挥棒"一样，为被评者指明努力的方向。这种导向功能，在权威性较高、评价结果与被评者的利益密切相关的评价中，更容易得到发挥。

但是，我们也应该认识到，评价是"双刃剑"。它既能发挥积极的作用，也会产生一些消极的效应。特别是评价标准本身有缺陷或评价过程有失公平、公正时更是如此。因而，评价者和教育工作者也应关注评价可能产生的各种消极效应，研究如何预防、减弱和化解这些消极作用。

（三）教育评价的原则

教育评价是在教育事实评价基础上进行的价值评价，评价过程中的主观性、不一致性是绝对的，无法避免的，但是评价者可以遵循一定的原则，谋求最大限度的共识，尽可能地反映事物的本质。

1. 客观性原则

实施教育活动评价必须采取客观的实事求是的态度，而不能主观臆断或掺杂个人的情感色彩。这是进行教育评价的最基本原则。首先，评价者必须根据客观的评价标准来实施评价，评价标准一旦确定，就不能任意改动。其次，标准应适合于每一个评价对象，否则，就不能称为客观的标准。再次，要以客观公正的态度对待每一个评价对象，不能因个人好恶而使评价结果出现偏差。

2. 全面性原则

对国学教育活动的各个构成要素进行全面评价，既要对幼儿在活动过程中的国学学习行为变化的过程和结果进行评价，又要对教师在教育活动中的组织行为进行评价；既要对教育活动过程中教具、学具的选择与利用进行评价，又要对教师与幼儿之间的言语和情感互动情况进行评价；既要对静态的活动要素进行评价，又要对动态的活动过程进行评价。

3. 参照性原则

参照性原则是指制定的评价标准要有依据。幼儿园国学教育活动评价标准的制定，首先要依据国家有关法规性质的文件，这是确定国学教育活动评价标准的根本依据；其次要依据幼儿语言发展的基本规律，根据儿童在每个年龄段应有的水平作出恰当的规定，不可任意提高或降低标准；再次要依据国学教育活动的目标，目标不但是教育活动组织和实施的指南，也是教育活动评价的指南和参照的依据。在评价过程中，那种脱离目标另定标准的做法是不可取的。

4. 发展性原则

幼儿是否得到发展，教师是否得到发展，幼儿园是否得到发展，是幼儿园教育活动评价唯一的目的，幼儿园教育活动评价的根本目的就是为促进幼儿、教师、幼儿园的发展，特别是幼儿的健康发展。同时，评价的过程是一个动态的过程，通过信息的交流、反馈，对评价指标、方法、过程不断调整、改进、完善，评价自身也不断完善，发挥其最大功效。

（四）教育评价的发展

1. 评价的指导思想从筛选转向发展

近一二十年来，随着社会的发展，人才观的转变，社会对教育评价提出了新的要求，即评价不应只是发挥鉴别和选拔的功能，更应实现其教育和促进发展的功能。所以，现代教育的评价，主张评价的目的不是为评价而评价，而是为教育而评价，强调评价的目的是为了诊断和改进教育、促进教育活动的参与者（包括学生、教师甚至家长）能在原有基础上得到发展。其实这就是研究者们经常提到的发展性评价，它是以促进课程发展和学生发展为目的的评价，是一种依据目标、重视过程、及时反馈、促进发展的评价。发展性教育评价强调评价的根本目的在于为发展服务，支持发展、促进发展、以往学前教育评价更多的是通过测验来鉴别幼儿，选拔适合教育的幼儿，而发展性评价则是以诊断和改进学前教育、促进教育活动的参与者（尤其是幼儿与教师）能在原有基础上得到发展为目的，评价的价值定位在发展功能上。这里的发展，不仅包括儿童，也包括教师和课程。因为儿童的发展离不开教师的指导，离不开能够为他们提供有益的学习经验的课程。因此，发展性教育评价应该同时把促进教师的成长和促进课程的完善作为重要的目的。

发展性教育评价的理论基础是第一章提到的"加德纳多元智力理论"。以往的学前教育评价的筛选性功能是以传统的智力观即按照数理逻辑能力和语言能力为基础的，这种人的智力等级差异观支撑着传统的评价观念。而加德纳的多元智力理论认为，每个儿童所具有的独特能力的组合存在着质的不同，难以从量上加以排序、分类。每个儿童都拥有相对于自己或是相对于他人的智力强项，教育旨在帮助儿童发现、培育自己的智力优势，并以强项带动弱项的学习，建构自己的优势智力组合，实现自身全面、和谐的发展。多元智力理论强调人与人之间的智力差异不是等级性的，而是结构性的，只要能发现和识别每个儿童的智力潜力和特点，就可以用适合其风格和特点的方式来促进其学习与发展。因此，评价的目的是为了发现每个儿童的潜力和特点，发现和识别每个儿童的智力特点，因材施教，帮助他们实现富有个性特色的全面发展。

此外，《幼儿园教育指导纲要（试行）》（以下简称《纲要》）指出："教育评价是幼儿园教育工作的重要组成部分，是了解教育的适宜性、有效性，调整和改进工作。促进每一个幼儿发展，提高教育质量的必要手段。"并明确提出评价是"促进每一个幼儿发展，提高教育质量的必要手段"，强调评价的过程也是教师"自我成长的重要途径"。这些要求清晰地凸现了当今幼儿园教育评价的发展性目的，即：促进每一个幼儿的发展、教师的反思性成长和教育质量的提高。无疑，新《纲要》的颁布意味着幼儿园教育评价观的根本转型：由竞争本位的、分等排序为核心的评价观转向以人的发展为核心的评价观。随着评价观念的转变，强调对教育过程而不是对教育结果的关注、多方评价主体的积极参与、让教师成为课程评价的主人、评价内容的全面化、结合运用多种评价方法等主张已经逐渐成为幼儿园课程评价的大势所趋。

2. 评价的对象和范围突破了学习结果评定的单一范畴，扩大到整个教育领域

早期的教育评价集中于学生的学习成绩、学业成就以及学习潜能的评定上。随着国家和社会对教育评价的重视，教育评价的功能和作用也越来越得到开拓和发展。当代教育评价已突破了课堂，扩展到教育的全领域。评价对象不仅有学生的学习与发展的成就，教师的教育教学工作，校长的领导水平，还有学校的管理与办学水平、课程教材、教育计划、教育发展战略、教育科研成果等。

3. 在方法和技术上从单纯的定量分析发展到定量分析和定性分析相结合

早期的教育评价主要使用测量、统计等定量分析的方法。这相对于过去的主观评定是一种进步，它重视了客观公正性，减少了主观随意性。但是随着评价的逐步扩展和研究的深入，人们越来越感到教育现象的全面量化是不可能的，而许多用于诊断、改进功能的评价结果也不需要完全量化。因此，人们现在非常重视从实际出发，对不同的评价对象分别采用不同的定量或定性的方法，或定量与定性相结合的方法，以便更恰当地反映评价对象。在当代教育评价的发展中，问卷调查、观察、交谈等定性分析的方法与测量、统计分析等定量方法更多地被结合起来使用。

4. 教育评价日益重视被评价者及其自我评价的地位和作用

实践证明，任何评价如果没有被评者的积极参与，很难达到预期目的。当代教育评价已不把被评者作为被动接受检查的客体，而是把他们看作评价的主体，采取各种途径和方法，使之积极参与评价过程。在很多评价中，自我评价都成了重要的组成部分。强调被评者的主体作用，不仅可以使他们积极配合，保证评价工作的顺利进行，而且，还能促进他们通过参与和交流，主动地客观检查和评价自己的工作和成就，改进自己的不足之处，吸取他人的经验，有利于进一步完善自己。

5. 教育评价将更加重视对评价的再评价

在教育领域中的各种评价得到发展时，人们又开始怀疑评价本身的价值问题。评价活动是否科学、是否可靠、是否达到预期的目的、是否产生了较大的效益，以及如何改进和完善评价等问题，又引起了人们对各项评价进行再评价的重视。再评价有助于各种评价方案和制度进一步改进和完善，有助于提高评价的质量水平和价值。

相关链接

1929 年，拉尔夫·W. 泰勒（Raph W. Tyler）应邀主持美国俄亥俄州立大学教育研究所成绩测验室的工作，受命通过运用测量手段帮助教师改进本科的课程和教学。泰勒很快发现，首先必须使教师明确界说课程教学目标及其重要性。此外，还必须编制新的测验，以"评价学生达到各种课程目标的程度"。

1934 年，泰勒应邀主持"八年研究"（1933～1940）的评价工作。在"八年研究"中，他进一步发展了他的评价理论，并把评价纳入课程与教学的编制理论之中，使评价成为课程编制过程的一个重要环节。在其课程编制中，他又进一步明确提出，"评价过程实质上就是一个确定课程与教学计划实际达到预期教育目标的过程。"他运用其评价理论和方法，成功地指导"八年研究"的评价工作。

由于"八年研究"的广泛影响，泰勒提出的评价概念和理论，很快被人们广泛接受和应用。很多人把斯密斯（E. R. Smith）和泰勒 1942 年出版的八年评价研究报告——《学生进展的评估与记录》称为"划时代的教育评价宣言"。而泰勒则被誉为"教育评价之父"。

（资料来源：袁振国. 2006. 当代教育学. 北京：教育科学出版社：259）

二、国学教育评价的实施过程及要素

（一）国学教育评价的实施过程

1. 建立知识能力结构合理的国学教育评价组织

展开国学教育评价，必然要建立或委托一定评价组织。评价组织的人员结构或知识能力结构，决定着评价理论、方法、工具的选择和设计水平，以及评价的质量和价值。一般来说，国学教育评价组织需要具备合理的知识能力结构，既要掌握国学经典的精髓和精神，又要明确幼儿园国学教育的任务和目标，还要熟悉关于评价对象（如幼儿园管理、课程方案、幼儿、教师工作等）领域的理论和知识，教育评价的理论、方法和技术等。当前社会的幼儿园国学教育中精通这方面的全才是很少的，因而需要选择精通或熟悉这些方面的专业人员，组成整体知识结构较为合理的国学教育评价小组。对于在国学教育或管理工作中，经常从事正式的与非正式评价的人员，也需要从这些方面发展自己的知识结构。

2. 确定国学教育评价目标和评价任务

无论评价者是发起者本人，还是委托的评价小组或机构，在开始评价工作时，都必须首先认真分析和确定自己的评价目标是什么，评价想要达到什么目的，需要完成哪些具体的任务，这是选择或设计评论理论、方法和评价工具的依据。为使评价的目标、目的和任务更加明确、清晰，并为幼儿园有关人员所接受，评价者需要组织信息交流和协商活动，广泛征求意见，了解评估有关组织和人员，特别是发起人的评价需要。如有的幼儿园将国学教育的目标定位在以下四个方面：①注重传统思想和美德的熏陶，尊老爱幼、热爱学习、孝敬父母、锻炼意志等；②激发幼儿热爱祖国的情感；③增加对历史、地理、文学、艺术等方面的知识了解；④感受中国古文化的诗词美、韵律美和语言美。评价目标应该在教育目标的基础上做进一步明确，细化为可以观察的行为表现，如第 2 条可以细化为是否热爱班集体，是否热爱家庭，是否热爱生活小区等，还可以根据需要进一步细化。

3. 选择和确定国学教育评价的项目与指标

选择和确定国学教育评价的项目与指标，即确定从哪些方面进行评价。完成此任务，关键是发现和确定体现评价目标的那些有代表性的主要行为及效应的情景，即这些目标会在什么样的情景下反映出来。然后，对这些情景进行一定的分类，确定出评价的项目和指标体系。例如，本节将国学教育评价分为过程评价、学生评价和教师评价三个部分，每个部分有若干的评价要项。

4. 选择和设计收集国学教育评价信息的方法和工具

进行评价需要以一定的证据或信息为依据。丰富、有效、全面、可靠的信息，不是随便就可以获取的，需要借助于有效的评价方法和工具。在设计评价方法和工具时，评价者需要考虑评价目的、评价项目、评价指标的特点和要求，以及信息提供者的特点。评价方法和工具要根据各自的特点和使用范围进行设计，要有较高的信度、效度、鉴别力和可行性。

5. 搜集国学教育评价所依据的证据和信息

这个环节是指，评价者组织各种有关人员利用设计的方法和工具，通过测验、考察、谈话、问卷调查等实际行动，来获取证据或信息。这个环节直接决定着能否搜集到可靠的信息，以及评价结论的可靠性。在这个过程中，关键是要做好参评者（包括收集信息活动的组织者和信息的提供者）的思想和心理调控，使他们对评价工作保持支持和认真负责的态度。

6. 整理和分析信息资料

这个过程非常烦琐，操作性很强。它提供的应当是简洁、有条理、全面、可靠的、具有可比性、有价值的评价信息。这个环节不是一个简单的统计过程，它还包括对信息证据进行鉴别、区分真伪，对评价信息的质量检验和分析，对有关项目和指标之间的关系进行定量、定性分析等工作。甚至，有时还需要对评价信息进行重新分组、归类，对新的评价项目和指标进行统计分析。对评价信息进一步研究和开发，可以为评价获取更有价值的反馈信息。

7. 形成评价报告

在对评价信息进行整理和分析之后，需要以整理和分析出的信息结果为依据，结合评价的目的和任务，对评价对象做出恰当的价值判断。评价报告的内容应尽量满足评价发起人和其他评价听取人的需要。报告评价结果，可以采取多种形式，如提交正式的文本报告，出版评价研究结果，向需要评价信息的人提供允许范围内的咨询，进行个别谈话传递评价结论和信息等。在以诊断和改进为目的的评价中，评价者更应及时地、以恰当的方式向被评价者反馈信息。评价信息和结论能充分地报告和传递给有关人员，是发挥评价效益的重要保证。

（二）实施过程的评价要项

教育评价除了教育活动过程中两个最主要的参与主体——教师和幼儿外，还有一些外部评价要素，例如活动设计过程中的目标、内容、方法、准备、过程设计等，活动实施过程中的师幼互动等以及活动效果的评价等。

1. 教育活动设计评价要项

1）活动的目标：教师是否从幼儿的兴趣、需要和教学实际出发，确定的目标是否与幼儿发展的特点和规律一致；三维目标中重点目标是否突出；幼儿的知识、情感、学习习惯的目标是否有机地得到反映；目标是否具体、明确，表达是否清楚，角度是否一致，易于检测。

2）活动的内容：是否依据教学目标来确定，活动内容的多少是否最有利于目标的实现；所呈现和解释的活动内容是否科学、准确；选择的内容是否贴切幼儿生活实际，是否在幼儿"最近发展区"水平；知识的逻辑顺序和幼儿心理顺序是否相结合；所选择的内容是否适合特定的地域和文化；是否充分分析教材，将益智教育与品德教育结合。

3）活动的方法：是否综合运用了多种教学方法，是否运用游戏的教学方法，是否符合幼儿身心发展水平，教学设计中是否体现教师引导、幼儿主动学习，是否运用启发诱导式教学方法。

4）活动的准备：教师是否帮助幼儿做好相关生活经验和有关知识的准备；活动材料是否充足，是否具有教育性、科学性；教具是否安全、实用；活动材料的投放是否具有层次性，满足不同幼儿的发展需求；活动的场地安排是否合理，是否会有过于拥挤或浪费的地方；是否有利于幼儿充分参与活动，亲身感知体验。

5）活动的设计：教学设计思路和脉络主线是否清晰，层次是否清楚；是否遵循了幼儿园教学规律，由浅入深，由易到难，层层递进；教学过程设计是否新鲜有趣，具有独创性；结构安排是否合理、紧凑，重点难点是否突出；时间安排是否合理。

2. 教学实施评价要项

1）幼儿教师素养。该部分将在后面"教师评价要素"部分内容中讲述。

2）幼儿表现。该部分将在后面"幼儿作为评价对象评价要素"部分内容讲述。

3）师幼互动。教师是否创设了良好的师幼互动环境，师幼关系是否融洽；教师能否依据幼儿的需要、情绪、态度、行为表现调整教学的内容及进程；教学活动是否营造出民主、和谐、互动、开放的学习氛围，激发学习兴趣。

3. 教学效果评价要项

三维目标是否达成，每个幼儿是否在自己原有基础上取得进步；预定的内容是否全面完成，有无完成一些计划外的活动内容，假如有是否合理；多数幼儿是否积极主动参与教学活动，自主学习意识是否强；不同层面的幼儿是否参与学习的全过程，幼儿充分参与的时间和空间是否充足；幼儿注意力是否集中，学习气氛是否热烈，思维是否活跃，情绪是否愉快，是否能提出自己的想法。

三、学生评价和教师评价

（一）幼儿评价

此处的幼儿评价包括幼儿作为评价主体和评价对象两个方面，即一方面幼儿作为评价主体，对身处其中的国学教育活动进行价值判断，另一方面是幼儿作为评价对象，评价主体对其在活动中的反应和活动后的学业成就进行价值判断。

1. 幼儿作为评价主体

（1）理论基础

幼儿在幼儿园教育活动中的重要作用并不受重视，主要原因是教育者对幼儿评价能力的不信任。儿童心理学的研究表明，幼儿的自我评价具有易受暗示性、表面、笼统等特点，他们对自己的评价是不准确、不深刻、不坚定的。幼儿园教育活动评价跟幼儿的自我评价比较起来，评价对象要复杂和抽象得多，所以幼儿对教育活动的评价能力受到质疑，幼儿作为主体对教育活动的评价被搁置一旁。

幼儿作为一个独立的个体，有自己的兴趣、爱好、意愿。幼儿作为评价主体，教育活动为评价对象，幼儿能够根据教育活动是否满足了他的需要而做出判断。杜威认为儿童能够清晰分辨由个人权利和欲望引起的行动和公正的、符合所有人的利益的行动这两者之间的区别。例如，当儿童在游戏时，他们往往特别愿意接受那些能够增加他们经验的有价值的建议，而从那种被人指手画脚的活动中退出来。冯晓霞也确认了幼儿在幼儿园课程中的评价主体地位，她指出："幼儿作为评价的主体不是通过语言，而是通过自己的行为反应和发展变化来'发表'对课程的看法的。他们的行为和变化具有重要的评价意义，教师应把它看作重要的评价信息和改进工作的重要依据。"幼儿在教育活动的过程中，对活动的目标、内容、方法、结构、材料等的适宜性有着切身的体会，他们在活动过程中的行为可自然而真实地传达教育活动与他们的内在需要的符合程度。幼儿这些反映教育活动与他们的需要之间的吻合程度的行为，就是他们所作出的对教育活动的评价。

杜威将评价分为两种，即对事物内在价值和工具价值的评价。内在价值是珍视一个事物的态度，是觉得事物本身有价值，对内在价值的评价就是欣赏。而工具价值是一种比较和判断的行动，是估量事物的价值。杜威把事物的内在价值看作是工具价值的重要前提。在杜威看来，只有儿童能在某一个具体的教育活动中体会到快乐和成就，这个教育活动对儿童的未来发展才会有意义。作为工具价值的基础，教育活动的内在价值表现为幼儿对活动的喜好程度，而幼儿是否喜欢这个教育活动，只有幼儿本身才能够作出回答。因此，从这个意义上来说，幼儿是判断教育活动内在价值的绝对权威。无论是幼儿还是教师都无法确切预计教育活动将来要达到的目的，只要幼儿能够在活动过程中保持热切的学习态度，就不用发愁这种教育活动有什么特殊的用处。如果幼儿真心地关心某一活动，这本身就证明了这一活动有价值。

（2）特点

囿于儿童的年龄特点，幼儿对教育活动的评价更像是一种准评价。与以教师为代表的成人世界的教育活动评价比较起来，幼儿对教育活动的评价具有以下特点。

幼儿对教育活动的评价是情绪性的，成人的教育活动评价则理智成分重；

幼儿对教育活动的评价是通过行为来表现的，成人则是用清楚的语言或数字来判断的；

幼儿对教育活动的评价是个人化的，他们凭借自己的个人需要和感受做出判断，成人的评价则会从社会的需要出发；

幼儿对教育活动的评价是即时性的，是融合在教育活动过程中的，成人的评价多为延时性评价，是在教育活动结束之后进行的；

幼儿的评价针对当下的活动情景，而成人的评价还会兼顾活动的长远效果。

（3）方法

幼儿由于自身的身心发展水平所限，他们对教育活动的评价更多地依赖于他们的情绪和感觉，而不是理性的思维。通过在活动过程中的行为体现他们对正在进行的教育活动的价值判断。聚精会神地倾听、专注地做事情、开心地拍手或笑、积极主动地答问或提问、自发地用动作表达内容、用语言表达在活动中的积极情感行为是幼儿对教育活动的积极评价；而目光游离、发呆、做小动作、说出表达消极情绪的语言、交头接耳、不回应教师的提问或指令等表现则是幼儿对教育活动的一种消极评价。

幼儿对教育活动的评价还只停留在较为低级的价值层面上，还只是幼儿对教育活动的一种粗浅、笼统的感受，这种评价还需要在成人，尤其是专业教师的辨认下，才能够发挥评价的积极反馈作用。

此外，教师要给幼儿参与评价的机会，在教学活动中，对幼儿的表现或作品不能主观地直接下结论，而是充分给予幼儿思考时间，鼓励幼儿积极表达对自己作品或是他人作品发看法，为幼儿参与评价营造环境。同时，还在幼儿的评价前、评价中、评价后进行积极的指导，在增加幼儿评价机会的同时，也提升了幼儿参与评价的质量。

2. 幼儿作为评价对象

（1）评价的要项

幼儿的认知发展水平和社会发展水平：幼儿的语言发展水平怎样，是否具有良好的倾听和表达能力；幼儿在活动中的人际交往和社会适应能力怎么样等。

幼儿的兴趣与态度：幼儿是否对活动感兴趣，幼儿在活动的过程中是否有愉悦的体验等。

幼儿的投入程度：幼儿在活动中注意力是否集中，是否有活动的积极性和主动性，思维是否活跃，是否表现出创造性。

幼儿的互动机会：活动中是否有适宜的幼儿与同伴、与成人的互动的机会。幼儿的互动也是一种重要的学习途径和方式。但互动也要从需要出发，无实际问题的所谓讨论、没有合作必要的所谓合作都不是适宜的互动。

幼儿面临的挑战：活动过程中幼儿是否获得新的经验，是否面临问题并努力去解决问题，幼儿是否有效地运用了已有的经验。换言之，活动有没有将幼儿带到最近发展区。

幼儿的学习习惯：幼儿活动的坚持性，轮流、合作及分享等基本行为技能的掌握情况等。

（2）评价的方式

除了前文中提到的集中方法外，表现性评价也是一种有效地对幼儿进行评价的方法。

表现性评价也叫替代性评价、真实性评价或"3P评价"（performance，portfolios，products），它是"要求学生在一定的真实情境中完成一项任务，根据事先确定的评价标准对学生的表现或者作品进行评定，以确定学生学业成就的一种评价方法"[①]。这种评价方法围绕着具体的任务展开，强调情境的真实性（情境不是虚假或虚构的，但可以是虚拟真实的），活动的结果要求评价对象开发出一种有形的产品或进行某种表现。进行

① 赵冬臣，宣立新. 2004. 对表现性评价涵盖的理解. 吉林省教育学院学报，（3）.

幼儿表现性评价需要四个步骤。

（1）确定表现性评价的内容和评价标准

表现性评价是对幼儿在完成任务时的具体行为表现的评价，因此必须事先确定评价的内容，并将它分解为构成表现成果的可观察的具体行为。成功实施表现性评价的关键在于清楚、明晰地界定幼儿活动表现的评价标准。一个好的评价标准应该用具体、简练、易操作的目标术语描述出来。

（2）设计合适的表现性任务

适当的表现性任务是保证表现性评价的信度和效度的基本前提。表现性评价一般需要幼儿完成一定数量的比较有意义的任务，教师在设计表现性任务时，需从两个方面来考虑：其一，适当选择表现性任务的类型。常用的表现性评价任务主要有六种类型：结构性表现任务、口头表述、模拟表现任务、做实验或调查、创作作品、完成研究性项目。在实践中选择哪一种或哪几种表现性任务需要根据具体情境特征来决定。教师在选择表现性任务的类型时要考虑所要评价的内容的特质，同时也要考虑幼儿的发展水平和时间，空间与设备条件的限制。其二，设计完成表现性任务的适当情境。这里的情境是指自然情境或者特殊控制的情境。情境的选择和设计要根据表现性任务的特点和表现性评价结果的用途来决定。如果某种表现在教室中自然发生的频率不是很频繁，那么教师就要特别创设一种情境，增加这种表现出现的机会以便于观察；如果表现性评价的结果将用来决定幼儿的分流，那么教师就必须提供一个标准的正式情境，以保证每一个幼儿都有公平的表现机会。

（3）规划评分标准，编制每一个标准的评分量表

表现性评价遵循建构—反应的要求。幼儿在表现性评价中始终遵循着建构—反应测量的要求，因此教师在评分时要合理使用评估标准。教师可以根据每一项要求编制数字化量表，也可以编制非数字化量表。既可用定性化的语言描述如"优秀"或"合格"等，也可以制定量化的分数标准。在评分量表的制定中要达到三个方面的要求：一是要包含用来决定幼儿反应质量的各种指标；二是对于每一条标准，幼儿反应的质量区别到底有何表现，应该有具体的描述；三是必须说明评价标准是集合在一起以整体评分方法的形式使用，还是以分项评价的形式来使用。确定评价标准时，标准不宜制定太多，也不宜过于细化，当然也不可太简略，否则不利于提高幼儿活动的水平。一个评价标准的详细程度，部分取决于幼儿的年龄和技能水平。例如，有的幼儿园在幼儿学习了国学经典后，每天都要落实。每个星期给每个学生印发一张"《弟子规》学习力行评量表"，表的内容就是这个星期的学习内容。如：学到《谨》这一章节，表格的内容就是"衣贵洁，不贵华，上循分，下称家"，"对饮食，勿拣择"，"身有伤，贻亲忧，德有伤，贻亲羞"，等等，上面还有解释说明，以便家长阅读理解，给孩子做出评价。每项都有三个评分标准，即完全落实、部分落实、尚未落实。家长可根据孩子在家的表现，如实填写。除了这些，还有一些家务小事，孝行，比如：帮父母按摩、捶背、洗脚、说服爸爸戒烟、洗菜、洗茶杯、晾衣叠衣、照顾弟妹等。如果做到了，家长就帮孩子圈出来。还有一些内容就是：家长意见。就是家长提出对孩子在家表现的意见和对老师教育孩子提出的建议。

（4）观察评价，恰当处理评价结果

在确定了评价内容、标准和表现性任务后，教师为了作出可靠的评价结论要对幼儿表现进行多次的观察。只有进行多次观察，结果才具有普遍的代表性。教师经过了多次观察，收集更多的信息后再即时或延时地依据评估标准确定幼儿的分数和等级。对幼儿表现做出评价并不意味着幼儿表现性评价的结束，要有效地发挥幼儿表现性评价的功效，还要恰当处理好幼儿表现性评价的结果：①反馈评价结果。评价活动结束后，要及时将结果反馈给幼儿，使幼儿获得自己学习的有关信息，即在哪些方面表现突出，哪些方面需要改进，以便幼儿及时进行自我反思。另一方面，要讲究评价结果反馈的具体方式和策略。将评价结果反馈给幼儿时要尽量保护幼儿的自尊心，在全面了解幼儿心理状况的基础上决定是单独反馈还是公开反馈、全部反馈还是部分反馈、正面结果反馈还是负面结果反馈等。②评价结果收入幼儿成长记录袋。为了全面记录幼儿的发展过程，将评价结果收入幼儿成长记录袋是十分必要的。教师应该在学期开始就公布建立成长记录袋的方法、形式与要求，并结合各阶段教学内容、幼儿参与活动的情况给予逐步完善，以便于平时特别是期末或者学年末客观、全面地评价幼儿，使幼儿重视评价对学习活动的促进作用，激励幼儿不断进步。

（二）教师评价

教师评价也包括两个层面含义，一方面是教师作为评价主体，对教育计划、教育活动的实施等进行价值判断，主要方式是自我评价、同行互评、对幼儿评价；另一个方面是教师作为评价对象，由评价主体对其在教育活动中的表现进行价值判断，主要由家长和学校来进行。本节内容将对四种评价方法进行统一说明。

1. 评价的要项

教师讲解的适宜性：教师对特定活动内容的讲述、解释是否适宜，讲解的适宜性不是用所占时间来衡量的，而是衡量是否到位，即是否有利于幼儿进一步的学习和促进幼儿思考。讲解不清晰和低层次的或重复的讲解都是不合适的。幼儿的学习主要的不是通过教师的讲解实现的，而是通过幼儿自己的交往及其他实践性活动实现的。

教师教学策略的适宜性：教师面对特定的教学问题情境，尤其是面对幼儿的学习状况所采用的旨在激励、指导、传授、帮助、启发的具体策略是否合适。这是针对特定的幼儿和特定的问题情境而言的。

教师对幼儿的关注：对幼儿在活动中的状况的关注，具体地说，包括对幼儿的现实需要、兴趣、活动投入度、遇到的具体问题等方面的关注。衡量教师对幼儿关注程度的主要内容是对活动过程中幼儿出现的一些重要事项是否注意，并采取包括忽略在内的有效策略。

教师总结和评价的适宜性：教师在活动过程中及活动结束后，是否根据需要，开展适当的评价。教师的评价可以针对个别幼儿，也可以针对小组或全班幼儿。可专门评价，也可以在情境中评价。但评价一定要从需要出发，不能流于形式，或为评价而评价。活动评价应注重过程中的、情境中的评价。

2. 评价的方式

(1) 自我评价

为教师列出各方面的标准，让他们进行自我评价，不仅是教师工作总评的重要依据，而且也可以实现帮助教师改进工作的评价目的。虽然自我评价常会有夸大自己的价值、评定等级较高的嫌疑，但这并不妨碍教师会在内心里客观地评价和分析自己的工作和业绩，做出如何改进和完善的决策。学生评价、同行评价、课堂记录或录像带都能向教师提供自我评价和自我改进的依据。因而，学校应将这些方面的评价结果信息及时反馈给教师，以便他们正确地评价自己。

(2) 同行评价

幼儿园为教师学习发展创造机会，比如组织一些经验交流会、课题研讨会等，建立教师专业发展的档案等。除了本园教师，同行还包括园外的教师或专家等。他们对教师的专业知识和能力水平、教师教育教学指导思想合理性、教学方法与教育教学目的的适合性、教育科研水平等方面，常能做出恰当的评价。但评价者必须是对被评教师的有关方面情况有所了解的教师同行，否则所做的评价就不可靠。目前，我国教师同行评价出现的主要问题，就是未能控制那些对教师教育教学工作不了解的同行的评价。

(3) 幼儿园评价

教师所在学校、系、组（室）的领导有责任对教师作出公正的评价。特别是有丰富教学经验的领导，更有能力对教师工作作出恰当评价。但这要求他们必须多去接触教师，多去听课，多去了解学生、教师同行对教师的反映，多去了解有关教师工作及成就的分析和记录，掌握丰富的信息。否则，他很难作出全面的、恰当的评价，即便作出了评价，也常会遇到教师的合理非议。教育部颁发了《完善中华优秀传统文化教育指导纲要》，认为园长要向教师推荐优秀精神文化作品和幼儿经典读物，营造陶冶教师和幼儿情操的育人氛围，探索优秀传统文化的教育模式、教育策略、教育途径。

(4) 家长评价

历代家训、蒙学等都是传播精英文化的世俗化渠道，只有学校、家庭双方有机结合，弘扬和传播国学才会真正取得实效，所以家长也是对教师及其工作进行评价的主体之一。家长多是根据幼儿的表现、幼儿的口头评价以及幼儿的作品来表达评价的，有的教师也制作幼儿国学教学活动评价量表，通过幼儿自己以及家长来共同完成，还会涉及家长的意见等项目，该方法就是一种比较开放的评价方式，主动或许评价主体的意见，以作改进。除此之外，随着科技进步，家长和教师之间可以通过 QQ、微信等即时工具，互通消息，可以即时反馈双方的信息，做到了评价的及时性。

四、当下幼儿园国学教育的反思

当下虽没有专门的国学教育评价组织对幼儿园中的国学教育活动进行系统评价，但是"反思"活动并不少。很多具有忧患意识的一线教师和家长对幼儿园国学教育中存在的一些现象进行了反思，指出不合理之处，争相讨论。"反思是人类进步的重要阶梯"，正是因为这些争论和反思，国学教育活动才真正达到理想的效果。

（一）国学经典究竟该不该背诵

有些幼儿园的孩子可以熟练地背诵《三字经》，但就文中的某些内容提出一些问题，却多数答不出所以然来。还有的幼儿园比赛哪个孩子古诗背得多，仿佛背得越多，就代表这个孩子国学知识越丰富，所在班教学质量越高。实践证明，幼儿阶段背诵的一些古典诗词，长大后大部分会忘却，需要在进入小学中学后重新学习、重新记忆。此外，死记硬背会造成儿童兴趣缺失或心理逆反。因为在不理解的基础上记诵只能是机械的记忆，机械记忆的枯燥乏味会使孩子逐渐失去学习兴趣，强迫每天去做没有兴趣的事情就会造成心理逆反。有的家长也认为"让孩子从小背这么多他们根本无法理解的古文，会让孩子更辛苦、压力更大"。《千字文》《三字经》《弟子规》等国学篇目，大部分是规范行为和伦理关系的，会扼杀孩子的个性。而学龄前的孩子最主要的任务是玩，其次是多学学生存的技能，学校与其开设国学课程，还不如学学新西兰开设自然观察、野外生存（包括如何辨认方向、航海知识）等课程。

而有的人则认为应该实行，清代教育家陆士仪在《论小学》中说过："凡人有记性，有悟性。自十五以前，物欲未染，知识未开，则多记性，少悟性；自十五以后，知识既开，物欲渐染，则多悟性，少记性。故人凡有所当读之书，皆当自十五以前使之读熟。"15 岁以前因为人的记忆力有一个"黄金时段"，这阶段多记性少悟性，之后多悟性少记性。在这个"黄金时段"记忆，效率最高；过了"黄金时段"，效率明显降低，所以要利用"黄金时段"多记忆，包括记忆那些不理解的经典知识。这时虽不理解，但利用记性好的时候先背诵，哪怕是"死记硬背"，也是储备了一笔财富，长大以后自然会理解。如果你想等悟性好了再"活记软背"，由于过了"黄金时段"，可能就得不到这笔财富了，或者要多付出几倍、十几倍的力气。可见，幼年时是记忆发展的高峰时期，孩子能对接触到的知识快速背诵，是一个全面吸收的过程，虽然孩子当时对国学经典不能完全理解，但"死记硬背"下一些经典国文，能沉入到孩子内心深处，积累孩子的素养，有利于孩子的成长与发展。此外也有人认为古代背诵的读书方法比现代好，不但有上述的好处，而且高声吟诵朗诵起来，把自己的感情放进去，可以与书中人物打成一片。如读《论语》，有时好像自己就是孔夫子了，在无形之中，又是一项德育的潜移默化。而在生理方面，又等于做了深呼吸，炼了气功。不像现代人读书低着头，默不作声地死啃，把知识向脑子里硬塞硬填，强迫脑子死记，这是多么痛苦！

由上文我们可以看出，认为国学不应该背诵的人们其实反对的不是背诵这个行为本身，而是背诵的背景条件即不理解的背诵。所以我们思考的不是"该不该"让孩子从小诵读国学经典，而是如何把国学教育做得更容易理解、更有趣、更生活化。背诵的方式人们可以斟酌，不要让孩子有压力，而要以一种游戏放松的方式让孩子去接触，在不扼杀孩子天性的前提下，通过诵读《三字经》《百家姓》《千字文》等，对孩子起到潜移默化的作用，引导孩子们分辨善恶，明辨是非、孝敬父母、关爱兄弟、尊敬长辈、修身养性。当然，不能单单学习国学，科学、艺术、体育等多种学科的信息都要让孩子耳濡目染一点，扩展他的知识面，让孩子们在学习中逐步培养和形成对他人、对社会的责任感，学会如何做一个社会意义上的人。

（二）幼儿园国学课程与其他领域课程是"独霸"还是相互均衡

学习经典，为的是让孩子从小接受一些国学基本知识，感受传统文化精华所蕴含的真善美，提高人文素养，增强民族认同感和自信心。但是，千万不要过分夸大国学的作用。从国家的发展来说，历史已经证明，尊孔读经，并未挽回近代中国的衰落；要振兴中华，归根结底要靠科学民主、改革开放。从人才培养来说，应该按照德智体美全面发展的要求，培养具有现代视野、公民素质、专业知识和社会责任感的一代新人。

而在"国学热"的潮涌下，幼儿园纷纷开设相关课程，甚至出现了"国学幼儿园"，将国学教育作为幼儿园唯一的教学内容，不考虑幼儿家庭的经济承受能力、家长对国学教育的顾虑以及教师的国学教育水平，为的只是迎合当下的社会潮流。殊不知，幼儿园的唯一目的就是培养人格健全、德才兼备的社会个体和民族下一代，国学只是其中的手段和工具。在幼儿园开展国学教学活动，更多的应该把它作为一种新的教学内容和教学方式，最终的目的还是促进幼儿园整体课程的发展，提高幼儿园教育活动的质量，激发幼儿学习的积极性和培养幼儿良好的行为习惯、高尚的道德情操，最终目的还是培养德才兼备、身心健康的下一代。所以一定要摆正国学教育课程的位置，配合其他课程将它的作用发挥最大化，而不是将其处于幼儿园"独尊"的地位，这是与国学教育的宗旨相违背的。

所以要平衡国学课程与其他领域课程的关系，在专门的国学课程之外，可以把传统文化的教育渗透到其他学科的教学中。例如，社会课可以利用国学知识中的礼仪内容引导孩子形成文明礼貌习惯，传承古典礼仪要重点选择"孝敬父母、尊老爱幼、爱护公物、知恩图报"等内容。此外，还可以和现代礼仪教育相结合，让孩子在游戏和活动中学会与人相处，了解公共场所、特殊活动、传统节日、民族风俗等方面的礼仪知识。体育课可以结合古人一些养生锻炼的招式进行体操的创编，例如"国学操"，它是由四川省成都市推出的全国首套小学国学操，学生边做操边朗诵。是模仿古代"请""让""孝"等系列动作而编制成的一套极有古典韵味的体操。同时，再配上《渔舟唱晚》的背景音乐，一边"做操"，一边大声朗诵国学名篇或者名句。据悉，这是目前全国第一套"国学操"，幼儿园可以在此基础上进行改编，适合幼儿园儿童身心的发展。音乐课可以欣赏古典音乐；美术课可以欣赏和初学汉字书法和欣赏传世经典图画等。

（三）任何教师都可以教授国学课么

现在很多家长相信国学的绝对教育价值，也渴望通过学习国学经典培养幼儿良好的品格和性情，但是幼儿园的国学实施情况并不能令所有家长都满意，尤其是看到孩子虽然能熟背《弟子规》《三字经》，但是在实际生活中，并不能理解其中的含义，坏习惯依旧的时候，觉得学习国学既浪费金钱又浪费孩子精力。出现这种情况，更多的责任在于与幼儿直接接触的教师身上，国学学习的好坏，能否理解、运用，跟教师的教学方法有直接关系。所以要提高幼儿园国学教育质量，必须提高教师的国学素养，只有具备良好国学素养、熟读经典、理解经典内涵同时了解幼儿、懂得幼儿心理的教师才能担任国学课的教学工作。

　　这就要求一方面教师在完成必要的教学任务的同时，利用有限的时间提高自己的阅读量、阅读水平，熟读经典，理解经典，在背诵的基础上将其用生动形象的方式表现出来，以身作则，身体力行，比如，要幼儿阅读背诵《弟子规》，那老师先得能背出来，并且发音标准，节奏准确，老师先背一次给他们听让他们来当考官，做他们的榜样，这样他们才敬佩，才有兴趣去背好。还有就是要求学生鞠躬问好，老师要起到带头作用，幼儿入园时，和来校的家长幼儿互相鞠躬问好，幼儿看到老师都做了，自己也会跟着做了，学生每天都生活在这样浓浓的文化环境中，有利于他们的健康成长。另一方面，幼儿园注重教师在国学方面的培训和检查，多给教师提供相互学习的机会，尽快提升教师的水平，从根源上保证国学教育的质量。

思考与练习

1. 幼儿园国学教育课程实施的基本策略有哪些，并作简要叙述。
2. 如何对本园的国学教育活动实施情况进行评价？

主要参考文献

陈德艳. 2011. 国学启蒙教育对幼儿道德品质发展的作用和策略探究，济南：山东师范大学硕士论文.

陈玉琨. 2006. 教育评价学. 北京：人民教育出版社.

崔允漷. 2000. 校本课程开发：理论与实践. 北京：教育科学出版社.

杜威. 2005. 我们怎样思维·经验与教育. 姜闵文，译. 北京：人民教育出版社.

杜霞. 2012. 国学经典教育的尽度与分寸. 教育学报，（01）：13-18.

杜洁琼. 2015. 幼儿国学教育内容选择及方法. 吉林教育学院学报，01：36-37.

冯晓霞. 2000. 幼儿园课程. 北京：北京师范大学出版社.

瀚青，任杰. 2012. 试论蒙学教材在幼儿园的应用. 河北师范大学学报（教育科学版），（09）：33-37.

何玉红. 2012. 幼儿园教师教学评价研究. 重庆：西南大学硕士论文，（5）.

何志红. 2015. 创设与国学相结合的环境，营造学习《弟子规》氛围. 时代教育，（04）：260.

胡晓花. 2011. 对幼儿园社会教育活动评价的思考. 新校园：理论版，（6）：218.

金娣，王刚. 2002. 教育评价与测量. 北京：教育科学出版社.

李晶. 2014. 浅谈国学经典在幼儿日常生活中渗透的方法. 读与算，（16）：140.

李城，钟雪梅，阮晓怡，钟丽霞. 2014. 浅谈幼儿园的国学教育. 湖北广播电视大学学报，（04）：146-147.

李黄辉. 2014. 浸润国学，传承经典：如何有效开展幼儿国学教育. 考试周刊，（96）：191.

李艳. 2004. 幼儿园教育活动评价初探. 四川教育学院学报，（4）：7-8.

李莱蒙. 2012. 当代国学教育的新模式：以厦门市笃笃书院为例. 管子学刊，（01）：97-101.

李丽红，张志慧. 2010. 论幼儿园教学活动评价取向的转变. 科教文汇，（3）：189-190.

梁枢. 2008. 国学访谈. 北京：光明日报出版社.

刘琦. 2011. 历代小品文名篇赏析. 长春：吉林文艺出版社.

刘二辉，高洪韬，曾文峰. 2010. 青少年国学教育的发展空间及实施原则. 太原师范学院学报（社会科学版），（05）：143-144.

刘晓燕. 2013. 构建新课程改革情况下幼儿园教学评级体系. 青春岁月，（12）：340.

陆丽茵. 2015. 幼儿国学教育必须遵循的几个原则. 广西教育，（4）：125-126.

吕武. 2016. 幼儿园传统教育：须以适宜儿童为前提. 中国教育报，（02）.

南怀瑾. 2012. 南怀瑾谈儿童经典教育. 济南：明天出版社.

彭俊英. 2008. 试析幼儿对教育活动的评价. 早期教育，（9）：14-15.

钱敏. 2015. 浸润童心世界，传承国学经典：幼儿园国学课程实施初探. 科普童话·新课堂（上），（2）.

商芸. 2014. 多种体验，感受国学经典. 幼教天地，（56）：187.

石建宇. 2010. 国学幼儿园课程体系建构探讨. 和田师范专科学校学报，（5）：74-75.

史晓燕. 2005. 现代教育评价. 石家庄：河北人民出版社.

汪明. 2009. 表现性评价在幼儿评价中的应用. 教育专刊，（5）：12-14.

王静. 2015. 幼儿园教师自我评价与专业发展. 科学大众·科学教育，（6）：172.

王力. 2009. 诗词格律. 北京：中华书局.

王斌华. 2000. 校本课程论. 上海：上海教育出版社.

王春燕. 2011. 浙江民间文化与幼儿园课程. 杭州：浙江大学出版社.

王春燕. 2014. 幼儿园课程概论. 北京：高等教育出版社.

王冠英. 2007. 中国古代民间工艺. 北京：商务印书馆.

王克荣. 2008. 中国传统民俗节日的文化内涵. 中国教师，（3）：55-57.

王纬红，申毅. 2003. 关于幼儿园教师评价的调查与思考. 山东教育，（9）：11-13.

吴燕. 2013. 基于国学的幼儿特色教育模式探讨. 中国科教创新导刊，（09）：206.

吴林娜. 2012. 幼儿园国学课程建设应立足幼儿视野. 课程教育研究，（10）：57-58.

夏学杰. 2014. 他们需要属于他们的国学. 师道，（11）：58-59.

谢应琴. 2014. 幼儿园教师教学活动评价要素研究. 内蒙古师范大学学报（教育科学版）,（10）: 66-67.

许华洁. 2012. 浅谈幼儿语言教育活动的实施与评价. 新课程研究·学前教育,（6）: 85-87.

亚尕. 2015. 试论民间剪纸艺术的民俗文化. 青年时代,（9）: 57.

闫蕾. 2013. 小议幼儿国学经典教育的现状及改进措施. 幼教天地,（64）: 175.

阎立钦, 倪文锦. 1996. 语文教育学引论. 北京: 高等教育出版社.

颜凌植. 2011. 教育评价与幼儿园教学. 基础教育,（3）: 31-33.

杨楠, 韩妍容. 2008. 基于多元智能理论的学前语言教育. 高教论坛,（09）.

杨映红. 2015. 浅谈幼儿活动过程中的观察和评论. 教育实践与研究,（13）: 61-62.

殷光宇. 2012. 墨香熏染传承经典: 试析幼儿国学启蒙教育. 林区教育,（02）: 118-119.

虞永平. 2005. 幼儿园教学活动的评价. 早期教育,（3）: 8-9.

袁振国. 2006. 当代教育学. 北京: 教育科学出版社.

翟海燕. 2012. 国学, 穿越时空的经典: 浅谈我园在"国学经典教育"中的实践与探索. 才智,（05）: 102.

张书昭. 2015. 国学课程对幼儿园品行发展的影响研究: 以长红国学幼儿园为例. 学园,（29）: 26-28.

赵军海. 2008. 幼儿园有效教学评价的特质与策略. 现代教育论丛,（3）: 52-56.

赵婉莹. 2007. 幼儿园国学教育误区及对策. 牡丹江教育学院学报,（02）: 102-103.

郑琼. 2015. 国学教育内容选择及方法探析. 赤子,（09）: 346.

郑益乐. 2011. 幼儿教育活动评价存在的问题及其解决对策. 学术论坛,（7）: 100.

周彬. 2011. 以国学经典来培养孩子, 负面作用不可小视. 四川教育,（5）: 41.

周桂钿. 2014. 十五堂中国国学课. 北京: 北京师范大学出版社.

朱家雄. 2003. 幼儿园课程. 上海: 华东师范大学出版社.

朱家雄. 2010. 幼儿园课程的理论与实践. 上海: 华东师范大学出版社.

朱家雄. 2013. 幼儿园教育活动设计与实施. 北京: 高等教育出版社.

庄虹, 陈瑶. 2013. 新编幼儿园教育活动设计与指导. 北京: 北京师范大学出版社.